Printed in the United States
By Bookmasters

نظريات التعلم

إعـداد

د. محمود مندوه محمد

أستاذ مشارك ـ بكلية التربية

ناشرون

الطبعة الأولى
١٤٣٢هـ ـ ٢٠١١م

شركة الرشد العالمية
المملكة العربية السعودية - الرياض
الإدارة : مركز البستان - طريق الملك فهد -الدور الثاني
هاتف ٤٦٠٤٨١٨ص ٠ ب ١٧٥٢٢الرياض ١١٤٩٤ فاكس ٤٦٠٢٤٩٧
Email: info@rushdint.com
Website : www.rushdint.com

فروع مكتبة الرشد

الريـــاض :المركـــز الرئيسي : الدائري الغربـــي - بين مخرجي ٢٧ و٢٨ هاتف ٤٣٢٩٣٣٢
الريـــاض : فـــرع طـريق عثمـــان بن عفـان هاتـــف ٢٠٥١٥٠٠
الريـــاض : فــــرع الـــدائري الشرقـــــي هاتف ٤٩٧١١٩٩ فاكس ٤٩٦١٥٩٩
فـرع مكـــة المكـرمة : شارع الطـائف هــــاتف ٥٥٨٥٤٠١ فــــاكس ٥٥٨٣٥٠٦
فـرع المدينـة المنورة : شارع أبي ذر الغفـاري هاتــف ٨٣٤٠٦٠٠ فــاكس ٨٣٨٣٤٢٧
فــرع جـــدة : مقـــابل ميـــدان الطـــائرة هاتــــف ٦٧٧٦٣٣١ فـاكس ٦٧٧٦٣٥
فـرع القصيـم : بريده - طـــريق المدينـــة هاتــــف ٣٢٤٢٢١٤ فــــاكس ٣٢٤١٣٥٨
فرع أبهـــا : شارع الملـــك فيصـــل هاتـــف ٣٢١٧٣٠٧ فــــاكس ٢٢٤٢٤٠٢
فـــرع الدمـــام : شارع الخـــزان هاتـــف ٨١٥٠٥٥٦ فـــــاكس ٨٤١٨٤٧٣
فـرع حـــائل : هاتـف ٥٣٢٢٢٤٦ فـــاكس ٥٦٦٢٢٤٦
فـرع الإحساء : هاتــف ٥٨١٣٠٢٨ فـاكس ٥٨١٣١١٥
فـرع تبـــوك : هاتـف ٤٢٤١٦٤٠ فـــاكس ٤٢٣٨٩٢٧
فـرع القـاهرة: شارع ابراهيم ابو النجا -مدينـــــة نصر : هاتـف ٢٢٧٢٨٩١١- فـاكس ٢٢٧١٣٦٢٥

مكاتبنا بالخارج

القـــاهرة : مدينة نصر : هاتـف ٢٧٤٤٦٠٥- موبايـــل ٠١١٦٢٨٦١٧٠
بيـــروت : بئر حســـن موبايــــل ٠٣٥٥٤٣٥٣ تلفـــاكس ٠٥/٤٦٢٨٩٥

الله
بسم الله الرحمن الرحيم

مقدمة

ونظرا لأهمية نظريات التعلم وتعدد الاتجاهات النفسية التي تنتسب إليها، فسوف نعرض أهم النظريات شيوعا في الفكر النفسي ألا وهي نظرية التعلم بالمحاولة الخطأ لثورنديك ونظرية الاشتراط الإجرائي لسكينر ونظرية التعلم بالملاحظة لباندورا التي تنسب إلى نظرية أو منحنى التعلم الاجتماعي ونظريتي الجشطلت والنظرية البنائية التي تنسب إلى المنحنى المعرفي.

وسوف يبدأ المؤلف في الفصل الأول بعرض مدخل للتعلم وسوف يتم التحدث في هذا الفصل **في الفصل الأول** عن مفهوم التعلم وشروط التعلم الجيد وأهمية وأهداف التعلم ويتم الانتقال إلي الحديث عن الفرق بين المفاهيم المتداخلة فتم التفريق بين التعلم والتعليم والتدريب والتدريس .

وفي الفصل الثاني وفيه يتم التحدث عن مفهوم النظرية والفرق بينها وبين القانون وصفات النظرية الجيدة.

وفي الفصل الثالث يتم تناول نظرية المحاولة والخطأ لثورنديك ويتم تناول المفاهيم الشائعة في هذه النظرية والفروض والتجارب التي قامت علي أساسها هذه التجربه.

وفي الفصل الرابع يتم التحدث عن نظرية الاشتراط الكلاسيكي لبافلوف وتم تناول تاريخ النظرية والمصطلحات الواردة بالنظرية وتجارب بافلوف والفروض التي قامت عليها النظرية والتطبيقات التربوية للنظرية ومدي الاستفادة منها في مجال التعلم .

وفي الفصل الخامس يتم التحدث عن نظرية الاشتراط الإجرائي لسكينر والمفاهيم الواردة في هذه النظرية وفروض النظرية والإجراءات التجريبية لها وسلبيات وايجابيات النظرية والتطبيقات التربوية للنظرية .

وفي الفصل السادس يتم تناول نظرية التعلم الاجتماعي لباندورا وتم تناول مفاهيم وفروض النظرية وخصائص التعلم الاجتماعي والتطبيقات التريوية للنظرية .

وفي الفصل السابع يتم تناول نظرية نظريات التعلم المعرفية (الجشتطلت ـ التعلم بالاستبصار) وطرق التعلم بالاستبصار وافتراضات النظرية والتجارب التي قام بها علماء الجشطلت علي الحيوانات والتطبيقات التربوية لهذه النظرية .

وفي الفصل الثامن يتم تناول نظرية معالجة المعلومات وكقيف يتم تجهيز المعلومات داخل العقل البشري والتطبيقات التربوية للنظرية.

وفي الفصل التاسع يتم تناول نظرية التعلم ذو المعني وأنواع وأنماط التعلم ذو المعني والتطبيقات التربوية لهذه النظرية .

وفي الفصل العاشر يتم تناول نظرية انتقال أثر التدريب وأنواع أثر التدريب وربط النظرية بالحياة الواقعية وايجابيات النظرية والتطبيقات التربوية للنظرية

وفي الفصل الحادي عشر يتم تناول النظرية البنائية لجان بياجية ومفاهيم هذه النظرية ومراحل النمو المعرفي وسلبيات وإيجابيات النظرية والتطبيقات التربوية للنظرية

وفي الفصل الثاني عشر ويتم تناول عدة نظريات(نظريات التعلم المعاصرة) وكيف يتم الاستفادة بها في مجال التعلم منها نظرية برونر والتي تسمي التعلم بالاكتشاف وتطبيقاتها التربوية وتناول العمليات العقلية المسئولة عنر التعلم كالذاكرو والتذكر والنسيان والحفظ وعلاقتهم بالتعلم ثم تم التحدث عن نظرية المجال المعرفي لكيرت ليفين ونظرية الاقتران لجاثري والنظرية الرياضية في التعلم ونظرية التعلم الفردي والتعلم الذاتي والتعلم التعاوني ويتم تناول التعلم التبادلي وبتم تناول نظرية ديوي في التعلم ونظريات التعلم المدرسية والنظريات التربوية والتطبيقات التربوية لهذه النظريات في التعلم

وفي الفصل الثالث عشر يعقد المؤلف مقارنه بين الاتجاهات المختلفة في تفسير التعلم وتتم المقارنة بين نظرية التعلم الإجرائي ونظرية التعلم الكلاسيكي ، ثم المقارنة بين النظرية الارتباطية ونظرية الجشتطلت والمقارنة بين بعض العمليات العقلية ودورها في عملية التعلم.

وختاما يرجو المؤلف أن بكون هذا العمل العلمي مفيد لكل المهتمين بالعملية التعليمية راجيا الله ان يكون مفيدا في مجال التعليم وللمتخصصين في المجال التربوي .

المؤلف

الفصل الأول

مدخل إلى التعلم

عناصر الفصل الأول :

- مفهوم التعلم
- أساليب التعلم
- العمليات المساهمة في التعلم
- أهمية التعلم وأهدافه
- شروط التعلم
- نواتج التعلم
- المقارنة بين التعلم والتعليم والتدريس والتدريب والتربية
- أخطاء القياس والتشخيص

الفصل الأول

مدخل إلى التعلم

ـ مفهوم التعلم :

التعلم من المفاهيم الأساسية في مجال علم النفس، و بالرغم من ذلك فانه ليس من السهل وضع تعريف محدد لمفهوم التعلم، وذلك لأنه لا يمكننا ملاحظة عملية التعلم ذاتها بشكل مباشر، و لا يمكن اعتبارها وحدة منفصلة أو دراستها بشكل منعزل، فالتعلم يعتبر عمليات افتراضية يستدل عليها من ملاحظة السلوك.

لقد اقترح علماء النفس العديد من التعريفات لمفهوم التعلم، غير انه لا يمكننا الاعتماد على تعريف واحد.

فالتعلم هو كل ما يكسبه الفرد من معلومات ومعارف وأفكار واتجاهات وعواطف وميول وعادات ومهارات حركية .

فالتعلم هو عبارة عن تعديل السلوك عن طريق الخبرة التي يتلقاها الفرد والمران عليها في إثناء تفاعله مع بيئته وتعامله معها وتأثيره فيها وتأثره بها. كما يصبح التعلم عاملا من عوامل الكفء مع متطلبات البيئة والتكيف معها.

ويوجد العديد من علماء النفي عرفوا التعلم منهم :

ـ تعريف ود ورث: إن التعلم هو نشاط يقوم به الفرد ويؤثر في نشاطه

ـ تعريف جيلفورد: إن التعلم هو أي تغيير في سلوك ناتج عن استشارة.

ـ تعريف مَن: إن التعلم هو عبارة عن عملية تعديل في السلوك أو الخبرة.

- تعريف جيتس: إن التعلم هو عملية اكتساب الوسائل المساعدة على إشباع الحاجات وتحقيق الأهداف وهو غالبا ما يأخذ أسلوب حل المشكلات.

كما يعرف (أثر جيتس) و آخرون التعلم بأنه " تعديل السلوك عن طريق الخبرة والمران " كما يعرفه جيتس في موضوع آخر بأنه " تغير في السلوك له صفة الاستمرار ، و صفة بذل الجهد المتكرر حتى يصل الفرد إلى استجابة ترضي دوافعه وتحقق غاياته " و هذا يتفق مع تعريف رمزية الغريب للتعلم بأنه " تعديل في السلوك يساعد المتعلم على حل المشكلات التي تصادفه و تحقيق مزيد من التكيف مع بيئته " .

و يعرف (ماك كونل) التعلم بأنه التغير المطرد في السلوك الذي يرتبط بالمواقف المتغيرة التي يوجد فيها الفرد ، و بمحاولات الفرد المستمرة للاستجابة لها بنجاح " و هذا يعني أن التعلم هو نتاج التفاعل بين المتعلم و الموقف التعليمي ، كما يعني أن الهدف من عملية التعلم هو مزيد من التوافق بين الفرد و بيئته . و هناك أيضاً عدت علماء اختلفت أرائهم حول مفهوم التعلم ولكن لن أتفصل أكثر فيها .

- تعريف ماكجويس :إن التعلم كما تعنيه هو تغيير في الأداء يحدث مع شروط الممارسة .

تغيير وتعديل في السلوك ثابت نسبياً وناتج عن التدريب . فالتعلم :

حيث يتعرض المتعلم في التعلم إلى معلومات أو مهارات ومن ثم يتغير سلوكه أو يتعدل بتأثير ما تعرض له ، وهو ثابت نسبياً بشكل عام .فغالباً ما يكون هناك مجموعة من المعارف والمهارات تقدم للمتعلم ، فيكون التعلم عن طريق بذل ذلك المتعلم جهداً يحاول من خلاله تعلم تلك المعارف أو المهارات ومن ثم اكتسابها ، وللتحقق من معرفته لها عن طريق معرفة الفرق بين حالة الابتداء في الموقف وحالة الانتهاء منه ، فإذا زاد هذا الفرق في الأداء ضمن لنا ذلك حصول التعلم .

" التعلم هو عملية تغيير شبه دائم في سلوك فالفرد لا يلاحظ ملاحظة مباشرة ولكن يستدل عليه من الأداء أو السلوك الذي يمارسه يتصوره الفرد وينشأ نتيجة الممارسة لما يظهر في تغيير أداء الفرد"

كما تعد أساليب التعلم هي سلوكيات معرفية او انفعالية او فسيولوجية يتصف بها المتعلمون وتعمل كمؤشرات ثابته نسبيا للكيفية التي يدرك بها هؤلاء المتعلمون بيئتهم التعليمية ويتعاملون معها ويستجيبون لها. وهي ايضا الطرق والفنيات والاجراءات التي يتبعها المتعلم ذاتيا لاكتساب خبرات جديده. ويشمل اسلوب التعلم اربعة جوانب في المتعلم هي: اسلوبه المعرفي،وانماط اتجاهاته واهتماماته،وميله إلى البحث عن مواقف التعلم المطابقه لانماط تعلمه ، وميله إلى استخدام استراتيجيات تعلم محدده دون غيرها. واساليب التعلم متشعبة كثيرة الابعاد فهي خليط من عناصر معرفية وانفعالية وسلوكية وقد تمكن الباحثون من التعرف على عدد كبير من الابعاد لاساليب التعلم اهمها : اسلوب التعلم المستقل عن المجال مقابل المعتمد على المجال،واسلوب النصف الايمن للدماغ مقابل النصف الايسر ،واسلوب التأمل (التروي)مقابل الاندفاع،واسلوب النمط التفكيري مقابل النمط العاطفي والاحساس مقابل الحدس ،والحكم مقابل الادراك والتفكير المرن مقابل التفكير المقيد والتبسيط مقابل التعقيد... الخ . وتتنوع اساليب التعلم ايضا من اساليب التعلم الجمعي إلى اساليب التعلم الفردي إلى اساليب التعلم في مجموعات صغيره وكذلك فهي تتنوع من اساليب التعلم المباشر إلى اساليب التعلم عن بعد إلى اساليب التعلم بالحاسوب إلى غير ذلك من اساليب التعلم .

يعرف التعلم عموما، بكونه عملية تغيير ،شبه دائم في سلوك الفرد. ولا يمكن ملاحظته مباشرة، ولكن يستدل عليه من أداء الفرد ، وينشأ نتيجة الممارسة . و قد يتفق علماء النفس عموما، على أن التغيرات السلوكية الثابتة نسبيا تندرج تحت

التغيرات المتعلمة، وهذا يعني أن التغيرات المؤقتة في السلوك لا يمكن اعتبارها دليلا على حدوث التعلم.

ويشير هذا التعريف أن التعلم تغيير في الحصيلة السلوكية أكثر ما هو تغيير في السلوك. و قد اكتشف المختصين في علم النفس أن السلوك لا يعتبر مؤشرا للتعلم، وان غياب السلوك ليس دليلا على عدم التعلم. و يرى (ويتيج ١٩٨٠) ضرورة استبعاد التغيرات الناتجة عن الخبرة والعماليات الطويلة المدى كالتي تحدث نتيجة النمو الجسمي أو التقدم في السن أو التعب أو المرض .

بينما ترى النظرية التربوية التعلم بمفهوم التفكير الذي يتطلب استعمال معرفة سابقة و استراتيجيات خاصة لفهم الأفكار في نص ما ، وفهم عناصر المسألة باعتبارها كلية واحدة.

تفترض هذه النظرية أن المدارس تحدث أثر في التعلم . أن عدم التحصيل المتعلمين يمكن تعديله من خلال توفير خبرات تدريسية ملائمة ، وتعليمهم كيفية مراقبة أدائهم وسيطرة عليه.

أما كلمة التعلم في القاموس الفرنسي "لاغوس" ، تعني الدراسة واكتساب معارف . ويأخذ التعلم صفة ارتباط المثير بالاستجابة نتيجة للتعزيز الايجابي بمفهوم السلوكيين، و تغيير في البنيات العقلية بمفهوم المعرفيين. ويعتبر عالم البيلوجيا التعلم بمثابة الكيفية التي تتطور بها شبكة الأعصاب في الدماغ .

و يرى (جونز ١٩٨٨) أن هناك ستة فرضيات عن التعلم مستندة إلى نتائج البحث التربوي، وان هذه الفرضيات تشكل المفهوم الجديد للتعلم، و لها اثر حاسم في الكيفية التي ينفذ بها التدريس و يمثل الشكل أدناه الفرضيات الست المذكورة.

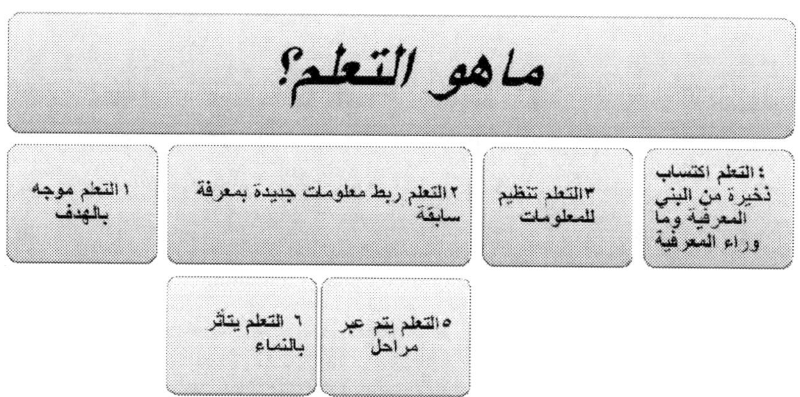

التعلم الموجه بالهدف يعني أن المتعلم الماهر يبذل قصارى جهده لبلوغ هدفين يتمثلان في فهم معنى المهمات التي بين يديه وضبط تعلمه، بالاظافة لذلك فقد يضع المعلم النموذجي في سياق تعليمه عددا من الأهداف الخاصة بالمهمة.

ويعتقد الباحثون في مجال التربية أن المعلومات المخزنة في الذاكرة عل شكل بنى معرفية تسمى مخططات، ويمثل المخطط الواحد جملة ما يعرفه المتعلم عن الموضوع ،وهي شديدة الترابط و ذات صفات حيوية، تتيح للمتعلم أن يقوم بأنواع مختلفة من النشاط المعرفي الذي يتطلب الكثير من التفكير والتخطيط مثل الاستدلال والتقييم.

ويعتبر تنظيم المعرفة عبارة عن تركيب الأفكار و المعلومات في بنى منظمة وموحدة.

أما فيما يخص ما وراء المعرفة فالمتعلم يعي و يدرك المهارات و الاستراتجيات الخاصة التي يستعملها في التعلم ويسمى هذا النشاط بالإدراك فوق المعرفي للتعلم.

وخلاصة القول أن التعلم لا يحدث مرة واحدة وإنما يحدث على شكل دفعات في مراحل متلاحقة، تبدأ بمرحلة التحضير وذلك بتنشيط معرفته السابقة، ثم مرحلة

المعالجة المباشرة المضبوطة التي تتميز بتقييم المعرفة الجديدة ودمجها وفق المعرفة السابقة. وأخيرا مرحلة التعزيز والتوسع ضمن عملية الإدراك الكلي للمعنى و إدماجه في المخزون المعرفي السابق و القيام باجاد الروابط بين المعرفتين و التأكد منها.

إن التعلم يتأثر بالعوامل النمائية للمتعلم مما يؤدي إلى فوارق متباينة البنى المعرفية بين المتعلمين .و يشير(جونزو آخرون،١٩٨٨) أن الطلبة المتخلفين في التحصيل يحتاجون إلى فرص متنوعة للتدريب على المهارات و تطبيقها في ظروف مختلفة، على أن يكون ذلك مصحوبا بتغذية راجعة تصحيحية و بتعليم مثير لاستراتجيات ما وراء المعرفة.

مراحل التعلم في معالجة المعرفة

- مراحل البحث في التعلم :

يقسم هورتن وتيرنج (١٩٧٦) تاريخ البحث في التعلم إلى ثلاث مراحل وهي:

١- مرحلة ماقبل السلوكية

وقد بدأت هذه المرحلة بفلسفة جون لوك الذي يقال انه وضع الأساس لنظرية تداعي الخبرة .بريطانيا، ويرى جون لوك أن العقل البشري يولد صفحة بيضاء تخط الخبرة عليها فيما بعد.

وقد ارتبط مفهوم التعلم بكون العقل البشري يتميز بعمليات فطرية خاصة مستقلة عن الخبرة. ويرى العالم الألماني "ولهم فونت" الذي تنسب إليه المدرسة التركيبية في علم النفس أن المتعلم يلاحظ عملياته العقلية أي يقوم بالاستبطان الذاتي. كما تميزت هذه الفترة بأعمال هرمان ايبنجهاوس في مجال الذاكرة التي لعبت دورا كبيرا في التطور اللاحق لتجارب ثورندايك وكلارك هل وايدوين جاثري .وفي الوقت الذي كان فيه علم النفس التجريبي لا يزال في مراحله الأولى ،كان ايبنجاوس يقدم نظرة منهجية لدراسة التعلم البشري.

٢- المرحلة السلوكية

أما المرحلة السلوكية التي تميزت بنظرية الارتباطين التي تبنها جون واطسون، وقد جاءت نتيجة لتأثير أعمال العالم الروسي أيفين بافلوف في نظريته الشهيرة في لاشتراط الكلاسيكية، ونظرية ادوارد ثورنداليك صاحب التعلم بالمحاولة والخطأ و لاشتراط الإجرائي لبور يس سكينر وغيرهم ممن كان لهم بصمات في عملية التعلم.

٣- المرحلة المعاصرة

في هذه المرحلة اتجه علماء النفس إلى التفكير في وضع تخطيط للقدرات المعرفية و الوجدانية للكائن .

- مراحل التعلم : دلت نتائج البحوث أن التعلم يحدث خلال ثلاثة مراحل أساسية، يمكن تقديمها على الشكل التالي:

١- مرحلة الاكتساب: وهي المرحلة التي يدخل المتعلم من خلالها المادة المتعلمة إلى الذاكرة.

٢- مرحلة الاختزان: تتميز بحفظ المعلومات في الذاكرة.

٣- مرحلة الاسترجاع: و تتضمن القدرة على استخراج المعلومات المخزنة في صورة استجابة.

يعتبر فهم المعنى السيكولوجي للتعلم، هو معرفة ما لا يقدر تعلمه.

فالتعلم ليس ما يحدث في غرفة الصف . و إنما التعلم يحدث بشكل مستمر في حياتنا اليومية ولا يتعلق الأمر بكل ما هو صحيح فقط، فالخطأ يعد تعلما أيضا، ولا يقتصر التعلم على المعرفة والمهارات و إنما يتضمن تعلم الاتجاهات والعواطف (هل١٩٨٥). إذا التعلم هو تغيير دائم في سلوك المتعلم وقد يكون مقصودا أو غير مقصودا و يتخلله المرور بالخبرة والتفاعل البيئي أما التغيرات الناتجة عن النضج لا تعتبر تعلما، والتغيرات الطارئة المؤقتة الناجمة عن التعب والجوع تستثنى أيضا من التعلم (ولفولك١٩٨٧،ص.١٦٥).

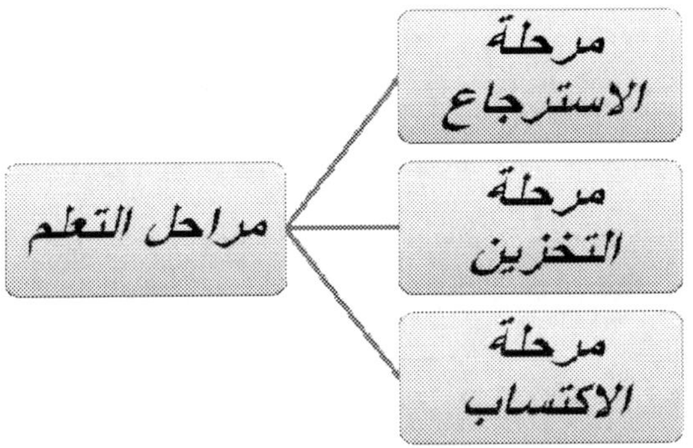

- أنواع التعلم الرئيسية:

اعترف علماء النفس بوجود أنماط مختلفة للتعلم وهي التعلم البسيط الذي يتميز بالاعتياد حيث يتوقف المتعلم عن الانتباه للمثيرات البيئية الثابتة دوما كالساعة التي تدق في إحدى الغرف. و الاشتراط يشير إلى اكتساب سلوكيات بوجود مثيرات بيئية محددة و نميز نوعين من الاشتراط وهما الاشتراط الكلاسيكي و الاشتراط الإجرائي الذي سوف يتم الحديث عنهما لاحقا والى جانب ذلك هناك التعلم المعرفي ،حيث يقوم المتعلم بالتفكير بشكل مختلف حول العلاقات بين السلوك والحوادث البيئية(بيترسون ،١٧٣،١٩٩١) .

ـ أساليب التعلم:-

يتم التعلم بأساليب عديدة منها:

التعلم بالاقتران ويعتبر جاثري أحد الذين عملوا في هذا النوع من التعلم.

الاقتران الزمني .

التكرار.

التعزيز.

ـ التعلم بالمحاولة والخطأ:-

١- وهو أسلوب يتم عن طريق القيام بعدد من المحاولات إلى أن يتوصل المتعلم إلى الاستجابة الصحيحة.

ويعتمد هذا النوع من التعلم على مجموعة عوامل منها:-

١- استعداد المتعلم (أي كلما كانت رغبة الفرد كبيرة في التعلم أسرع في التعلم وإتقانه).

٢- الحالة الصحية والنفسية.

٣- انتقال أثر التعلم (أي أن يتقن الفرد أي موقف تعليمي فان ذلك يساعده في المواقف التعليمية القادمة).

ـ التعلم بالاستبصار:-

وهو نوع من التعلم يقوم على الفهم الكلي للموقف الذي يتعرض له الفرد فهماً يعتمد على التفكير والتأليف والابتكار وصولاً إلى حل يناسب الموقف وهو ما يطلق عليه ((الاستبصار)).

ومن خصائص التعلم بالاستبصار:-

١- يعتمد الاستبصار على ما وصل أليه المتعلم من نضج جسمي وما لديه من خبرات ومهارات وذكاء.

٢- يتم الاستبصار غالباً عن طريق مجموعة من المحاولات والأخطاء .

٣- أن الاستبصار بالحل الصحيح قد يكون فجائياً وقد يكون تدريجياً وهو في الحالتين نوع من الخبرات التراكمية.

كما أن نظرية الاقتران تعتبر التعلم ترابطاً شرطياً يفسره قانون الاقتران وهو ابسط أنواع التعلم.

ونظرية المحاولة والخطأ تعتبر التعلم يتم نتيجة للأثر الذي تحدثه المحاولات الناجحة

واما نظرية الاستبصار فتعتبر الوصول إلى التعلم نتيجة لاعادة تنظيم المجال الادراكي بحيث يسمح هذا التنظيم لظهور الحل الصحيح.

ـ العمليات المساهمة في التعلم:

١- الإحساس:وهو النشاط العقلي للفرد اذ يحقق له التعرف على الأشياء والتصور الذهني لها.

٢- الإدراك : يعني الإدراك العملية العقلية التي نتعرف من خلالها فيما حولنا عن طريق التنبيهات الحسية .

وتتأثر بعاملين:

١- طبيعة الشيء المدرك نفسه كأن يكون سهلاً أو معقداً

٢-طبيعة الحواس فقد تكون قوية أو ضعيفة صحيحة أو معتلة.

ويعتمد التعلم على عدد من المصادر منها :

١- التعليم النظامي الذي يتم داخل المؤسسات التعليمية.

٢- التعليم الذي يتم من خلال التنشئة الاجتماعية.

٣- التعليم الذي يتم عن طريق طلبه والسعي أليه لحاجة من الحاجات الضرورية للفرد.

أهمية التعلم وأهدافه : -

ويعتبر للتعليم أهمية في التصدي لحل المشكلات اليومية التي تصاف الفرد في حياته. ويهدف إلى أن يكسب الفرد إلى مهارات سلوكية جديدة تتفق وميوله وتؤدي ألي إشباع حاجاته وتعمل على تحقيق أهدافه.

شروط التعلم:-

١ـ وجود مشكلة أمام الفرد يتعين عليه حلها .

والمشكلة : هي كل موقف جديد يعوق وصول الفرد لحاجاته أو رغباته لا يكفي حله الخبرة السابقة أو السلوك المعتاد .

٢ـ وجود دافع يدفع الفرد للتعلم .

٣ـ بلوغ الفرد مستوى من النضج الطبيعي يسمح له بالتعلم .

ويوجد علماء يذكروا شروط التعلم في عدة نقاط علي النحو التالي :

١- النضج

٢- الدافع

٣- التدريب (الممارسة)

١- النضج : هو الوصول إلى حالة النمو كاملة ، أي يقصد بـه التغيـرات الداخليـة في الكـائن الحي ترجع في تكوينه الفسيولوجي والعضوي

-والتغيرات التي ترجع للنضج هي نتيجة التكوين الداخلي للفرد.

-النضج مهم للتعلم وذلك لأنه عند تعلم أي مهارة يجب نمو الأجهزة الداخلية.

العلاقة بين التعلم والنضج /

التعلم .. عبارة عن تغير يحدث نتيجة لنشاط يقوم به الكائن الحي

- يبذل مجهود - .

النضج .. عملية طبيعية متتابعة تقدمية تحدث حتى في الحالات التي تكون فيها أعـضاء الجسم في حالات خمول تام -لا يبذل أي مجهود.

أما التعلم .. يحدث تحت وعي وإدراك الفرد للخبرة المتعلمة

النضج .. عملية نمو مستمرة تحدث بدون إرادة وذلك لأنها عملية تحدث من الداخل .

فالتعلم .. يؤدي إلى ظهور استجابات معينة لدى الفرد تميزه عن غيره

أما النضج .. يوجد بمظاهرة المختلفة عنـد جميـع الأفـراد العـاديين مـن الجـنس البـشري بالرغم من اختلاف الظروف .

والنضج الطبيعي :هو النمو الذي يتوقـف عـلى التكـوين الـوراثي للفـرد في ظـروف البيئـة العادية المناسبة دون حاجة إلى تمرين أو ملاحظة خاصة .

المقارنة بين النضج والتعلم :

والجدول التالي يوضح المقارنة بين النضج والتعلم .

النضج الطبيعي	التعلم
يتوقف على التكوين الوراثي ولا يحتاج إلى تمرين أو ملاحظة	تلعب البيئة دورا كبيرا فيه حيث يحتاج إلى التدريب أو الملاحظة
ليس التعلم شرطا لحدوثه	يعتبر النضج شرطا أساسيا لحدوثه
يقرب بين أفراد النوع الواحد	يظهر الفروق بين أفراد النوع الواحد

٢- الدافع :

تعريفه / قوة نفسية داخل الفرد تستحثه على القيام بنشاط معين لإشباع أو إرضاء رغبة معينة وتستمر هذه القوه في دفع الفرد وتوجيه سلوكه .

-سلوك الكائن الحي يتميز بالغرضيه (له هدف) .

أقسام الدوافع /

دوافع بيولوجية أولية فطرية ، دوافع اجتماعية ثانوية مكتسبة

الدوافع الأولية : وهي التي يولد الإنسان مزودا بها وهدفها بقاء الكائن الحي ، مثل: الجنس النوم الغذاء .

الدوافع الثانوية : وهي التي يكتسبها الإنسان من بيئته التي تعيش فيها ، مثل: حب الظهور، الانتماء ، السيطرة

-لهما قوة تختلف حسب حاجة الفرد لتحقيق هذه الدوافع.

-كلما كان الموضوع المتعلم مشبع لهذه الدوافع كلما كانت عمليه التعلم أفضل .

-دراسة أثبتت أن المتعلم يتعلم بطريقة أفضل إذا ارتبطت بدوافعه.

-يجب على المعلم إيجاد دوافع جديدة في الطلاب من خلال المهارات التي يكتسبوها ويعمل كذلك على تنمية الدوافع الموجودة لديهم .

- **سيكولوجية الدوافع :**تمثل الدافعية نقطة اهتمام جميع الباحثين في ميدان التربية ، حيث ينظر إليها على أنها المحرك الرئيسي لسلوك الإنسان والحيوان على حد السواء . ويتلخص مفهوم الدافعية في مجموع الرغبات والحاجات والميول والاتجاهات التي توجه السلوك نحو الهدف المراد تحقيقه.

- **تحديد مفهوم الدافعية:** تعرف الدافعية بالحالة الداخلية التي تسهل وتَوَجه و تدعم الاستجابة، كما أنها تحافظ على استمرارية السلوك حتى يتحقق الهدف . ويشير الدافع إلى مجموعة الظروف الداخلية والخارجية التي تحرك الفرد.وذلك لاسترجاع حالة التوازن بإرضاء الحاجات أو الرغبات النفسية أو البيولوجية .

- **مفهوم دافعية التعلم:** ينظر إلى الدافعية من الناحية السلوكية على أنها الحالة الداخلية أو الخارجية للمتعلم ، التي تحرك سلوكه وأداءه وتعمل على استمراره وتوجهه نهو الهدف أو الغاية.أما من الناحية المعرفية، فهي حالة داخلية تحرك أفكار ومعارف المتعلم وبناه المعرفية ووعيه وانتباهه، حيث تلح عليه على مواصلة واستمرار الأداء للوصول إلى حالة التوازن المعرفي والنفسي. و أما من الناحية الإنسانية، فهي حالة استثارة داخلية تحرك المتعلم للاستغلال أقصى طاقته في أي موقف تعليمي يهدف إلى إشباع رغباته وتحقيق ذاته.

- **أنواع الدوافع** : لقد ميز علماء النفس نوعين من الدوافع لدى الإنسان وهي:

١- الدوافع الفسيولوجية والدوافع النفسية :نقصد بالدوافع الفسيولوجية، هي دوافع فطرية أولية ، التي تنشأ من حاجات الجسم الخاصة بالوظائف العضوية والفسيولوجية كالحاجة إلى الماء والطعام والجنس. أما الدوافع النفسية فهي دوافع

ثانوية مثل حب التملك والتفوق والسيطرة والفضول والإنجاز. وتعتبر الدوافع الأولية أقل أثر في حياة الإنسان ويتوقف ذلك على درجة إشباعها.

٢- الدوافع الداخلية و الدوافع الخارجية:الدافع الداخلي هو تلك القوة التي توجد في داخل النشاط التي تجذب المتعلم نحوها ، فتؤدي إلى الرغبة في العمل مواصلة المجهود لتحقيق الهدف دون وجود تعزيز خارجي . ويؤكد (برونر) أن التعلم يكون أكثر ديمومة واستمرارية في حالة كون الدوافع داخلية و غير مدعمة بتعزيزات خارجية .و نلخص العوامل المؤثرة في دافعية التعلم ضمن البيان

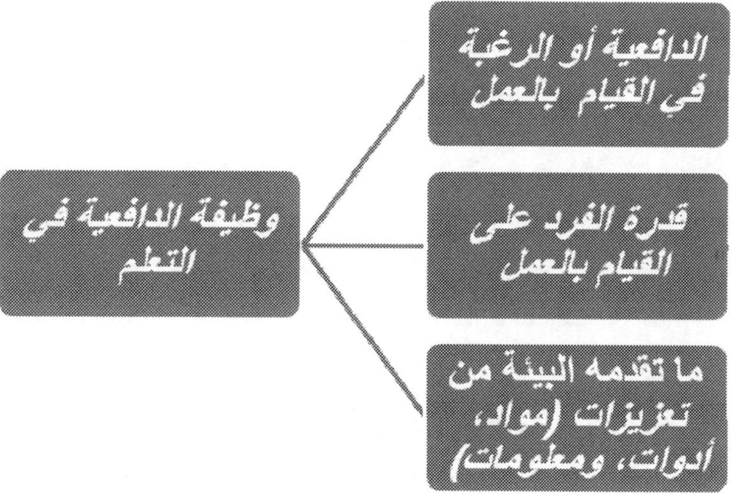

وتعتبر الدافعية من أهم العوامل المثيرة للتعلم ، فهي مصدر للطاقة البشرية والأساس الذي يعتمد عليه في تكوين العادات والميول والممارسات لدى الأفراد. كما أنها تعد القوى التي تدفع المتعلم إلى تعديل سلوكه وتوجهه نحو الهدف المطلوب. لقد أثبت الباحثون على وجود علاقة ايجابية بين الدافعية ومستوى التحصيل . وأكدوا أن

دافعية الطلبة تسهم في تكوين اتجاهات ايجابية نحو المدرسة. ويذكر (زيدون وآخرون ١٩٩٣)أن للدافعية في التعلم وظيفة من ثلاثة أبعاد وهي:

١- تحرير الطاقة الانفعالية في الفر د وإثارة نشاط معين من السلوك.

٢- الاستجابة لموقف معين وإهمال المواقف الأخرى .

٣- توجيه النشاط بغرض إشباع الحاجة الناشئة عنده وإزالة حالة التوتر مع تحقيق الهدف.

- **مكونات الدافعية :**

يرى(كوهين، ١٩٦٩)أن الدافعية تتكون من أربعة أبعاد و هي :

١ـ الإنجاز ٢ـ الطموح ٣ـ الحماسة ٤ـ والإصرار عل تحقيق الأهداف والمثابرة.

أما(حسين،١٩٨٨) فقد استخلص ستة عوامل مكونة للدافعية:

١ـ المثابرة ٢ـ الرغبة المستمرة في الانجاز ٣ـ التفاني في العمل

٤ـ التفوق والظهور ٥ ـ الطموح ٦ـ الرغبة في تحقيق الذات.

وفيما يلي عرض جدول ملخص لأهم الاتجاهات المفسرة لدافعية التعلم.

الجدول رقم ١: يلخص الاتجاهات النفسية و تفسيرها للدافعية

الاتجاهات النفسية	تفسيرها للدافعية
الاتجاه السلوكي	هي حالة تسيطر على سلوك الفرد وتظهر على شكل استجابات مستمرة ومحاولات موصولة بهدف الحصول على التعزيز المنشود.
الاتجاه المعرفي	يعتقد أن السلوك محدد بواسطة التفكير والعمليات العقلية ليس بواسطة التعزيز والعقاب، و لهذا الاستجابات مبنية على التفسيرات المقدمة الأحداث.

الاتجاه الإنساني	يركز على الحرية الشخصية والقدرة على الاختيار واتخاذ القرارات والسعي الذاتي للنمو والتطور.التوجه نحو إشباع الحاجات والرغبات وتحقيق الذات.
الاتجاه المعرفي الاجتماعي لباندورا	حسب باندورا، فانه يعتمد على الأفكار والتوقعات حول النتاج الممكن للسلوك و إحساس الفرد بالكفاية لذاتية و وضع الأهداف. فتحقيق الهدف يؤدي إلى الشعور بالرضا الإشباع .وبالتالي تحقيق الذات.

- **قياس الدافعية :** لا يمكن قياس قوة الدافعية بشكل مباشر، وإنما بشكل غير مباشر ضمن الطرقتين التاليتين :

١- **قياس قوة الدافعية بواسطة الحرمان :** تعد كمية الحرمان طريقة تقدير لدرجة الدافعية عند المتعلم وذلك بقياس الحرمان بالوقت المنقضي منذ آخر إشباع .

٢- **قياس قوة الدافعية من خلال السلوك :** لا يمكن قياس كل الدوافع بواسطة الحرمان، لهذا تستخدم الملاحظة للسلوك كوسيلة للاستدلال عن حالة الدافعية بالاعتماد على الاشتراط الإجرائي .

- **علاقة الدافعية بسلوك الأداء :** لقد أكدت الدراسات وجود ارتباط وثيق بين الدافعية وأداء السلوك، فازدياد الأداء يؤدي إلى ارتفاع قوة الدافعية . كما أكد قانون ييركس- دود سون على أنه كلما كانت المهمة صعبة تطلبت مستوى أدنى من الدافعية وأقصى حد من الأداء. وترتبط الدافعية ومستوى الأداء باستخدام التعزيزات المختلفة.فكلما كان التعزيز قويا وايجابيا أدى ذلك إلى ارتفاع في مستوى الأداء وقوة الدافعية.

- **العوامل المؤثرة في قوة دافعية التعلم :** للمحافظة على قوة الدافعية عند المتعلمين لبدا من الأخذ بالإرشادات التالية :

١- تحديد الأهداف بشكل واضح و مثيرة للانتباه.

٢- تعزيز استجابات المتعلم بالحوافز والمكافآت.

٣- إزالة حالة التوتر والقلق والصراع في حل المشكلات المطروحة، وذلك بتقديم نماذج من الاستراتجيات الناجعة والفعالة لحل المشكلات دون تعريض المتعلم للإصابة بالتوتر والقلق أمام الصعاب.

٤- تقديم للمتعلم طرائق بسيطة وناجعة تمكنه من التعلم بسرعة وبشكل جيد و بأقل مجهود.

٥- تقديم فرص للمشاركة في تحديد الأهداف و اختيار أنواع النشاط الذي يرغب فيه المتعلم.

٦- تعويد الطفل على تحمل المسؤولية الذاتية لتحمل نتائج أعماله من نجاح أو فشل .

٧- تعزيز فرص الاستقلالية والاعتماد على الذات في اختيار الأنشطة وممارستها.

٨- إثارة استعداد المتعلم لعملية التعلم .

٣-التدريب (الممارسة) :

تعريفها / تكرار أسلوب معين مع توجيه معزز.

-مثال الفرق بين الفرد العادي وبين السباح ، أن الثاني لديه ممارسة ولديه توجيه معزز وهو المدرب فعندما يعمل سلوك خاطئ يوجهه المدرب .

-التكرار الروتيني للسلوك لا يؤدي للتعلم بل لتكرار الخطاء ، لذلك لن تأتي لأفضل النتائج إلا من خلال التكرار والتوجيه المعزز

-الممارسة دائما تحتاج للأداء "مهارة حركية" .

خصائص الممارسة الجيدة :-

١-الربط بين الميول والقدرات .

٢-مراعاة الفروق الفردية

٣-وضوح الهدف

٤-نوعية الممارسة (ممارسة قليلة وموزعة أفضل من كثيرة ومركزه)

ملاحظات :

-إن التدريب المبكر قبل أن يتم النضج يكون أقل أثرا من المراحل المتأخرة .

-إن النضج العضوي ذو اثر فعال في اكتساب القدرة الحركية .

-عامل النضج وحدة غير كافي في عملية التعلم يجب أن يشترك معه ممارسه وتعليم.

-نضج كافي وممارسة جيدة عندها يحدث التعلم .

ـ خصائص عملية التعلم : فهناك عدة خصائص لعملية التعلم ومنها :

١ـ التعلم تكوين فرضي : فالتعلم عملية عقلية معقدة تنطوي على عديد من العمليات العقلية مثل : الانتباه و الادراك والتفكير والتذكر ، و فهم الأفكار و العلاقات . وهذه العمليات تتم داخل الفرد لذلك فأن التعلم يعتبر تكوين فرضي نستدل على حدوثه من خلال الآثار و النتائج المترتبة عليه ، و التي تتمثل في تغيير تعديل السلوك.

٢ـ التعلم تغير تقدمي : يتضمن مفهوم التعلم صفة التقدم أو التحسن او الزيادة في المعرفة و الخبرة التي جاءت نتيجة التعلم . فالاستجابات التي يؤديها الفرد في المراحل الأولى من تعلمه تكون عادة استطلاعية عشوائية و غير متميزة . ولكن بالممارسة المستمرة تقل الأخطاء ويزد الربط و التنظيم و التنسيق و تحل الثقة محل الشك و

التخطيط محل العشوائية ..

ـ نواتج عملية التعلم:-

يتم تصنيف نتاج التعلم على النحو التالي:

١- تكوين العادات:

يطلق لفظ العادة على أي نوع من السلوك المكتسب و هو أي سلوك يقوم به الفرد بصفة سهلة وآلية نتيجة التكرار. ويمكننا القول أن العادة هي استعداد يكتسب بالتعلم و لا يحتاج إلى الجهد والتفكير و التركيز والانتباه.

٢- تكوين المهارات:

تكتسب على مستوى الحركي والتوافق الحركي العقلي، حيث يلعب التكرار دورا كبيرا في تكوينها،و تؤثر التدريبات المستمرة في التوصيلات العصبية حيث تيسر حدوث العمليات المتتالية في المهارة بسرعة ودقة من غير تركيز للانتباه. و معظم المهارات تبنى على استعداد وموهبة وقدرة خاصة بالإضافة إلى الميول التي تلعب دورا في تكوين المهارات العلمية.

٣- تعلم المعلومات والمعاني:

يتزود الفرد بالمعلومات والمعاني من البيئة التي يتفاعل معها في محيطه الطبيعي والأسري والمدرسي والاجتماعي والثقافي الحضاري.

٤- تعلم حل المشكلات:

يعتمد أسلوب حل المشكلات على فهم الموقف وتحليله ابتداء من الشعور بالمشكلة والعمل على حلها ثم جمع المعلومات عن موضوع المشكلة ووضع الفروض الملائمة لها و التحقق من الفروض بالتجربة والممارسة للنشاط و أخيرا الوصول إلى

النتـائج أو القـوانين أو القواعـد اعـتمادا عـلى التحليـل بالمقارنـة وتنميـة التفكـير الاسـتدلالي و الاستقرائي.

٥- تكوين الاتجاهات النفسية:

الاتجاه النفسي هو استعداد أو تهيؤ عقلي يتكون نتيجـة عوامـل مختلفـة مـؤثرة في حياتـه تجعله يؤخذ موقفا نحو بعض الأفكار بحسب قيمتها الخلقية أو الاجتماعية.

والواقع أن شخصية الفرد ،تتكون مـن مجموعـة الاتجاهـات النفـسية التـي تتكـون نتيجـة التنشئة والتربية والتعلم، فتؤثر في عاداته وميولـه وعواطفـه وأسـاليب سـلوكه، ويتـصف تعلـم الاتجاهات بالتخزين طويل المدى، بينما يتعرض تعلم المعلومات إلى الإتلاف النـاتج عـن عوامـل النسيان.

ـ المقارنة بين (التعلم ـ والتعليم ـ والتدريس ـ والتدريب ـ والتربية)

يعد التعلم من المفاهيم الأساسية في مجال علم النفس وإنه ليس التعلم وذلك بسبب أننـا لا نستطيع أن نلاحظ عملية التعلم ذاتها بـشكل مبـاشر ولا يمكـن اعتبارهـا وحـدة منفـصلة أو دراستها بشكل منعزل ، فالتعليم ينظر إليه على أنه من العمليات الافتراضية يستدل عليهـا مـن ملاحظة السلوك ويمكن تعريف التعليم على النحو الآتي -:

"فالتعلم هو عملية تغيير شبه دائم في سلوك الفرد لا يلاحظ ملاحظة مبـاشرة ولكـن يـستدل عليه من الأداء أو السلوك الذي يتصوره الفـرد ويـنـشأ نتيجـة الممارسـة لمـا يظهـر في تغيـير أداء الفرد"

في ظل التطور المعرفي تأتي أسـاليب التـدريس الحديثـة والتـي تعتـبر المـتعلم محـور العملية التعليمية .. ويأتي التعلم النشط ليُفعل عمليتي التعليم والتعلم وينشط المتعلم ويجعله يشارك بفعالية وأن يعمل ويفكر فيما يعلمه حتى يستطيع من اتخاذ القـرارات

والقيام بالإجراءات اللازمة للتغيير والتطوير والتقويم.

باعتبار مصطلح التعلم مرتبط بالتربية ، فتجميع التعاريف حول مفهوم التربية: هو كل فعل يمارسه الشخص بذاته يقصد من ورائه اكتساب معارف و مهارات و قيم جديدة. لهذا يجب التفريق بين مصطلحي تعليم و تعلم, فهما ملتصقان لدرجة الخلط بينهما. التعليم عملية يقوم بها المعلم لجعل الطالب يكتسب المعارف و المهارات و بصيغة بسيطة:المعلم يمارس التعليم و الطالب يمارس التعلم.

ـ العوامل المؤثرة في التعلم:

ـــ التلازم : يميل الإنسان إلى تكرار السلوك الذي يتلازم معه عوائد مرضية

ـ العمليات الفكرية .

ـ الهدف .

ـ النجاح .

-الإتجاهات .

ـ الخبرة السابقة .

ـ الإتصال .

ـ أهمية السلوك .

ـ التدعيم .

ـ التشابة .

ـ التكرار.

ـ تعريف التعليم :

تعليم موحد ، يقوم على توفير الحد الأدنى والأساسي من الاحتياجات التعليمية والمعارف و المهارات للأفراد التي تمكنهم من الاستمرار في التعليم أو التدريب وتهيئتهم

مهنياً للالتحاق بسوق العمل ، وفقاً لميولهم واستعداداتهم وإمكانياتهم ، ويقوم على تنمية قدرة الأفراد على مواجهة تحديات وظروف الحاضر .. والاستعداد من أجل المستقبل في إطار التنمية المجتمعية الشاملة

ولابد ايضاً التعرف على مفهوم التعليم عن بعد :

إن التعليم عن بعد يهيئ نظام الاتصال المزدوج بين الطالب والمؤسسة التعليمية من خلال أساتذة ومرشدين حيث يطلب من الدارس القيام ببعض الواجبات أو الأعمال ثم يقوم بإرسالها إلى المؤسسة التعليمية والتي بدورها ترد على الدارس ببعض التعليقات والإرشادات فيما يسمى بالتغذية الراجعة .

وقد يكون هذا الاتصال بين الدارس والمؤسسة التعليمية من خلال التقنيات الحديثة كالفاكس أو البريد الإلكتروني أو من خلال الهاتف العادي ، وبناءً على هذا فإن الدارس يقوم بتصويب الأخطاء والسير وفق الخطوات السليمة للبرنامج

ـ أنواع التعليم

ويوجد ثلاثة انواع من التعليم

١ - التعليم النظامي:-

هو التعليم الذي يتلقاه المتعلم المتعلم من الصغر في بدايه حياته منذ نعومه اظافره وهو يطبق في معظم بلاد العالم ويتولاه المسئولون عنه في التربيه والتعليم ويكون في مرحله الطفوله ويكون تحت اشراف المسئولين ويكون مع المسئولين والمتعلم المعلمون الذين يقومون بالشرح والمتابعه وعلي المتعلم ان يكون له هدف يسعي الي تحقيقيه من خلال التعليم وبعد ذلك يوجد للتعليم النظامي امتحانات ونتائج حتي يتجاوز المراحل القادمه

٢-التعليم التلقائي

هو ما يتعلمه الناس من خلال ممارستهم لحياتهم اليوميه مثل تعليم الكلام والاستماع وكيفيه المعامله الحسنه من احترام وآداب الطعام والجلوس وإرتداء الملابس

قال رسول الله صلي الله عليه وسلم

{لا يؤمن احدكم حتي يحب لاخيه ما يحب لنفسه}

٣-التعليم غير الرسمى

وفى التعليم الغير رسمى بالرغم من ان له برامج مخططه و منظمه فانه يحتل المكانه الوسط بين التعليم النظامى والتعليم التلقائى.

يوجد فى مصر منه وفى معظم البلاد هى ان اى متعلم عليه تعليم اميا او ١٠ افراد اميين حتى ينهضوا بالبلد ويحاربوا الاميه والمتخصصين يضعوا لها مواد مبسطه حتى تكون سهله الاستيعاب لمعرفه الامى القراءه والكتابه وبهذا يتماسك المجتمع وينهض ويشمله الخير والحب ويتحقق فينا قول الشاعر:-{نصون العلم بالخلق القويم ونسمو بالخلال الصالحات}

وترتكز المدرسة القديمة بطرقها وأساليبها التعليمية على أن المعلم هو المصدر الأول للمعرفة والعامل الفعال الأساسي لعملية التعلم وبهذا تكون أهملت دور المتعلم كلياً . كما أكدت المدرسة القديمة من خلال المنهج والمقررات الدراسية على تكثيف المعلومات النظرية وتوصيلها للمتعلم عن طريق الحفظ دون الاهتمام بالنظرية الحديثة للتعلم والتي تعتمد على الفهم والإدراك .

بينما نجد المدرسة الحديثة ركزت بشكل أساسي على استخدام المتعلم لجميع حواسه كأدوات للتعلم ، تتصل بما حوله من مؤثرات وتنقلها إلى العقل الذي يقوم بتحليلها وتصنيفها على شكل معارف وخبرات يستوعبها ويدركها ليستخدمها في مواجهة ما

يقابله من مواقف حياتية جديدة .. كما رفعت المدرسة الحديثة من قدر المعلم بأن جعلت منه موجهاً ومشرفاً ينظم عملية التعليم والتعلم في ضوء استخدام وظيفي للطرق والأساليب الحديثة والتي تعتمد على المشاهدة والاستقراء والعمل وتنمية الميول والاتجاهات .

المقصود به:

التعليم هو النشاط الذي يهدف إلى تطوير التعليم والمعرفة و القيم الروحية و الفهم و الإدراك الذي يحتاج إليه الفرد في كل مناحي الحياة إضافة إلى المعرفة و المهارات ذات العلاقة تجعل بحقل أو مجال محدد.

التعليم هو إحداث تغيرات معرفية ومهارية ووجدانية لدى الطلاب.

- التعليم نشاطا مقصود من قبل المعلم لتغيير سلوك طلابه.
- التعليم عملية تفاعل اجتماعي لتطوير معارف ومهارات وقيم واتجاهات الطلاب.
- التعليم تفاعل معقدا بين المعلم والمتعلمين لتحقيق الأهداف التربوية.
- التعليم نظام يتكون من مدخلات وعمليات ومخرجات.
- التعليم جهد مقصود لمساعدة الآخرين على التعلم.
- التعليم هو تزويد الطلاب بالمعلومات أو المهارات.

ـ دور المعلم قبل وأثناء وبعد التعلم :

قبل التدريس:

تحديد الأهداف.

تكوين المجموعات.

إعداد المادة.

حجم المجموعات.

تحديد الوقت.

تحديد الأدوار.

أثناء التدريس

شرح المهام.

تحديد المسئولية الفردية.د

مراقبة السلوك.غلق الدرس أهمية التعاون تقديم المساعدة. تقدير درجات التلاميذ.

نهاية التدريس :

فحص الإنتاج. تقويم الأداء. تطوير الأنشطة.عمل ملف لكل تلميذ. تقويم ذاتي.

يمكن تعريف مصادر التعلم بأنها :

المصادر جمع مصدر وهي ما تحوي شيئاً معيناً ، ومصادر التعلم هي شيء يمكن أن يكون وسيطاً للحصول على المعلومات والتي تخدم واحد أو أكثر منأ الجوانب المعرفية والنفس حركية والوجدانية

أهمية مصادر التعلم : ـ

يتحقق من استخدام وتوظيف مصادر التعلم المناسبة العديد من الميزات من أهمها ما يأتي :

١- تنمية قدرة المتعلم في الحصول على المعلومات من مصادر مختلفة .

٢- تنمية مهارات البحث والاكتشاف وحل المشكلات لدى المتعلم

٣- تزويد المتعلمين بمهارات تجعله قادراً على الاستفادة من التطورات المتسارعة في نظم المعلومات

٤- إعطاء المعلمين فرصة للتنويع في أساليب التدريس .

٥- مساعدة المعلمين في تبادل الخبرات والتعاون في تطوير المواد التعليمية .

٦- إتاحة الفرصة للتعلم الذاتي من قبل المتعلم .

٧- تلبية احتياجات الفروق الفردية بين المتعلمين .

٨- اكتشاف ميول واستعدادات وقدرات المتعلمين وتنميتها .

تعريف التدريس هو:- عملية تنمية معلرفية للفرد لاتحتاج الى هدف وظيفى محدد ومن خلالها يتم تنمية القدرات الفكرية والتطبيقية بشكل عام وهو مرحلة مؤقته مع صغار السن .

تعريف التدريب:هوالنشاط المستمر لتزويد الفرد بالمهارات و الخبرات و الاتجاهات التى تجعله قادرا على مزاولة عمل ما بهدف الزياده النتاجيه وهو يتناول سلوك الافراد من الناحيه المهنيه.

ـ التعلم والتدريس:

يهتم المتخصصون في التعليم والمهتمون به بتنظير هذا المجال من خلال الإطلاع على أكبر كم من النظريات المعنية به ولكنهم أحيانا يقعون في خطا منهجي فادح حيث يطلقون على النظريات التي تتناول كيف يجب أن يكون المعلم وما هي الأساليب التي يجب أن يسلكها من أجل تحقيق مستوى أعلى وأسرع في إيصال المعلومات إلى المتعلمين،يطلقون عليها نظريات التعلم وفي الحقيقة هذا خطأ كبير حيث هناك فارق بين نظريات التعلم وما يقصد هؤلاء فالمسمى الصحيح لما يقصده هؤلاء هو "نظريات التدريس" أما "نظريات التعلم" فهي شيء آخر تماما .

ويوجد فرق بين نظريات التعلم ونظريات التدريس، فنظريات التعلم يهتم بها السيكولوجيون، وتتناول الطرق التي يتعلم الفرد العمليات النفسية في التعليم ،بينما نظريات التدريس فيهتم بها التربويون، وتتناول الطرق التي يؤثر بها المعلم على المتعلم. والتربويون في حاجة إلى نظرية للتدريس وليس لنظرية تعلم. وكل نظرية تدريس لها

أهدافها الأساسية ونظرتها للمتعلم وذلك ما يوفر اتجاه عام للنظرية. بعض النظريات مثل النظرية البنائية تركز على أن المتعلم هو العنصر الفعال، والبعض الآخر مثل النظرية السلوكية تظهر المتعلم بطابع المستجيب للمؤثرات.

وتعتبر النظرية السلوكية والنظرية البنائية هما أهم نظريتين من النظريات التربوية ويعد "سكنر" أهم علماء النظرية السلوكية بينما يعد "بياجيه" أهم علماء النظرية البنائية ، وقد أفادت كلا النظريتان الباحثين والدارسين السيكولوجيين والتربويين ودفعت الممارسين العمليين إلى السعي للإستفادة منهما في تطوير الآداء التربوي بشكل كبير،

ًًـ **التدريب :** عادة ما ينظر للتدريب كشيء مرتبط بالعمل, مثل الجلوس مع مدرب في حجرة تدريب, تدعم عادة بمواد, مثل: دليل للتدريب, والأسس الجديدة لكيفية تعلم الناس, وأساليب التعليم, والاستماع, وطرح الأسئلة, وتقديم تعليق عملي موضوعي عن الأداء التدريبي, مثل التعليم, وإلقاء المحاضرات, والتدريب, التقويم. وهناك عادة توقع بأن للتدريب أهدافاً, وأغراضاً, ومحتويات منظمة, وتقويماً.

ـ **مفهوم التدريب :** توجد العديد من الاتجاهات لتعريف التدريب, فالتدريب هو تلك الجهود التي تهدف إلى تزويد الموظف بالمعلومات والمعارف التي تكسبه المهارة في أداء العمل، أوتنميته وتطوير ما لديه من مهارات ومعارف وخبرات بما يزيد من كفاءته في أداء عمله الحالي أويعده لأداء أعمال ذات مستوى أعلى في المستقبل القريب,كما عرف التدريب بأنه عملية تعديل إيجابي ذو اتجاهات خاصة تتناول سلوك الفرد من الناحية المهنية أو الوظيفية، وذلك لإكتساب المعارف والخبرات التي يحتاج لها الإنسان وتحصيل المعلومات التي تنقصه والاتجاهات الصالحة للعمل وللإدارة والأنماط السلوكية والمهارات الملائمة والعادات اللازمة من أجل رفع مستوى كفاءته في الشروط المطلوبة

لإتقان العمل وظهور فاعليته مع السرعة والاقتصاد في التكلفة، كذلك في الجهود المبذولة والوقت المستغرق.

أيضاً عرف التدريب بأنه محاولة لتغيير سلوك الأفراد بجعلهم يستخدمون طرقاً وأساليب مختلفة في أداء الأعمال بجعلهم يسلكون شكلاً مختلفاً بعد التدريب عن ما كانوا عليه قبله.

وهناك تعريف آخر للتدريب بأنه النشاط المستمر لتزويد الفرد بالمهارات والخبرات والاتجاهات التي تجعله صالحاً لمزاولة عمل ما].

أهمية التدريب :

انطلاقا من تلك المفاهيم الأساسية للتدريب تبدوأهمية التدريب للموظف الجديد والموظف القديم على السواء. فالموظف الجديد الذي يلتحق حديثاً بالمؤسسة قد لا تتوافر لديه بعد المهارات والخبرات الضرورية لأداء واجبات الوظيفة بالكفاءة المطلوبة. ومن هنا تبدو أهمية التدريب في إكساب الموظف الجديد المهارات التي تجعله قادراً على أداء الواجبات المتوقعة منه بطريقة مرضية وصحيحة وحتى الموظف ذوالخبرة السابقة الذي يلتحق حديثاً بالمنظمة لشغل وظيفة معينة قد لاتتوافر لديه كافة القدرات الضرورية للأداء الجيد، وهنا يفيد التدريب في إستكماله للقدرات المطلوبة، فضلاً عن توجيهه وتكييفه للظروف والأوضاع القائمة

بالمنظمة، وبالتالي يكون التدريب مسانداً ومدعماً لقدرات الموظف الجديد بما يكفل له التوافق مع متطلبات العمل ومن ثم أداء العمل بطريقة جيدة. كما وأنه لاتقتصر أهمية التدريب وفوائده على العاملين الجدد الملتحقين حديثاً بالمنظمة، وإنما تشمل أهميته وفائدته أيضاً العاملين القدامى وذلك بما يكفل تطوير معلوماتهم وتنمية قدراتهم على أداء أعمالهم وذلك لأن هناك تطوراً مستمراً في العلوم والمعارف، الأمر

الذي يستلزم إحداث تطوير مستمر في نظم وأساليب العمل، وهذا الأمر يقتضي تسليح العاملين وتزويدهم بالمهارات والمعارف الجديدة والمساعدة لأداء العمل بكفاءة وفاعلية من خلال التدريب.

ومن جانب آخر فإن التدريب يكون مطلوباً بغرض إعداد العاملين لتولى تلك الوظائف ذات المستوى الأعلى من الصعوبة والمسئولية والتي تتطلب مستويات أعلى من المهارات والقدرات، وذلك من خلال المسار الوظيفي أوالمهني ومن هنا تبدوأهمية التدريب في تنمية وتطوير قدرات العاملين لتولى الوظائف أوالمناصب ذات المستويات الأعلى التى سيتم ترقيتهم إليها في القريب الآجل.

كما إن أهمية التدريب لا تقتصر على تطوير قدرات العاملين من خلال تلك المعلومات والفنون والمهارات المرتبطة بأداء العمل فقط وإنما تمتد تلك الأهمية لتشمل تحسين وتطوير سلوكيات العاملين في العمل وتعاملهم مع المؤسسة ومع الزملاء والرؤساء والمرؤوسين وجمهور المؤسسة، بمعنى أن التدريب هنا يفيد في ترشيد الأنماط والعادات السلوكية وتطوير القيم والاتجاهات النفيسة للعاملين وتكفل لهم المحافظة على توازنهم النفسي ومن هنا نلاحظ أن فوائد التدريب وأهميته تمتد لكي تشمل المؤسسة والموظف أوالعامل المتدرب ومجموعة العمل.

فالمؤسسة تستفيد من التدريب باعتبار أن التدريب يهدف في النهاية إلى تحسين وتطوير قدرات العاملين وبالتالي تحسين أدائهم للعمل ومن ثم تحسين وتطوير وزيادة إنتاجية المؤسسة والموظف أوالعامل المتدرب يستفيد من التدريب باكتسابه لمهارات جديدة تزيد من قدراته على أداء عمله الحالي وهوالأمر الذي يكسبه ميزات مادية ومعنوية فضلاً عن زيادة قدرته على أداء أعمال مستقبلية وإتاحة الفرص أمامه للترقى لمناصب ووظائف أعلى في مستقبل حياته الوظيفية.

كما أن التدريب يسهم بصورة فاعلة في تطوير العلاقات البشرية داخل بيئة العمل، وهذه العلاقات تكون أقوى وأكثر فاعلية عندما تتوافر لدى أفراد المؤسسة تلك المهارات والقدرات المطلوبة لأداء العمل، كذلك عندما يعملون داخل إطار جيد من العلاقات السلوكية فيما بينهم، بالإضافة إلى ذلك فإن التدريب من الأهمية بمكان لزيادة قدرات ومعارف العاملين في المستويات التنفيذية والإشرافية على السواء, فإنه يكون لازماً لتنمية قدرات المديرين والرؤساء الحاليين في مختلف المستويات الإدارية بالمؤسسة، إلى جانب تهيئة مديري المستقبل وتسليحهم بالمهارات الإدارية التي تمكنهم من شغل المناصب القيادية في المستقبل. ومرد ذلك أن التدريب الإداري قد أصبح لازماً لتعميق ورفع قدرات المديرين على مختلف مستوياتهم الإدارية والقيادية على الإدارة وفاعلية تحديد الأهداف ورسم السياسات والإستراتيجيات وتحليل المشكلات واستصحاب الأساليب العلمية في اتخاذ القرارات، إلى جانب تنمية قدراتهم على الإدراك الشامل لمؤسساتهم وللبيئات الاجتماعية والثقافية والاقتصادية والعادات وغيرها، كذلك تطوير وتنمية سلوكيات واتجاهات المديرين والمشرفين وأنماط تفكيرهم وإكسابهم المهارات السلوكية للإدارة الفاعلة. فضلاً عن ذلك فإن التدريب يساهم في إشباع الحاجات الأساسية للمديرين وهي حاجات بطبيعتها سيكولوجية من خلال مقابلة التدريب الإداري لمستوى طموحاتهم وهذا الأمر ينعكس إيجاباً على تحسين وتطوير إنتاجية المؤسسة. فالتدريب عملية مستمرة تشمل كافة العاملين وطوال حياتهم الوظيفية.

صفوة القول أن التدريب بمثابة استثمار للموارد البشرية المتاحة في مختلف مستوياتهم تعود عوائده على كل من المؤسسة والموارد البشرية التي تعمل بها.

- هوعملية تنمية معرفية للفرد لا تحتاج إلى هدف وظيفي محدد ومن خلالها يتم تنمية القدرات الفكية والتطبيقية بشكل عام.

- لقد أفترض هذا النموذج أن الصغار شخصيات اعتمادية وأنهم يمتلكون خبرات قليلة تؤهلهم لاستخدامهم كموارد في التعليم وأنهم أصبحوا على استعداد لتعلم ما يقال لهم لكي يستطيعوا التقدم إلى مراحل تالية وأن وعيهم بالتعلم يجعلهم يتمركزون ويجتمعون حول المحتوى الذي تقدمه الدروس،

- فهم مدفوعون تحت تأثير الضغوط الخارجية عليهم أو المكافآت التي تمنح لهم، إن الوسيلة الأساسية في تعليم الصغار تعتم٨د على تقنيات نقل المعلومات.

أما التربية فهي تعني كل فعل يمارسه الشخص بذاته يقصد من ورائه اكتساب معارف و مهارات و قيم جديدة.

ـ أخطاء القياس والتشخيص :

تعددت التعاريف التي تحدثت عن هذا المفاهيم السابقة ومنها :

أولاـ قضية سوء استخدام الاختبارات:

١ـ تعميم نتائج الاختبارات على عينة لا تمثل عينة التقنين.

٢ـ تسرب إجابات الاختبارات إلى المفحوصين.

٣ـ تفسير نتائج الاختبارات بطريقة غير صحيحة.

٤ـ إطلاع نتائج المفحوص على شخص غير مؤهل بذلك.

ثانيا: قضايا متعلقة بأدوات القياس:

١ـ مشكلة صعوبة تفسير نتائج المفحوص لذويه.

٢ـ مشكلة إعداد تقرير على أداء المفحوص وماهي النقاط التي يجب تغطيتها.

٣ـ مشكلة كفاءة الفاحص وتدربه وقدرته على إجراء وتطبيق فقرات الاختبار.

ـ تطبيق مبادئ التعلم في التعليم والتدريب :

١- الدافع.

٢- المكافأة تثبت التعلم

٣- معرفة النتيجة تساعد على سرعة التعلم

٤- التدريب الموزع أفضل من التدريب المركز

٥- تقسيم الدرس إلى وحداته الطبيعية

٦- المشاركة الايجابية

٧- التدريب على نفس العمليات المطلوبة

٨- احرص على بدء التدريب بالطريقة الصحيحة

٩- تنوع مادة التدريب

١٠- اهمية فم التدريب

١١- الارشاد والتوجيه

ويوجد ثلاثة أنواع من التعليم :

النوع الأول : ما يسمى بالتعليم عن طريق الممارسات والأنشطة المختلفة وهي تشمل في المخروط (الخبرات الهادفة المباشرة - الخبرات المعدلة - الخبرات الممثلة أو ما تسمى بالممسرحة) .

النوع الثاني : ما يسمى بالتعليم عن طريق الملاحظات والمشاهدات وهي تشمل في المخروط (التوضيحات العملية - الزيارات الميدانية - المعارض - التلفزيون التعليمي والأفلام المتحركة - الصور الثابتة - التسجيلات الصوتية) .

النوع الثالث : ما يسمى بالتعليم عن طريق المجردات والتحليل العقلي وهي تشمل في المخروط (الرموز البصرية - الرموز اللفظية) .

- دور الوسائل التعليمية في تحسين عملية التعليم والتعلم :

يمكن للوسائل التعليمية أن تلعب دوراً هاماً في النظام التعليمي . ورغم أن هذا الدور أكثر وضوحاً في المجتمعات التي نشأ فيها هذا العلم ، كما يدل على ذلك النمو المفاهيمي للمجال من جهة ، والمساهمات العديدة لتقنية التعليم في برامج التعليم والتدريب كما تشير إلى ذك أدبيات المجال ، إلا أن هذا الدور في مجتمعاتنا العربية عموماً لا يتعدى الاستخدام التقليدي لبعض الوسائل - إن وجدت - دون التأثير المباشر

في عملية التعلم وافتقاد هذا الاستخدام للأسلوب النظامي الذي يؤكد علية المفهوم المعاصر لتقنية التعليم ٠

ويمكن أن نلخص الدور الذي تلعبه الوسائل التعليمية في تحسين عملية التعليم والتعلم بما يلي:

أولاً : إثراء التعليم :

أوضحت الدراسات والأبحاث (منذ حركة التعليم السمعي البصري) ومروراً بالعقود التالية أن الوسائل التعليمية تلعب دوراً جوهرياً في إثراء التعليم من خلال إضافة أبعاد ومؤثرات خاصة وبرامج متميزة . إن هذا الدور للوسائل التعليمية يعيد التأكيد على نتائج الأبحاث حول أهمية الوسائل التعليمية في توسيع خبرات المتعلم وتيسير بناء المفاهيم وتخطي الحدود الجغرافية والطبيعية ولا ريب أن هذا الدور تضاعف حالياً بسبب التطورات التقنية المتلاحقة التي جعلت من البيئة المحيطة بالمدرسة تشكل تحدياً لأساليب التعليم والتعلم المدرسية لما تزخر به هذه البيئة من وسائل اتصال متنوعة تعرض الرسائل بأساليب مثيرة ومشرقة وجذابة

ثانياً : اقتصادية التعليم :

ويقصد بذلك جعل عملية التعليم اقتصادية بدرجة أكبر من خلال زيارة نسبة التعلم إلى تكلفته . فالهدف الرئيس للوسائل التعليمية تحقيق أهداف تعلم قابلة للقياس بمستوى فعال من حيث التكلفة في الوقت والجهد والمصادر .

ثالثاً : تساعد الوسائل التعليمية على استثارة اهتمام التلميذ وإشباع حاجته للتعلم :

يأخذ التلميذ من خلال استخدام الوسائل التعليمية المختلفة بعض الخبرات التي تثير اهتمامه وتحقيق أهدافه .

وكلما كانت الخبرات التعليمية التي يمر بها المتعلم أقرب إلى الواقعية أصبح لها معنى ملموساً وثيق الصلة بالأهداف التي يسعى التلميذ إلى تحقيقها والرغبات التي يتوق إلى إشباعها .

رابعاً : تساعد على زيادة خبرة التلميذ مما يجعله أكثر استعداداً للتعلم :

هذا الاستعداد الذي إذا وصل إليه التلميذ يكون تعلمه في أفضل صورة ٠

ومثال على ذلك مشاهدة فيلم سينمائي حول بعض الموضوعات الدراسية تهيؤ الخبرات اللازمة للتلميذ وتجعله أكثر استعداداً للتعلم ٠

خامساً : تساعد الوسائل التعليمية على اشتراك جميع حواس المتعلم ٠

إنّ اشتراك جميع الحواس في عمليات التعليم يؤدي إلى ترسيخ وتعميق هذا التعلّم والوسائل التعليمية تساعد على اشتراك جميع حواس المتعلّم ، وهي بذلك تساعد على إيجاد علاقات راسخة وطيدة بين ما تعلمه التلميذ ، ويترتب على ذلك بقاء أثر التعلم ٠

سادساً : تساعد الوسائل التعليمية على تحاشي الوقوع في اللفظية :

والمقصود باللفظية استعمال المدّرس ألفاظا ليست لها عند التلميذ الدلالة التي لها عند المدّرس ولا يحاول توضيح هذه الألفاظ المجردة بوسائل مادية محسوسة تساعد على تكوين صور مرئية لها في ذهن التلميذ ، ولكن إذا تنوعت هذه الوسائل فإن اللفظ يكتسب أبعاداً من المعنى تقترب به من الحقيقة الأمر الذي يساعد على زيادة التقارب والتطابق بين معاني الألفاظ في ذهن كل من المدّرس والتلميذ .

سابعاً : يؤدي تنويع الوسائل التعليمية إلى تكوين مفاهيم سليمة :

ثامناً : تساعد في زيادة مشاركة التلميذ الايجابية في اكتساب الخبرة ٠

تنمي الوسائل التعليمية قدرة التلميذ على التأمل ودقة الملاحظة وإتباع التفكير العلمي للوصول إلى حل المشكلات . وهذا الأسلوب يؤدي بالضرورة إلى تحسين نوعية التعلم ورفع الأداء عند التلاميذ

تاسعاً : تساعد في تنويع أساليب التعزيز التي تؤدي إلى تثبيت الاستجابات الصحيحة

(نظرية سكنر) :

عاشراً : تساعد على تنويع أساليب التعليم لمواجهة الفروق الفردية بين المتعلمين :

الحادي عشر : تؤدي إلى ترتيب واستمرار الأفكار التي يكونها التلميذ :

الثاني عشر : تؤدي إلى تعديل السلوك وتكوين الاتجاهات الجديدة:

قائمة المراجع

أولا:المراجع العربية :

١- السيد عبد الحميد سليمان (د.ت) : صعوبات التعلم , القاهرة , دار الفكر العربي.

٢- أنور محمد الشرقاوي(١٩٨٦) : التعلم نظريات وتطبيقات , القاهرة , مكتبة الانجلو المصرية .

٣- جابر عبد الحميد جابر(١٩٨٢) : سيكولوجية التعلم ونظريات التعليم (الطبعة التاسعة), القاهرة , دار النهضة العربية .

٤ـ محمد عبدالغني حسن هلال(٢٠٠٣): موسوعة التدريب،التدريب الأسس والمبادىء . مركز تطوير الأداء والتنمية .

٥- حسن احمد الطحانى(٢٠٠٢) : التدريب مفهومه وفعاليته، دار الشروق.

٦- محمد عثمان نجاتي (د.ت) : علم نفس الحياة ,الكويت , دار القلم للنشر والتوزيع .

ثانيا : المراجع الأجنبية :

7-Cochran, M., Gunnarsson , L. (1985) :A follow-up study of group day care and family-based childrearing patterns. Journal of Marriage and the Family ,47:297-309.

8-Ceci, S.J. (1991):How much does schooling influence general intelligence and its cognitive components? A reassessment of the evidence. Developmental Psychology vol. 27 (5):703-22.

9-Boocock , Sarane Spence (1995): Early Childhood Programs in other Nations :Goals and Outcomes .The future of Children. vol. 5 (3) , 18p.

10-Osborn, A.F., and Milbank, J.(1987):The effects of early education: A report from the Child Health and Education Study. Oxford, UK: Clarendon Press.

11-Kellaghan, T., and Greaney, B. (1983): The educational development of students following participation in a preschool programme in a disadvantaged area. Dublin: St. Patrick's College, Educational Research Center.

الفصل الثانى

النظرية (مفهومها ـ وظائفها ـ هدفها ـ صفات النظرية الجيدة)

عناصر الفصل الثاني :

- مفهوم النظرية
- القانون والنظرية
- النظرية والممارسة
- وظائف النظرية
- النظرية والواقع
- هدف النظرية
- صفات النظرية الجيدة
- الحاجة لنظريات التعلم
- اختلاف الاتجاهات حول تفسير التعلم

الفصل الثاني

النظرية (مفهومها ـ وظائفها ـ هدفها ـ صفات النظرية الجيدة)

ـ **مفهوم النظرية** : هي مجموعه من المبادئ والمفاهيم لتفسير ظاهرة معينة .

كما يشير مفهوم النظرية في التمثل الشائع على الرأي الشخصي، أو التمثلات والأحكام الفردية التي قد يتبناها شخص معين حول قضية ما أو مسألة ما. لذا يشترط أن تكون النظرية مرتبطة بالممارسة والعمل.

وفي اللغة العربية، فإن لفظ النظرية مشتق من النظر، الذي يحمل في دلالاته معنى التأمل العقلي. وكلمة Théoria اليونانية تحمل معاني التأمل والملاحظة العقلية. وفي الفرنسية فإن كلمة Théorie تفيد أن النظرية هي بناء (أو نسق) متدرج من الأفكار، يتم فيه الانتقال من المقدمات إلى النتائج.

وتكاد الدلالات اللغوية تقترب - إلى حد كبير – من المدلول الفلسفي للنظرية. فهذا ابن رشد يربط النظر بمفهوم الاعتبار. ولما كان الاعتبار – في نظر ابن رشد – هو القياس، فإن النظر العقلي هو أفضل أنواع البرهان لأنه يتم بأفضل أنواع القياس. أما لالاند Lalande فيعطي للنظرية بعدا فلسفيا يقترب كثيرا من الدلالة المعجمية بالفرنسية. ونستخلص من ذلك أن النظرية تتعارض مع الممارسة، وتتقابل مع المعرفة العامية لأن هذه الأخيرة معرفة إمبريقية (نابعة من التجربة اليومية). وتتعارض أيضا مع

المعرفة اليقينية، لأن النظرية بناء فرضي استنتاجي. وتتعارض أخيرا مع المعرفة الجزئية، لأن النظرية بناء شمولي.

ويدل مفهوم النظرية فلسفيا على مجموع القضايا والأطروحات التي تشكل نسقا مكتملا في مجال معرفي ما, مثل نظرة المثل الأفلاطونية, أما ايستمولوجيا[1] فتدل النظرية على نسق جامع لقوانين جزئية وخاصة, وغاية هذا النسق تفسير معطيات التجربة. والنظرية بهذا المعنى توجد في المعرفة العلمية, فهذه الأخيرة لاتقوم على تجميع الملاحظات المتناثرة, ولا على الجمع بين أفكار واستنتاجات لارابط بينها. صحيح أن هذه المعرفة تنطوي على أفكار واستنتاجات وملاحظات وتجارب, ولكن هذه الأمور كلها ترتبط ببعضها البعض بروابط منطقية دقيقة في إطار نسق صارم يسعى إلى تقديم تفسير لوقائع الطبيعة وظواهرها, وهذا النسق هو ما نسميه نظرية. فالنظرية العلمية إذن هي عبارة عن بناء فرضي- استنباطي Hypothético deductive, أي يتضمن قضايا وقوانين تجريبية مستنبطة بواسطة قواعد المنطق الرياضي من مبادىء أولية بسيطة وقليلة العدد.

أهمية التعليم لبني البشر ظهرت عدة نظريات تقوم على تفسير عمليات التعلم ومن من المعلوم ان التعلم يحدث للإنسان بشكل رسمي وغير رسمي والتعلم يتصف بأنماط معقدة جدا من العلاقات بين المثير والاستجابة وعوامل أخرى

ان العضوية البشرية تتأثر باستمرار بمجموعة من المثيرات آتية من مصادر داخلية وأخرى خارجية وهي دائما تستجيب لهذه المثيرات أنها تتنفس وتعرف وتقوم بالحركات السلسلة والواضحة وتحس وتدرك وتشعر وتفكر ٠)) ان التعلم في معناه الواسع يمكن ان يكون مطابقا للحياة نفسها ٠

التعلم هو مفهوم و عملية نفس تربوية تتم بتفاعل الفرد مع فالتعلم خبرات البيئة وينتج

عنه زيادة في المعارف أو الميول أو القيم أو المهارات السلوكية التي يمتلكها وقد تكون الزيادة إيجابية كما يتوقعها الفرد وقد تكون سلبية نتائجها عندما تكون مادة أو خبرات التعلم سلبية أو منحرفة ٠

وهي عبارة وصفية منطقية مثبتة تختص بفهم وتفسير ظاهرة وسلوك التعلم من وجهة فالنظرية الخاصة بها فالنظرية السلوكية تفسر التعلم بخصوصية علمية وعملية تختلف عن نظرياتها الادراكية والنفس فسيولوجية.

ونظرا لفروع العلوم المختلفة فقد تنوعت النظريات التي تقدم تفسيرات وتوضيحات للظواهر والأحداث التي تتناولها، وتتباين النظريات باختلاف الهدف منها كالنظريات الوصفية أو التحليلية، أو المعيارية أو العلمية ...

والنظرية بالمفهوم العام: "هي مجموعة من القواعد والقوانين التي ترتبط بظاهرة ما بحيث ينتج عن هذه القوانين مجموعة من المفاهيم والافتراضات والعمليات التي يتصل بعضها ببعض لتؤلف نظرة منظمة ومتكاملة حول تلك الظاهرة، ويمكن أن تستخدم في تفسيرها والتنبؤ بها في المواقف المختلفة"[i].وللنظرية عدد من الخصائص هي:

١- هي وسيلة وغاية في الوقت نفسه.

٢- هي مسألة نسبية حيث لا توجد نظرية مطلقة.

٣- تحدد قيمتها من خلال الاختبار العملي لا البرهان الجدلي وذلك من حيث: الأهمية والدقة والوضوح والبساطة والنفعية والصدق التجريبي.

٤- يبدو الهدف الأساسي للنظرية في توليد المعرفة ممثلا في صياغة القوانين والمبادئ العلمية الثابتة القابلة للتطبيق العلمي.

ـ القانون والنظرية :

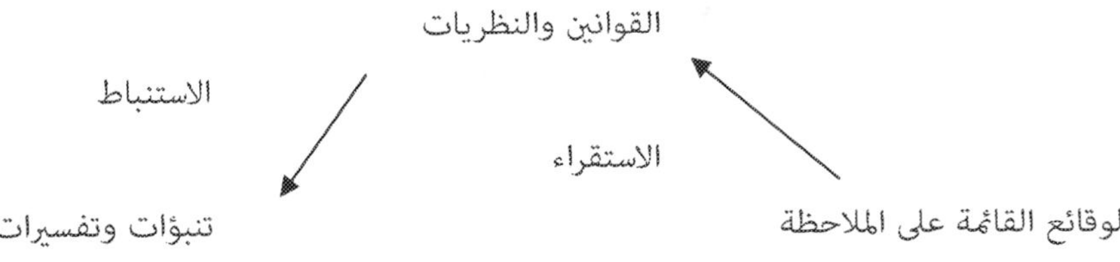

إن نقطة الانطلاق لاكتشاف النظرية أو اكتشافها هي:

١- تجميع كل الوقائع المطلوبة عبر الملاحظة ثم بعد ذلك يجب:

٢- تعميم هذه الوقائع الملاحظة, أي استنتاج تعبير كلي منها, وبهذه الخطوة يتم التوصل إلى القوانين والنظريات الكلية

٣- وأخيرا على العالم أن يستخلص من هذه القوانين والنظريات نتائج متنوعة تكون بمثابة تفسيرات وتنبؤات.

من خلال هذه التقابلات، يمكن أن نتمثل الإشكالية الفلسفية التي يحاول هذا الدرس مقاربتها والتي سنعمل على التعبير عنها من خلال التساؤلات التالية :

ـ النظرية والممارسة :

إن الفلاسفة اليونان يفصلون بين النظرية والممارسة، حيث يرتبط المفهوم عندهم بالتأمل العقلي المتعالي عن الواقع المادي الحسي. فكلما توغلت النظرية في التجريد؛ كلما حققت - في نظرهم - أبعادها الإبستيمية(= المعرفية). وذلك يرجع إلى طبيعة

المجتمع اليوناني الذي كان فيه العمل اليدوي مستهجنا لارتباطه بالعبيد. فكان شعارفلاسفة اليونان هو "المعرفة من أجل المعرفة". وفي مقابل ذلك نجد فلسفات حديثة تربط النظرية بالممارسة. وفي هذا النهج تسير الماركسية لأن ماركس يؤمن بضرورة ربط النظرية بالبراكسيس la Praxis (= الفعل) وكل تفكير متعال عن الواقع تفكير ميتافزيقي. هكذا أراد ماركس لفلسفته أن تكون ممارسة اقتصادية وأيديولوجية. وفي هذا السياق يقول ماركس :"لقد اهتم الفلاسفة حتى الآن بتفسير الوجود.. وآن الأوان أن نعمل على تغييره لا تفسيره".

أما مالينوفسكي Malinowski فيرى أن ما من عمل يدوي، ولو كان بسيطا، فإنه يحمل بين ثناياه تفكيرا نظريا ذي أبعاد علمية بيداغوجية (تربوية)، ويهدف إلى تحقيق غايات، ويحمل بصمات الطبيعة الإنسانية الصناعية والفكرية والمدنية.

إن الاختلاف حول علاقة النظرية بالممارسة يتطلب منا إبداء رأي حاسم في الموضوع. ومن أجل ذلك نجعل من العلم الحكم والفيصل. لقد كان العلم، يعتبر يقينا لأن كل الإبداعات العلمية تجد لها تطبيقا على أرض الواقع. لكن مع التحولات الإبستيمولوجية التي عرفها العلم، تأكد أن كثيرا من النظريات العلمية غير قابلة للتطبيق (الممارسة) بشكل مباشر، وذلك لا ينتقص من قيمتها أبدا. فالفيزياء - مثلا - التي كانت تحتكم إلى التجربة في كل أحكامها ونتائجها، أصبحت اليوم أنساقا فرضية استنباطية، وأصبحنا نتحدث اليوم عن فيزياء رياضية.

انطلاقا من هذا، نستنتج أنه لا تجب مقارنة المعرفة العلمية بالمعرفة العامية. فهذه الأخيرة إمبريقية وبراغمائية، تحتكم إلى الممارسة والمنفعة المباشرة. أما المعرفة العلمية

فهي صروح نظرية فرضية-استنباطية، لا يراعى في صدقها إلا بناؤها وتماسكها المنطقيان. لهذا لا يمكن اعتبار الممارسة معيارا ضروريا لتصديق النظرية. هكذا يحق لنا أن نتساءل ما هي وظائف النظرية إذن؟

ـ وظائف النظرية :

إن النظرية بناء فكري يربط منطلقات بنتائج. فالنظرية العلمية تبنى وتشيد على مجموعة من الفرضيات التي توجه بدورها التجربة العلمية. وتجدر الإشارة إلى أن النظرية تقودها كذلك، مبادئ عقلية منطقية خاصة منها: مبدأ السببية ومبدأ الحتمية. والأول يفيد أن ما من ظاهرة إلا ولها سبب، والثاني يعني أن نفس الأسباب تعطي دائما نفس النتائج. وغالبا ما يتولد عن النتائج ما يصطلح على تسميته بالقانون. والقانون العلمي هو مجموع العلاقات الثابتة بين ظواهر معينة، ويتميز بالخصائص التالية : قيامه على التجربة، قابلية التكرار (لارتكازه على مبدأ الحتمية)، قابلية التعميم، يتيح إمكانية التنبؤ، قابلية الصياغة الرياضية.

من هذا المنطلق نستطيع القول : إن القوانين العلمية إذا ما تألفت فيما بينها، فإنها تشكل نظرية علمية متماسكة. وقد تختلف وظائف النظرية باختلاف الأهداف التي توجه القانون العلمي. فقد تكون وظيفة النظرية وصفية إذا كانت القوانين تفيد مجرد الوصف كما هو الحال بالنسبة لقانون كوبرنيك مثلا حينما أكد أن الكواكب تدور حول الشمس دورة إهليلجية (دون أن يتضمن القانون سبب ذلك). وقد تكون وظيفتها تفسيرية إذا كانت القوانين تهدف إلى تقديم العلاقات السببية التي تؤطر بعض الظواهر كقوانين غاليلي Galilée المفسرة لظاهرة سقوط الأجسام (مثلا لما

أثبت أن الهواء هو الذي يفسر اختلاف تسارع الأجسام أثناء السقوط). وحين تهدف النظرية إلى احتضان ظواهر مستقبلية تفسيرا وتحليلا فإن وظيفتها تكون تنبئية. وتجدر الإشارة إلى أن النظرية ذات الوظيفة التفسيرية تكون وظيفتها تنبئية كذلك.

إذا كانت الفيزياء الكلاسيكية تقدم إمكانية تصنيف وظائف النظرية، فإن ذلك لا يمكن تعميمه على النظرية العلمية حيث تشكل البيولوجيا والعلوم الإنسانية الاستثناء. وذلك نظرا للاختلاف الحاصل بين المفكرين وهو صراع يرقى أحيانا إلى الاستخفاف بالنتائج التي يصل إليها الآخر. فداخل البيولوجيا نشهد صراعا تقليديا بين المدرسة اللاماركية والمدرسة الداروينية. فإذا كانت اللاماركية - مثلا - تؤكد إمكانية انتقال الخصائص المكتسبة بالوراثة؛ فإن أغست فايزمان A.Weismann يبين أن الخلايا تنقسم إلى خلايا جسمية SOMA وخلايا جرثومية (أو جنسية) GERMEN والبيئة لا تؤثر إلا الخلايا الأولى. ومن ثمة هناك احتمال ضعيف لانتقال الخصائص المكتسبة وراثيا. أما في مجال العلوم الإنسانية، فإن الأمر سيكون أكثر تعقيدا، لأن الظاهرة الإنسانية ظاهرة معقدة ومتغيرة، تدخل في تكوينها اعتبارات وجدانية وأخلاقية ودينية. لذا يصعب إيجاد قوانين علمية دقيقة ومضبوطة. ولما كانت محاولة ربط العلوم الإنسانية بالعلوم الدقيقة أضر بها أكثر مما نفعها - كما يرى مالينوفسكي - أضحت مهمة البحث عن نموذج آخر للعلمية، بالنسبة للعلوم الإنسانية، أمرا ضروريا.

يتبين، إذن، أن تحديد الوظيفة العلمية للنظرية قضية لا تتوقف على طبيعة النظرية فقط، بل تتوقف أيضا على طبيعة المناهج المستخدمة والمجالات العلمية التي تبنى فيها النظرية. و من هذا المنطلق نتساءل: ما هي طبيعة العلاقة بين النظرية والواقع؟

ـ النظرية والواقع :

بما أن النظرية العلمية تسقط كثيرا من تمثلاتها على الواقع، فإن الكثيرين يعتبرون هذا الأخير المحك الحقيقي للنظرية. ومن هذا المنطلق تصبح التجربة العلمية الخطوة الأساسية لبناء النظرية مادامت التجربة هي التي تؤكد أو تكذب الفرضيات. لكن مع التحولات العلمية الحديثة تمت إعادة النظر في علاقة النظرية بالواقع والتجربة. فهذا إنشتاين Einstein يؤكد "أنه لا يمكن استنتاج القاعدة الأكسيومية للفيزياء النظرية انطلاقا من التجربة، إذ يجب أن تكون إبداعا حرا.." فالنظريات العلمية أصبحت لا تخضع للتحقق التجريبي. ومن هذا المنطلق افترض كارل بوبر K. Poper معيارا آخر للتحقق من صدق النظرية، ألا وهو معيار التزييف Falsification . ويعني ذلك أن تكون النظرية العلمية قابلة للتكذيب (دون أن يكون التكذيب مطلقا، وكل ما يعني ذلك فقط أن لكل نظرية المجال الذي تصدق فيه). وهذا ما سيجعل الأنساق العلمية – في نظر بوبر – تخوض صراعا مريرا من أجل البقاء.(= انظر مثلا إلى الاختلاف الحاصل بين الهندسة الأقليدية، والهندسات اللاأقليدية).

ومع ظهور الميكروفيزياء، تغير مفهوم الواقع. حيث أصبح الواقع لا يعني معطى تجريبيا يوجد خارج الذات، وإنما أصبح مفهوما يتغير من الظواهر الماكروسكوبية إلى الظواهر الميكروسكوبية. فالفوتونات والإلكتونات أضحت تفقد كل فردية وتميز. فلا أحد يستطيع الجزم بأنها موجية أو جسمية: لأنه كلما ظهرت بمظهرها الموجي اختفى مظهرها الجسمي، والعكس صحيح. ومن ثمة تصدق النظرية الجسمية

والموجية معا. هكذا أصبح - في اعتقاد باشلار - الاهتمام أكثر من ذي قبل بالفرضيات، فأصبحت الفيزياء أكثر فأكثر فرضية-استنباطية.

بناء عليه، أمكن القول بأن التجربة - في صورتها التقليدية - أصبحت متجاوزة، وأصبح الواقع مفهوما عقليا يمكن تمثله بصور متعددة. إلا أن بعض الإبستيمولوجيين يتحفظون من هذا الاستنتاج، حيث يعتقد بوانكاريه Poincré H.، أن المعيار الأساسي للنظرية هو معيار الملاءمة. ويفيد ذلك أن نتساءل أي النظريات تلائمنا أكثر؟ وسيقودنا ذلك - لا محالة - إلى ترجيح نظريات على حساب أخرى.

وكتخريج عام، نستنتج، أنه مهما تعددت دلالات النظرية، فإن إشكالية تحديد علاقتها بالممارسة ستظل إشكالية قائمة. أما تحديد وظائفها فستظل عالقة بالوظائف الإبستيمولوجية التي تعرفها البيولوجيا والعلوم الإنسانية. وفيما يخص علاقة النظرية بالواقع، فهي قضية رهينة بتطور العقلية: فالعقلية الكلاسيكية لا تستطيع أن تتصور النظرية العلمية في غياب التجربة بمفهومها التقليدي. في حين أن العقلية المعاصرة، هي عقلية منفتحة تستطيع أن تحول التجربة المختبرية إلى تجربة ذهنية... ويجب التأكيد أخيرا على أن ربط النظرية بمعيار الملاءمة معناه السقوط في أحضان الفكر البرغمائي، وبالتالي رفض كثير من النظريات العلمية بدعوى أنها لا تلائمنا.

كما تستخدم كلمة النظرية في الإدارة التربوية بعدة معان وتعرف بعدة تعريفات فقد عرفها البعض بأنها "تعني عكس التطبيق"وعرفها مور بأنها " مجموعة من الفروض التي يمكن منها التوصل إلى مبادئ تفسر طبيعة الإدارة " وعرفها فيجل بأنها " مجموعة من

الفروض يمكن منها باستخدام المنطق الرياضي التوصل إلى مجموعة من القوانين التجريبية .
المحك الرئيسي لأي نظرية في الإدارة التعليمية والقيادة التربوية ، هو في مدى فائدتها وما يمكن أن تقدمه من تفسير للظاهرة الإدارية .

ويمكن اعتبار النظرية الإدارية التربوية عملية فكر وتفكير بالنظرية على أنها بناء نموذج ، فالنظرية السليمة نموذج لواقع مع ملاحظة الفرق بينها وبين الواقع نفسه.
وعن علاقة النظرية بالقيم فقد تعددت الآراء ولكن جراف حسم هذا الخلاف بقوله أن إدراك الإنسان يتناسب وحاجاته الشخصية وخبراته وقيمه ومعتقداته وأهدافه ، وبهذا فغن القيم عنصر مهم.
وانبثاقا عن مفهوم النظرية وما يمكن أن تقدمه للنظام التربوي فأن أي موقف إداري يشمل على ثلاثة مكونات رئيسية هي:

١- الوظيفة
٢- الإنسان الذي يشغلها
٣- الإطار الاجتماعي الذي يعمل به

لذا فإن العمل في إطار نظرية إدارية تربوية يحد العلاقات بين هذه المكونات الثلاثة.

- نشأة وتطور النظرية الإدارية التربوية ونظريات القيادة والآراء حولها :

بدأ الاهتمام بالنظرية في الثلاثينات في كتابات برنارد وفي الأربعينات في كتاب سيمون ، أما الاهتمام بالنظرية في الإدارة التربوية فيرجع إلى بداية النصف الثاني من القرن العشرين

(١٩٥٤-١٩٥٥) وقت ظهور مؤلف استخدام النظرية في الإدارة التعليمية لكولاداريس وجيتزلز . وقد كان لعقد المؤتمر القومي لأساتذة الإدارة التعليمية الفضل في بدء حركة ذات أثر عظيم وأهمها ما عقد في جامعة دنغر علم ١٩٥٤ حيث انضم إلى الاجتماع عدد من الباحثين في العلوم الاجتماعية ، وقد حقق نتيجتين هامتين:

- تحدي نوع التفكير السائد عن الإدارة التعليمية.
- تقديم الكثير من المقترحات والافكار لتكوين فكر جديد .

وأهم ما قدمه المؤتمر كتابا مطبوعا يلخص ويفسر البحوث والخبرات بالعوامل التي تؤثر على السلوك الإداري ، وقد كان هناك أثر جيد لمؤسسة كلوج (Collogo) بإنشاء البرنامج التعاوني في الإدارة التعليمية وبدأ اهتمامها بإدارة التعليم العام سنة ١٩٤٦، كما أن ظهور كتاب سارجنت وبليزي وجريفت وهامورج سد النقص في الحالات الميدانية التي تساعد على تعميق المفاهيم في النظرية التربوية.

ـ نشأة معايير نظرية القيادة التربوية :

تستند النظرية في العلوم الإنسانية لمعايير مقبولة تحدد مفهوم النظرية، وفي مجال الإدارة التربوية يقترح جريفت أربعة محكات لاستخدام النظرية في الإدارة وهي :

- كدليل للعمل.
- كدليل لجمع الحقائق.
- كدليل للمعرفة الجديدة.
- كدليل لشرح طبيعة الإدارة.

ـ هدف النظرية :

١- الفهم : للسلوك الإنساني أو أي ظاهرة طبيعية .

٢- التنبؤ : إذا وجدت المسببات والعوامل وفهم النظرية من جميع جوانبها يمكن توقع السلوك .

٣-الضبط : إما أن اقلل من ظهورها أو العكس.

صفات النظرية الجيدة : -

١- قابلة للتطبيق والتجريب ، فلا بد أن تعتمد على التجربة.

٢- الوضوح وسهولة الفهم.

٣- استثارة الأبحاث العلمية.

٤- الدقة والاختصار.

٥- الشمولية ، فالنظرية الشاملة تساعد على تفسير عدة ظواهر في وقت واحد.

- الحاجة إلى نظريات التعلم :

ليس الإنسان في حاجة إلى أن يتعلم فقط ، ولكن غالبا ما يدفعه حب الاستطلاع إلى محاولة أن يتعلم كيف يتعلم . ومنذ القرن السابع عشر بدأت تظهر آراء عن نظريات التعلم مع أنها كانت ذاتية وتعتمد على الاستبطان .

في السابق لم يكن هناك حاجة لدراسة نظريات التعلم فالأب يعلم ابنة ورجال الأعمال يعلمون الصناع والمعلم يعلم الطالب بالتلقين ، ولكن مع تطور وانتشار التعليم ثبت عدم فاعلية الطرق القديمة وأصبح الناس بحاجة إلى مبادئ ونظريات للتعلم تستخدم في المدارس .

-قال ملر لكي يتعلم شخص لا بد من أن يحتاج شيء (هدف) ، يلاحظ شيء ، يقوم بعمل شيء (أداء)

*التعلم يحدث عن طريق نشاط معين وعمل شيء محدد في مكان محدد أي أن هناك علاقة تفاعل بين الفرد والبيئة من اجل تحقيق هدف التعلم .

- **ـ الهدف الرئيسي من نظريات التعلم ومبادئها :**
- ١- للفرد : تحقيق تعلم أفضل في مواقف التعلم المختلفة
- ٢- لذوي الاختصاص : مساعدتهم على التنبؤ بدرجة أفضل بالشروط التي تساعد على تحقيق أهداف عملية التعلم

ـ اختلاف الاتجاهات حول تفسير التعلم :

يوجد عدة اتجاهات تفسر عملية التعلم ومن أبرز هذه الاتجاهات :

الاتجاه الأول : الاتجاه السلوكي

الاتجاه الثاني : الاتجاه المعرفي

قائمة المراجع

١ــ أحمد عزت راجح(١٩٧٠) : أصول علم النفس ، ط٤ ، المكتب المصري الحديث ، الإسكندرية .

٢ـ أنس محمد حمدان قاسم، (١٩٩٩). علم النفس التعلم، القاهرة.

٣ـ جابر عبد الحميد جابر، (١٩٨٠)، سيكولوجية التعلم ونظرياته ط٦، دار النهضة العربية. القاهرة.

٤ـ صلاح الدين أبو ناهية، (١٩٩٠)، التعلم ونظرياته، دار النهضة العربية.

٥ـ عبد الرحمن العيسوي، (١٩٩٦). علم النفس في المجال التربوي، دار المعرفة. الجامعة.

٦ـ عماد الزغلول (٢٠٠٣)، نظريات التعلم، دار النشر والتوزيع، الأردن، عمان.

٧ـ فؤاد أبو حطب ، آمال صادق(١٩٨٠) : علم النفس التربوي ، ط٢ ، مكتبة الأنجلو ، القاهرة .

٨ـ محمد جاسم (٢٠٠٤): نظريات التعلم، دار الثقافة للنشر والتوزيع. الأردن، عمان.

٩ـ محمد عبد الرحيم عدس، (١٩٩٧)، نهج جديد في التعلم والتعليم، دار الفكر، الأردن، عمان .

١٠ـ محمد عثمان نجاتي(١٩٦٦):علم النفس في حياتنا اليومية ، دار النهضة العربية.

١١ـ محمد محمود محمد (١٩٨٥): علم النفس المعاصر في ضوء الإسلام، دار الشروق.

١٢ـ مختار حمزة(١٩٧٩) : مبادئ علم النفس ، دار المجتمع العربي .

13- Hamilton, Richard & Elizabeth Ghatala. (1994). Learning and instrction. McGraw-Hill Inc.: New Yourk.

الفصل الثالث

نظرية التعلم السلوكية (بالمحاولة والخطأ) لثورنديك

عناصر الفصل الثالث :

- مقدمة
- لمحة تاريخية
- أعمال ثورنديك
- مصطلحات نظرية ثورنديك
- تجربة ثورنديك
- تفسير ثورنديك للتعلم
- قوانين أساسية في نظرية ثورنديك
- مراحل تطور الفكر العلمي عند ثورنديك
- المبادئ العامة للتعلم بالمحاولة والخطأ
- خصائص التعلم بالمحاولة والخطأ
- نقد نظرية ثورنديك
- التطبيقات التربوية لنظرية ثورنديك

الفصل الثالث

نظرية التعلم السلوكية (بالمحاولة والخطأ) لثورنديك

ـ **مقدمة :** لقد بذل علماء النفس جهداً كبيراً في محاولتهم لتفسير التعلم عند الإنسان ، وحتى عند الحيوان ، و قد استقطبت قضايا التعلم ، اهتمام مشاهير علماء النفس في هذا القرن أمثال : ادوارد ثورندايك ، و إيفان بافلوف ، و ادوين جثري ، و كلارك هل ، وبوريس سكنر ، وكوفكا وكوهلر ، وكورت ليفين ، وجان بياجيه ، وجيرم برونر ، وديفيد أوزوبل و غيرهم .

و على أي حال ، فإن نظريات التعلم تستحق أن يحشد لها مثل هذا الجهد ، فهي تحتل مكان الصدارة بين شتى موضوعات علم النفس ، إذ يندر أن يصدر سلوك إرادي عن الإنسان ، لا يكون لعملية التعلم دور فيه ، سواء أكان هذا السلوك عضلياً أم مزاجياً أم عقلياً . بسيطاً كان هذا السلوك أو معقداً ، مقصوداً أو غير مقصود .

فالتعلم لُبّ العملية التربوية وهو عملية تغير شبه دائم في سلوك الفرد لا يمكن ملاحظته مباشرة ، ولكن يستدل عليه من الأداء أو السلوك الذي يصدر من الفرد ، وينشأ نتيجة الممارسة ، كما يظهر في تغير أداء الفرد .

ولم يختلف علماء النفس على مركزية موضوع التعلم و أهميته في حياة الإنسان باعتباره أقدر الكائنات الحية على التعلم ، و أكثرها حاجة له . غير أن الاختلافات بين وجهات نظر هؤلاء العلماء في تفسير قضايا ونظريات التعلم كانت كبيرة .

وبما أن نظريات التعلم واسعة و متعددة ، والخوض في تفاصيلها والاختلافات فيما بينها أمر صعب ، بل ويعرض إلى ضياع المعالم الرئيسية التي نحتاج إليها ، لذلك فمن

الضرورة أن نتعرض لبعضها دون البعض الآخر ، وأن يكون اختيارنا مبنياً على أسس واضحة .

أما الأسس التي روعيت في اختيارنا للنظريات التي سنعرضها في هذا المقام فهي التالية :

١- أن نتطرق إلى النظريات الأساسية و الرائدة والتي تعتمد عليها النظريات الأخرى المحدثة والتي لا يمكن استيعابها بدون التعرض لتفسيرات النظريات الأساسية، التي قامت على أساس تجربة أو تجارب رائدة ، ومثال ذلك : النظرية الشرطية اعتمدت على تجارب بافلوف المعروفة والتي استخدم فيها الكلاب ، ونظرية سكنر بالتعلم الشرطي الإجرائي ، ونظرية المحاولة و الخطأ قامت على تجارب ثورندايك على القطط وغيرها من الحيوانات وبخاصة قانون الأثر الذي ورد في هذه النظرية و اعتمدت فكرته نظريات عديدة أخرى بعد ذلك .

٢- أن تكون النظريات المختارة ممثلة للاتجاهات المتباينة في تفسير عملية التعلم .

٣- أن ينصب الإهتمام بالدرجة الأولى على النظريات ذات العلاقة بمواقف التعلم الصفي الذي يتعرض لها التلاميذ .

وسنتكلم في هذا الفصل عن نظرية المحاولة و الخطأ للعالم ثورندايك

التعلم بالمحاولة و الخطأ و قوانينهما :

و يطلق على هذا الاتجاه مسمى " الاتجاه الربطي " حيثُ يقوم المتعلم بربط المثير و الاستجابة ، و تشكل الرابطة هنا وحدة التعلم الذي يقاس به الأداء . ويُعد (ثورندايك) أبو علم النفس التربوي صاحب هذا الاتجاه .

ـ لمحة تاريخية :

تعريف بـ إدوارد ثورنديك (١٨٧٤-١٩٤٩)

وُلِدَ ادوارد ثورندايك في ويليمز بيرج بولاية ماساشوستس بالولايات المتحدة في الحادي والثلاثين من شهر آب عام ١٨٧٤ م ، وبدأ تأثير أبحاثه على موضوع التعلم في الظهور منذ مطبع القرن العشرين .

و ظهرت الصورة التقليدية لأبحاث ثورندايك في نظرية التعلم في عامي ١٩١٣ م - ١٩١٤ م ، عندما نشر كتابه " علم النفس التربوي " الذي يتألف من ثلاثة أجزاء وحدد فيه قانون التدريب وقانون الأثر ، وهي المبادئ التي وضعها في ضوء أبحاثه التجريبية والإحصائية .

أما طريقته في البحث فقد كانت تقوم على المشاهدة وحل المشكلات وذلك على النحو التالي :

١- وضع العضوية في موقف يتطلب حل مشكله .

٢- ترتيب توجهات الإنسان أو الحيوان .

٣- اختيار الاستجابة الصحيحة من بين عدة خيارات .

٤- مُراقبة سلوك الإنسان أو الحيوان .

٥- تسجيل هذا السلوك في صورة كمية .

و قدْ كان ثورندايك مِنْ أوائل علماء النفس الذين حاولوا تفسير التعلم بحدوث ارتباطات تصل أو تربط بين المثيرات والاستجابات ، و يرى أن أكثر أشكال التعلم تميزاً عند الإنسان والحيوان على حدٍ سواء هو التعلم بالمحاولة والخطأ ، و يتضح هذا النوع من التعلم عندما يواجه المتعلم وضعاً مشكلاً ، يجب حله والتغلب عليه للوصول إلى هدف .

يستجيب الكائن الحي للمُثيرات التي تبْرز في موقف ما ، وبعض استجاباته يكون خاطئاً وبعضها يكون صحيحاً ، ويؤدي تكرار الاستجابة بصورة مُتداخلة إلى تناقض الاستجابات الخاطئة و زيادة ظهور الاستجابات الصحيحة الأكثر تناسباً مع المثير ، و بمعنى آخر يحْصل ربط بين الاستجابات الناجحة ومثيلاتها تدريجياً ، بحيث تُصبح الاستجابات الناجحة هي أكثر الاستجابات ظهوراً ، عندما يقع المتعلم تحت تأثير مُثيرات هذه الاستجابات فيما بعد .

فالتعلم من وجهة نظر ثورندايك هو تغير آلي في السلوك ، ولكنه يقود تدريجياً إلى الابتعاد عن المحاولات الخاطئة ، أي إلى نسبة تكرار أعلى للمحاولات الناجحة ، التي تؤدي إلى أثر مُشبع . وعليه فعلم النفس عند ثورندايك هو دراسة علمية ، و أن التعلم هو تغير في السلوك ، ويقصد بالسلوك كل ما يصدر عن الكائن الحي من أفكار و مشاعر و أفعال .

و قد عُرفت نظرية ثورندايك ، التي ظلت مُسيطرة لعدة عقود من القرن الماضي على الممارسات التربوية في الولايات المتحدة الأمريكية ، باسم الترابطية لأنه اعتقد أن التعلم عملية تشكيل ارتباطات بين المثيرات واستجاباتها . وقد طور ثورندايك ، نظريته من خلال الأبحاث الطويلة ، التي قام بها على أثر المكافأة في سلوك الحيوانات المختلفة. وإحدى أبرز تجاربه كانت على القطط الصغيرة الجائعة إذا ما وُضعت في أحد

الأقفاص أو الصناديق المُشْكّلة ، و وُضع بجانبها من الخارج طعام ، فإنها ستسلك نفس نوع السلوك ، وستتعلم الخروج من الصندوق بنفس الطريقة .

و توصل ثورندايك نتيجة هذه التجارب إلى أن الحيوانات غير قادرة على العمليات العقلية العليا كالفهم و الاستبصار . لأن الحيوان لو أنه تفهم المشكلة إذن لوصل إلى الحل في وقت قصير . و أيقن أن تعلم هذه المواقف يتم بالتدريج بمعنى أن تكرار المحاولات يؤدي إلى تقدم تدريجي نحو السيطرة على الموقف و تعلم الاستجابة الصحيحة . ولخص من ذلك بأن الحيوانات تتعلم عن طريق المحاولة و الخطأ . فهي تستبعد أثناء محاولات التعلم المتتالية ، الاستجابات الخاطئة و تقوي الاستجابة الصحيحة التي توصل إلى الحل ، وتبقى في النهاية الاستجابة الصحيحة وحدها .

وهو أول من ادخل نماذج معينة من الحيوانات في معلم علم النفس وقام بالتجربة عليها وفق أجهزة خاصة وقد استخدم في هذه التجارب القطط والكلاب والفئران وكان يضعها في مأزق ومتاهات بسيطة ٠ فهو كان يدرس ذكاء الحيوان دراسة تجريبية وقد وصل ثور نديك إلى

(ان هذه الحيوانات لا تظهر في تعلمها أي دليل على الاستبصار أو الاستدلال وإنما وهي تتعلم بتركيبات وارتباطات عارضة في مجرى خبرتها أي ما سماه لويد مورجن فيما بعد بالمحاولة والخطاء إذ لم يقم لديه دليل على ان الحيوانات تتعلم بالملاحظة أو تستفيد من رؤية سلوك بعضها البعض فقال بأنه ينقصها الصور الحرة والذاكرة أي الرجوع بوعي إلى المخيلة إلا ما كان منها بصورة بسيطة في الارتباطات

وثورنديك هو عالم أمريكي أهتم بمجال التعلم. حصل على الدكتوراه قبل ١٠٠ سنة , يعتبر من أوائل من درس وتأمل موضوع التعلم وله أفكار جيده فيما يتعلق بالتعلم, وضح مفهوم التعلم وجعله واضح محدد,أنشأ معمل تجريبي لعلم النفس ,انشأ

معمل تجريبي على مستوى العالم, كذلك استطاع ثورنديك تفسير سلوك الحيوان تفسير علمي,تعتبر هذه النظرية إلى حد كبير من النظريات التي لا تزال لها صدى في هذا المجال وهي تعد نظرية حديثه ,ينظر إلى التعلم بمثابة خبرة خاصة فردية ,تغير عضوي داخل الجهاز العصبي لكل كائن حي له تأثير واضح في المثير والاستجابة ..التعلم بمثابة مجموعة من الارتباطات بين الوصلات العصبية أي أنه له رد فعل في المخ والجهاز العصبي من أهم إسهاماته فكرته عن التعزيز والتدعيم ولا ينظر اليهما بشكل مادي.

ويرى ثورنديك أن الإثابة هي مفتاح التعلم بعد ما ذكر قوانين خاصة بالإثابة وغير رأيه في القانون وجعله مرتبط بالثواب فقط,أول من ادخل أسلوب المتاهة في مجال علم النفس على الحيوان ,قام بالعديد من التجارب على الفئران والأسماك والكتاكيت وكذلك أجرى العديد من التجارب على الإنسان تحدث عن الثواب والعقاب إلا أنه ركز على الثواب.

وسميت نظرية ثورندايك بأسماء كثيرة: المحاولة والخطأ، الوصلية، الانتقاء والربط، الاشتراط الذرائعي أو الو سيلي، لقد اهتم(ثورندايك) بالدراسة التجريبية المخبرية وساعد على ذلك كونه اختصاصياً في علم نفس الحيوان. وكانت اهتماماته تدور حول الأداء والجوانب العملية من السلوك مما جعله يهتم بسيكولوجية التعلم وتطبيقاته في التعلم المدرسي في إطار اهتماماته بعلم النفس والاستفادة منه في تعلم الأداء وحل المشكلات. ولذلك اتسمت الأعمال والأبحاث التي قام بها بقدر من مواصفات التجريب المتقن وبالموضوعية النسبية .

ـ أعمال ثورنديك :

لقد نظر ثورنديك إلى علم النفس على انه علم القدرات والخصائص والسلوك الحيواني والإنساني ويرى أن هذا العلم ويشارك بعض العلوم مثل علم التشريح والفسيولوجيا وعلم الاجتماع وعلم الإنسان والتاريخ وغيرها من العلوم الأخرى من حيث تركيزها على دراسة جسم الإنسان وطبيعته العقلية .

لقد بدأ اهتماماته الأولى في مجال التعلم في الفترة الواقعة بين(١٩١٣-١٩١٤) حيث اصدر أول مؤلف تحت عنوان علم النفس التربوي ويقع هذا الكتاب في ثلاث مجلدات وضح فيها بعض قوانين الارتباط مثل قانون التدريب وقانون الأثر وحدد استخداماتها التربوية في مجال عمليات التدريس وإعداد المعلمين . وقد توصل إلى هذه المبادئ من خلال نتائج أبحاثه التجريبية والإحصائية التي قامت على أساس المشاهدة وحل المشكلات .

بالإضافة إلى اهتماماته في مجال التعلم والتربية .فقد انشغل في دراسة سلوك الحيوان, وقد كان موضوع رسالته في درجة الدكتوراه في مجال ذكاء الحيوان ودرس ثورنديك أيضا الذكاء الإنساني وقد وضع نظرية بهذا الشأن تعرف بنظرية العوامل المتعددة وفيها يرى أن الذكاء هو محصلة تفاعل عدد من القدرات المتداخلة فيما بينها وفيها يفسر القدرة الذكائيه من خلال نوعية وعدد الوصلات العصبية بين المثيرات والاستجابات, فهو يرى أن الفروق الفردية في ذكاء الأفراد تعزى إلى طبيعة وعدد الوصلات العصبية.

ولقياس القدرة الذكائيه صمم مقياسا للذكاء يعرف باسم:

ويشتمل على أربع مهمات: (C A V D)

-القدرة على التعامل مع المجردات (C)

-القدرة الحسابية(A)

- القدرة على اكتساب المفردات واستعادتها(V)

- القدرة على إتباع التعليمات(D)

وفي ضوء دراسته وأبحاثه توصل إلى ثلاثة أنواع من الذكاء وهي:

١- الذكاء المجرد:ويتمثل في القدرة على التعامل مع الأشياء المجردة كالمعاني والرموز والأفكار والعلاقات الرياضية

٢- الذكاء الميكانيكي: ويتمثل في القدرة على التعامل مع الأشياء المادية وأداء المهارات والمهمات الحركية

٣- الذكاء الاجتماعي : ويتمثل في القدرة على التواصل مع الآخرين وفي عمليات التفاعل الاجتماعي وتشكيل العلاقات والصداقات

لقد طور ثورنديك آراءه حول الذكاء حيث كان يعتقد انه لا يوجد في الحياة العقلية أي شئ ينتمي إلى أي شئ ,إلا انه غير رأيه بهذا الشأن وعمد إلى تعريف الذكاء من خلال العمليات التي يستطيع الفرد القيام بها والتي يتوفر فيها بعض العناصر المشتركة ووضع اختبارا للذكاء على هذا الأساس يشتمل على :

١- إكمال الجمل

٢- العمليات الحسابية

٣-اختبار الكلمات

٤-اختبار إتباع التعليمات

درس ثورنديك عمليات التعلم وأجرى العديد من الأبحاث التجريبية على العديد من الحيوانات كالقردة والقطط والدجاج..وغيرها والتي على أساسها صاغ مبادئ ومفاهيم نظريته التي تعرف بنظرية التعلم بالمحاولة والخطأ.

كما ظهرت لثورنديك العديد من المؤلفات منها:علم النفس التربوي ,وكتاب التربية, وكتاب مبادئ التعلم بأسس نفسيه,وكتاب الطبيعة البشرية والنظام الاجتماعي وكتاب أسس التعلم الذي يقدم فيها شرحاً مفصلاً لمبادئ ومفاهيم نظريته في التعلم .

ـ مصطلحات نظرية ثورندايك :

نظرية الرابطة العصبية للمنبه والاستجابة

١ - قانون الاستعداد : مبدأ الميول أو الخبرة الشخصية

٢ - قانون الأثر : مبدأ قوة العناصر (المنبهات) المرتبطة بموقف التعلم

٣ـ قانون الممارسة مبدأ الاستجابة بالتشابه٠

٤ - مبدأ التجربة والخطأ مبدأ التغيير المتتابع للاستجابة ٠

٥ـ مبدأ الاستجابة المتعددة مبدأ الانتماء - مبدأ انتشار الأثر ٠

٦- المثير: هو أي شيء يتعرض له الكائن الحي سواء أكان مصدره داخلياً أم خارجياً، أو هو أي حدث أو موضوع يعمل على إحداث السلوك.

٧- الاستجابة: هي السلوك العضلي أو الغددي أو الكلامـي أو الانفعـالي أو الاجتماعـي أو العقلي يرد به الكائن الحي على المثيرات.

٨- الارتباط: ارتباط المثير بالاستجابة.

تجربة ثورنديك :-

وضع قطاً جائعاً داخل قفص حديد مغلق، له باب يفتح ويغلـق بواسـطة سـقاطة ، عند ما يحتك القط بها يفتح الباب ويمكن الخروج منه .

*يوضع خارج القفص طعام يتكون من قطعة لحم أو قطعة سمك .

*يستطيع القط أن يدرك الطعام خارج القفص عن طريق حاستي البصر والشم .

*إذا نجح القط في أن يخرج من القفص يحصل على الطعام الموجود خارجه .

*تتسم المحاولات الأولى لسلوك القط داخل القفـص بقـدر كبـير مـن الخربـشة والعـض العشوائي .

*بعد نجاح القط في فتح باب القفص والوصول إلى الطعام وتناوله إيـاه كـان يـترك حـراً خارج القفص وبدون طعام لمدة ثلاث ساعات ثم يدخل ثانيـة إلى القفـص إلى أن يخـرج مرة أخرى وهكـذا تتكـرر التجربـة إلى أن يـصبح أداء الحيـوان وقدرتـه عـلى فـتح بـاب القفص أكثر يسراً أو سهولة مما نتج عنه انخفاض الفترة الزمنية نتيجة لاستبعاد الأخطـاء وسرعة الوصول إلى حل المشكلة وبالتالي فقد تعلم القط القيـام بالاسـتجابة المطلوبـة إذ بمجرد أن يوضع في القفص سرعان ما كـان يخـرج منـه أي وصـل إلى أقـل زمـن يحتاجـه لإجراء هذه الاستجابة وهذا دليل على أن الحيوان وصل إلى أقصى درجات التعلم .

ـ وصف التجربة :

لقد أراد ثورندايك أن يقيس الـتعلم النـاتج مـن جـراء محـاولات الحيـوان للخـروج مـن القفص فاتخذ لذلك سبيلين أو معيارين وهما: عـدد المحـاولات والـزمن الـذي تـستغرقه

كل محاولة، وهكذا لاحظ أن القط استغرق في محاولته الأولى لفتح الباب (١٦٠ ثانية) واستغرق في الثانية زمناً أقل (١٥٦ ثانية) وفي الثالثة أقل من الثانية وهكذا إذ أخذ الزمن يتناقص تدريجياً في المحاولات التالية حتى وصل إلى (٧ ثوان) في المحاولة رقم (٢٢). ومن ثم استقر في المحاولة الأخيرة عند ثانيتين .

وقد راقب ثورندايك سلوك القطة ، و وجد أنها بدأت ببذل محاولات مباشرة في اتجاه مرأى الطعام ، فحاولت أن تنفذ من خلال القضبان . و أخذت في عضها بقصد إزالتها و بقصد إيجاد ثغرة تنفذ منها ، و حاولت الوصول إلى الطعام بمد يدها من خلال القضبان ، وهكذا استمرت في مجموعة من المحاولات و الحركات التي لا تؤدي إلى الهدف ، حتى حدث أخيراً أثناء تحركها في القفص أن جذبت السقاطة فانفتح الباب و خرجت من القفص حيث وصلت إلى الهدف و تناولت الطعام .

كرر ثورندايك هذه التجربة ، و وضع القطة مرة أخرى و هي جائعة في القفص ، فوجد أن القطة تعمل نفس الحركات و الاستجابات الخاطئة التي سبق أن عملتها في المرة الأولى و التي لا تؤدي إلى الهدف ، و لكنها لم تكررها كثيراً ، و وصلت أخيراً إلى الهدف و لكن في وقت أقل و بعد عدد من المحاولات أقل .

و بعد تكرار التجربة عدة مرات وجد ثورندايك أن الحركات الخاطئة تقل بالتدريج ، و أن الزمن المستغرق في الخروج من القفص يقل كذلك حتى أتى الوقت الذي أصبحت القطة تعمل فيه الاستجابة الصحيحة (جذب السقاطة) بعد وضعها في القفص مباشرة و تستغرق في الخروج ثواني قليلة .

وعلى هذا أمكن لثورندايك أن يستنتج أن القطة لم تتعلم الاستجابة الصحيحة التي تؤدي إلى الهدف إلا بعد بذل عدد من المحاولات الخاطئة ، وأنتعلم هذه الاستجابة الصحيحة و استبعاد الخاطئة ثم بالتدريج

و إذا حاولنا أن نحلل ما يحدث أثناء هذا النوع من التعلم نجد أن :

١- لا بد من وجود دافع عند الحيوان يوجه سلوكه نحو الهدف ، هذا الدافع ينبني على حاجة عند الحيوان يريد إشباعها .

والدافع الذي أعتمد عليه ثورندايك في التجربة هو دافع الجوع . وكثيراً ما يستخدم هذا الدافع والدوافع الفسيولوجية الأخرى كدافع العطش والدافع الجنسي في تجارب الحيوان لأنها أكثر تأثيراً ، ولأنه يمكن التحكم في أحوالها التجريبية . وقد سبق أن أشرنا إلى أهمية مثل هذا النوع من الدوافع بالنسبة لتعلم الحيوان .

٢- وجود عقبة تقف في سبيل الحيوان وتحول بينه وبين الوصول إلى الهدف . فتصور ثورندايك لموقف التعلم هو أنه موقف يتضمن مشكلة

ولكي يسيطر الحيوان على هذا الموقف لابد أن يتخلص من العقبات الموجودة التي تنهي الموقف المشكل . فالباب المغلق في التجربة السابقة هو عقبة تقف بين الحيوان وبين الوصول إلى الهدف . ويصبح الغرض من التعلم هو أن يتخلص من هذه العقبة ويتصرف بالنسبة لها التصرف المناسب (أن يضغط على السقاطة التي تفتح الباب ليخرج من القفص) . ومواقف التعلم أغلبها من النوع الذي يتضمن عددا من العقبات لابد من التخلص منها ليتحكم الكائن الحي في نهاية الأمر من الموضوع الذي يتعلمه.

٣- وفي سبيل الوصول إلى الهدف والتخلص من العقبات التي تحول بين الحيوان وبين بلوغه يبذل الحيوان مجموعة من الحركات والاستجابات العشوائية قبل أن يصل إلى الاستجابة الصحيحة التي توصل إلى حل المشكلة وتساعد على بلوغ الهدف

(جذب السقاطة) .

وفكرة ثورندايك هي أن الحيوان لا يدرك الخطوات التي يجب أن يقوم بها لكي يصل إلى هدفه وأنه لو أدرك هذه الخطوات ، أو بمعنى آخر لو أدرك طريقة لما كان هناك دافع للحركات العشوائية التي يقوم بها حتى يصل في النهاية للاستجابة الصحيحة التي تنهي الموقف المشكل .

٤- أن الوصول إلى الاستجابة أو الحركة الصحيحة يحدث مصادفة ، ومن ثم يميل إلى الجانب الذي حدثت فيه الاستجابة (الجانب من القفص الذي لمس فيه السقاطة) مما يؤدي إلى زيادة احتمال حدوث الاستجابة الصحيحة في المرات التالية . وكلما استمرت المحاولات كلما قلت الاستجابة الخاطئة وقل الزمن المستغرق في الوصول إلى الحل ، حتى يتمكن الحيوان من عمل الاستجابة الصحيحة وحدها في النهاية وهذه العملية تتم بالتدريج بخروج القطة من القفص .

٥- في المواقف التالية يميل الحيوان لتكرار السلوك الذي سبق أن وصل عن طريقه للهدف بينما لا يكرر السلوك الذي لم يوصله إلى الهدف.

تجربة ثورندايك

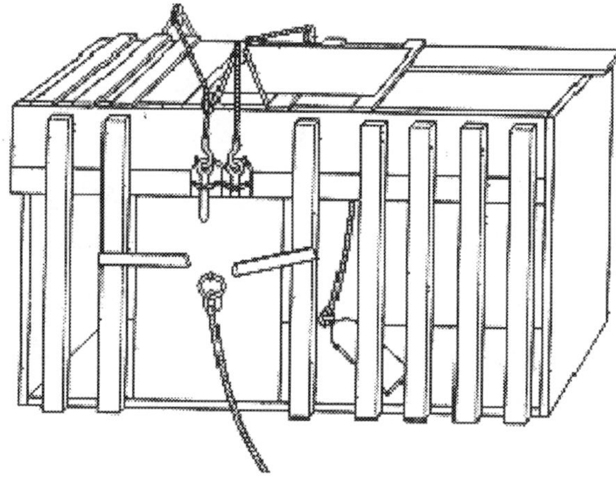

ـ تفسير ثورندايك للتعلم :

يرى ثورندايك أن التعلم عند الحيوان وعند الإنسان هو التعلم بالمحاولة والخطأ. فحين يواجه المتعلم موقفاً مشكلاً ويريد أن يصل إلى هدف معين فإنه نتيجة لمحاولاته المتكررة يبقي استجابات معينة ويتخلص من أخرى وبفعل التعزيز تصبح الاستجابات الصحيحة أكثر تكراراً وأكثر احتمالاً للظهور في المحاولات التالية من الاستجابات الفاشلة التي لا تؤدي إلى حل المشكلة والحصول على التعزيز. وقد وضع ثورندايك عدداً من القوانين التي تفسر التعلم بالمحاولة والخطأ، عدل بعض هذه القوانين اكثر من مرة وذلك سعياً للإجابة عن سؤال: لماذا يتناقص عدد الحركات الخاطئة بينما تبقى الحركات الناجحة أثناء معالجة الموقف وحل المشكلة؟

وقد نشر ثورنديك بحوثه في هذا المجال عام ١٨٩٩م وله كتاب بعنوان (ذكاء الحيوان)

فالتعليم لا يتم عن طريق التفكير الصحيح المنتظم ولكن يتم التعلم بالتخبط أو المحاولة التي تؤدي إلى النجاح أو الفشل واهم حقيقة في ذلك ان الكائن الحي يتعلم بالعامل أي بالاستجابة النشطة ٠

ويسلم ثورنديك بأن وحدة مثير استجابة هي الأساس في تفسير السلوك ، بمعنى أن حدوث الاستجابة يتوقف على المثير الذي يستدعها فلكل مثير استجابة به تحدث عندما يظهر المثير المعين .

ويرى ثورندايك أن الكائن الحي يولد وهو مزود بعدد غير محدود من هذه الروابط التي تربط بين مثيرات معينة في البيئة وبين استجابات خاصة بها عند الكائن الحي . وهذه الاستجابات تظهر أكثر من غيرها بالنسبة لهذه المتغيرات الخاصة المرتبطة بها ، وأن وظيفة التعلم هي جعل هذه الارتباطات تقوى أو تضعف بالنسبة لمواقف معينة

فالقطة عندما توضع في القفص ويستثيرها الموقف الجديد ، تستجيب أولا بالاستجابات الموجودة ، عن طريق الخربشة أو عض القضبان أو محاولة إزالتها أو الإفلات من بينها أو نحو ذلك .

وقد شوهدت قطط ثورندايك وهي تقوم بهذه الاستجابات ، إلا أن الموقف الجديد لا يفيد فيه هذا النوع من الاستجابات أو الروابط ومن ثم تبدأ هذه الروابط ، في الضعف تدريجيا وتبدأ في الظهور روابط أخرى كانت أقل قوة ، ولكن قوتها تزداد بالتدريج حتى تصبح هي السائدة لأنها أكثر ارتباطا بمتطلبات الموقف الجديد .

ونوع الارتباط الذي يعنيه ثورندايك هو الارتباط العصبي ، فهو يتصور العلاقة مثير استجابة على أنها علاقة بين مجوعة من الخلايا العصبية التي تستقبل المثير وتتأثر به ، وبين مجموعة أخرى من الخلايا التي تتسبب في حدوث الاستجابة وأن هذا الارتباط يتم عن طريق الوصلات العصبية التي تربط المجموعة الأولى من الخلايا العصبية بالمجموعة الثانية . ولم يقدم ثورندايك وصفا كاملا لما يحدث في الجهاز العصبي بل اكتفى بالقول بأن هذه الروابط ذات طبيعة فسيولوجية غير محددة تماما .

وفي سبيل تحديد ما يقصده وضع ثورندايك عددا من القوانين الأساسية لتفسير عملية التعلم وعددا آخر من القوانين الثانوية التي ترتبط بها .

وقد مرت هذه القوانين بعدد من التطورات ، فثورندايك لم يكن جامد الفكر ، ولم يكتف بصياغة قوانينه في صورتها الأولى بل عمل على اختبارها بإجراء المزيد من التجارب وكانت النتيجة أن أعاد صياغة قوانينه وحذف غير الناسب منها أكثر من مره .

ـ ملاحظات على تجارب ثورنديك:-

١)أن الحركات العشوائية لدى القط تقل تدريجياً كلما تقدم في أداء المحاولات وأيضاً

الأخطاء تقل تدريجياً

٢) الزمن يقل تدريجياً

٣)وجد ثورنديك أن ٢٠ محاولة تكفي لتتغلب القطه على مثل هذه المشكلة.

٤)ينتقي الحيوان الاستجابات الصحيحة من وسط الاستجابات الهائلة التي قدمها والبقاء على الناجح منها والتي تحقق هدفه وهو الخروج من أزمته.

وقد استنتج مما سبق عدة نقاط أفادته في قوانينه للنظرية ومنها:

١ـ أن الحيوان لا يتعلم استجابات جديدة ولكن يختار الاستجابات المناسبة من مجموعة الاستجابات التي يملكها,ما تعلمه هو الربط بين هذه الاستجابات (هي مجموعه الأفعال والحركات التي قام بها)ومؤثر معين.

٢ـ اختيار الحيوان الاستجابات الناجحة ليست أساس المنطق ولكن بطريقة عشوائية.

٣ـ أن الحيوان لا يستخدم أي عمليات عقلية في حل مشكلاته التي يواجهها بل الدلائل تؤكد عدم استخدامه عمليات استدلاليه.

ـ قوانين أساسية في نظرية ثورنديك:

من قوانين ثورنديك ما يلي :

١ـ قانون التكرار.

٢ـ قانون الأثر.

٣ـ قانون التهيؤ.

٤ـ قانون التمرين.

٥ـ قانون الانتماء.

٦ـ قانون الاستقطاب.

٧-القوانين الثانوية .

وسيتم عرض بعضا من هذه القوانين علي النحو التالي :

أولا : قانون الأثر:

يقصد به الاستجابات التي تثبت أو تحذف حسب الحالة التي تتبعها و التي تؤدي إلى الشعور بالرضا و الارتياح عند إشباعها لدافع ما ، أو الضيق و عدم الارتياح لعدم التمكن من إشباعه.

و يقصد ثورندايك بكلمة الأثر هو ما حدث تابعا للاستجابة ، وغالبا في حدود ثوان قليلة بعدها . ويعتبر الأثر اللاحق الذي يتلو الاستجابات هو المسؤول عن تقوية الارتباطات أو إضعافها .

فعند النظر إلى الصبي أثناء محاولته التزلج , نرى أنه عندما بدأ بالتزلج في المنطقة الصغيرة لم يتمكن من الوصول لحالة الرضا والارتياح بل شعر بالفشل , فاستبعد هذه المنطقة وغير طريقة تدريبه (الاستجابة الخاطئة) ..

و لزيادة توضيح قانون الأثر نذكر ما يلي:

١- أنه أثناء المحاولات المتتالية تظهر روابط بين الموقف و عدد من الاستجابات يقوم بها الكائن الحي للتغلب على الصعوبات التي يتضمنها الموقف و إشباع دافع معين لديه .

فنجد في تجربة ثورندايك أن القطة تقوم بمحاولات عديدة تكررها داخل القفص مثل الرفس و القفز و العض إلى أن تجذب السقاطة بالصدفة فتخرج لتنال الطعام و تشبع دافع الجوع لديها.

و نستنتج هنا أن القطة لو وضعت في نفس الموقف فلن تستغرق وقتا طويلا للخروج ، فقد حدث ارتباط بالاستجابة الماضية و الموقف الذي وضعت فيه.

٢- إن عامل السرور و الارتياح الحادث نتيجة عمل بعض الاستجابات أو الحركات يعمل على تقوية الرابطة بين الأثر الحادث و بين الاستجابات أو الحركات المؤدية إليه ،

و من ثم يميل الكائن الحي إلى تكرارها. و هـذا التكـرار يعمـل عـلى زيـادة قـوة هـذه الاستجابات أو الحركات بينما يعمل الضيق و عدم الارتيـاح عـلى حـذف الحركـات التـي تؤدي إليه وإضعافها .

في تجربـة ثورنـدايك نجـد أن القطـة عنـدما تقـوم بـالقفز مـرارا و تكـرارا محاولـة الخروج من القفص و لم يؤدي هذا الفعل إلى نتيجة مرضية فإنهـا تحـذف هـذا الـسلوك لأن الرابطة بين الأثر الحادث و بين الاستجابة ضعيفة. فتجرب سلوكا آخر مثل الـرفس. و هكذا إذا لم يؤدي الرفس إلى نتيجـة تـشعرها بالرضـا و الراحـة فإنهـا تحذفـه لتجـرب استجابة أو حركة أخرى.

- و بالعكس عندما كرر ثورندايك وضعها في القفـص؛ وجـد أنهـا اكتـسبت بعـض الخبرات من الموقـف الـسابق فحـدث لـديها ارتبـاط بـين الأثـر (الـشعور بالراحـة) و الاستجابة التي أحدثتها سابقا و هي جذب السقاطة . لاحظ أنها كررت نفـس الاسـتجابة التي أدت بها إلى الشعور بالرضا سابقا في نفس الموقف و الظروف .

و تعتبر الاستجابات التي تصاحب أو تتبع مباشرة بحالة إشباع للكائن الحي من بـين مجموعة الاستجابات التي تحدث في نفس الموقف هي الأكثر ارتباطا بالموقف وهي أكثر الاستجابات احتمالاً للظهور عندما يتكرر الموقف"وهذا يمثل الأثر الطيب لقانون الأثر"

أما الاستجابات التي تصاحب أو تتبع مباشرة بحال إزعاج للكائن الحي فان ارتباطهـا مع الموقف يضعف بحيث تكون هذه الاسـتجابة هـي أكـثر الاسـتجابات احـتمالا لعـدم الظهور عندما يتكرر الموقف "ويمثل الأثر غير الطيب" .

ـ أهمية قانون الأثر في العملية التعليمية :

يرى ثورندايك أن قانون الأثر هو القانون الأهم في العملية التعليمية ، و طالب بـأن تكون الغرفة التعليمية مصدر سعادة و تهيئة للبواعث المدرسية بحيث تستثير الدافع إلى التعلم لدى التلاميذ و في نفس الوقت استثارتهم نحو تجربة كل ما هو ممكن داخل الصف يؤدي إلى تعلم . و قد حاول أن يضع تعميماً لنشاط التدريس، فهو يرى أن الإنسان يتعلم من خلال عملية المحاولة و الخطأ و لهذا فإن مهمة المعلم توفير الفرص للمتعلم لممارسة هذه المحاولات، و مساعدة المتعلم على التعرف على الاستجابات الناجحة ليعمل على تكرارها ، و قبل ذلك فإن مهمة المعلم كما ذكرنا سابقاً هو استثارة الرغبة في الاستجابة و الاندفاع في المحاولة و الخطأ لدى التلميذ.

و كانت وجهة نظر ثورندايك هي تكافؤ الأثر الطيب و الغير الطيب في تقوية و إضعاف الروابط المتكونة. أي بما أن الأثر الطيب يدعم الاستجابة الطيبة و يدفعه إلى الاستمرار فإن الأثر الغير الطيب (عدم الرضا أو العقاب) يكافئ الأثر الطيب في عملية عكسية تحذف الاستجابات الغير صائبة. و قد أعاد النظر في هذا الموضوع و وجد أن الارتياح أو الثواب أكثر فعالاً في تقوية الروابط من الضيق أو العقاب في إضعاف روابطها أو إزالتها .

بمعنى أن الثواب يقوي الروابط بينما العقاب إما يؤثر فيها تأثيراً أقل أو لا يؤثر بتاتاً. فالثواب يؤكد الاستجابة و يدعو إلى استمرارها و من ثم يقوي الارتباط المؤدي إليها. و لكن ليس بالضرورة أن يؤدي العقاب إلى إهمال الاستجابة المعاقبة أو تكوين استجابة جديدة مضادة. بل قد يؤدي إلى تكوين استجابات أخرى أكبر خطأً من ذي قبل .

فمثلا التلميذ العدواني الذي يعادي زملائه في الفصل عندما يعاقب على عدوانيته من قبل المعلم، قد لا يؤدي معاقبته إلى إضعاف الرباط المعاقب (العدوانية) فيقل عدوانيته، و لا حذف هذا السلوك الخاطئ بل كبته. فمتى ما وجد مثيراً في المستقبل سيظهر هذا السلوك ربما بشكل أشد من السابق. أو قد يؤدي إلى ظهور ارتباط جديد كأن يقوم بالتخريب الغير مبرر أو ممارسة العدوانية خارج نطاق الفصل أو المدرسة بعيداً عن أعين المعلمين و المربيين.

- قانون التدريب أو التكرار:

يشير هذه القانون إلى اثر الاستعمال والممارسة في تقوية الارتباطات أو إضعافها . والمقصود بالتقوية هنا , زيادة احتمال حدوث الاستجابة ,

عندما يعود الوضع الذي يستثيرها إلى الظهور . أما الإضعاف فيعني إعاقة حدوث الاستجابة لدى ظهور الوضع المرتبطة به .

وينقسم قانون التكرار إلى قانونين فرعيين هما:

١- قانون الاستعمال : يشير إلى تقوية الارتباطات بين المثير والاستجابة نتيجة الاستعمال والممارسة (وذلك حين تكون نتائجها مرضية).

٢- قانون الإهمال : يشير إلى ضعف الارتباطات بين المثير والاستجابة , نتيجة إهمالها وعدم ممارستها . (وذلك لعدم تحقيقها للرضا).

بمعنى أن الاستجابات تقوى بالاستعمال وتضعف بالإغفال أو الإهمال المتواصل.

فقد لاحظ ثورندايك أن تكرار استجابة معينه للوصول إلى الهدف يؤدي إلى زيادة قوة هذه الاستجابة واستعمالها إذا تعرض الحيوان لنفس الموقف من جديد, فاستجابة جذب السقاطة للخروج من القفص (في تجربة القط) ازدادت قوةً بتكرار المحاولات .

وليس ثورندايك هو أول من تكلم عن أهمية التكرار أو المران في عملية التعلم فقد سبقه إلى ذلك واطسون رائد المدرسة السلوكية , الذي أوضح أن التكرار يعمل على زيادة قوة الروابط . ووضع في ذلك قانون التكرار الذي يبين أن تكرار الارتباط بين مثير معين واستجابة معينه يؤدي إلى قوة هذا الارتباط , والى ظهور الاستجابة كلما ظهر المثير المعين .

والحقيقة أن تكرار الارتباط لا يكفي وحده لحدوث التعلم , فهناك استجابات كثيرة تتكرر كل يوم ومع ذلك لا نتعلمها. وقد فطن ثورندايك لهذه العيب في قانون التكرار عندما وجد أن التكرار لا يؤدي إلى تحسن التعلم في جميع الأحوال, وإلا لعمل تكرار الاستجابة الفاشلة (في تجارب التعلم التي أجراها) على زيادة قوة هذه الاستجابة (بالرغم من تكرارها وبالرغم من أنها كررت أكثر من الاستجابات الصحيحة) بل قل ظهورها بالتدريج. ولتوضيح ما نعنيه نتمثل بتجربة ثورندايك التي سبق وصفها.

ففي هذه التجربة كان الحيوان يجري عدد من الاستجابات ويكررها في كل محاوله عدداً من المرات قبل أن يعمل الاستجابة الصحيحة التي تنهي الموقف وتؤدي إلى الخروج من القفص (استجابة جذب السقاطه). ففي كل محاوله كان يقوم باستجابات مثل عض القضبان ومحاوله إزالتها ومحاوله الإفلات من بينها , ويكرر كل منها مرات عديدة. ثم يجلب السقاطه في أخر الأمر . وفي المحاولة التالية يعيد الاستجابات الفاشلة عدد من المرات ثم في النهاية يجذب السقاطه.

وهكذا لو حسبنا عدد مرات تكرار كل استجابة من الاستجابات الفاشلة في المحاولات المتتالية لوجدناها أكثر بكثير من مرات تكرار الاستجابة الصحيحة, مع ذلك تعلم الحيوان الاستجابة الصحيحة ,واغفل في النهاية جميع الاستجابات الفاشلة .

وقد فطن واطسون إلى أن الاستجابة الأخيرة (الصحيحة) لها أسبقية على الاستجابات الأخرى (الخاطئة) , فهي الأكثر احتمالاً في ظهورها . فوضع قانون آخر وأسماه قانون الحداثة . إلا أن ثورندايك لم يوافقه على ذلك فقانون الأثر لم يفسر عودة الحيوان في المحاولة الثانية لتكرار استجاباته الخاطئة في بادئ الأمر , فانتهى بأن تثبيت وتقوية الاستجابات الصحيحة وتضاؤل الاستجابات الخاطئة تعود إلى عامل الأثر , فلذلك وضع قانون الأثر .

ويتضمن نقل التدريب والتعلم تطبيق المعرفة السابقة في فهم المشكلات الجديدة وحلها , فكل استعمال للخبرات القديمة في مواجهة المواقف الجديدة إنما هوا مثال على انتقال اثر التعلم , حيث يفترض السيكولوجيون أن تعلم إحدى المهام قد يؤثر في تعلم بعض المهام التالية لفترة طويلة من الزمن .

قانون الإستعداد:

يحدد هذا القانون الأسس الفسيولوجية لقانون الأثر وقد وضحه ثورندايك مستخدماً مصطلح الوحدات العصبية التوصيلية Conduction Units وفية يتم تحديد الظروف التي ينزع المتعلم من خلالها إلى الشعور بالرضا أو الانزعاج .

و يمكن تحديد ثلاثة ظروف يمكن أن يعمل الكائن الحي تحت تأثيرها في مواقف التعلم ؛

وهي :

١ـ إذا كانت الوحدة العصبية مستعدة للتوصيل أي لأداء سلوك ما , فسيكون هذا الأداء مريحاً ومرضياً للكائن الحي.

٢ـ إذا كانت الوحدة العصبية مستعدة للتوصيل , وحدث ما يحول دون ذلك , فسيحدث الانزعاج أو عدم الرضا والضيق للكائن الحي .

٣ـ إذا كانت الوحدة العصبية غير مستعدة للتوصيل , وكانت مكرهة ومجبرة عليه , فسيحدث الانزعاج أو عدم الرضا والضيق للكائن الحي .

ـ تشير الخاصية الأولى من قانون الاستعداد إلى نزعة دافعية تؤهل العضوية لأداء بعض الاستجابات للحصول على شيء ترغب فيه ,كنزعة القط لأداء بعض الحركات كالعض , والرفس , والخربشة , واللعق ...الخ . فبعض هذه الاستجابات تؤدي إلى فتح الباب صدفة للوصول إلى الطعام وتناوله فيشعر القط بالرضا والارتياح لذلك .

- تشير الخاصية الثانية من قانون الاستعداد إلى تعزيز النزعات الاستجابية الأولى لدى أدائها , ويتم ذلك عندما لا يوجد ما يعوق وصول القط إلى الطعام , أما إذا وجد ما يعوق طريق وصول القط إلى الطعام وتناوله , فسيكون هذا الأداء مزعجاً وغير مرضياً .

- وتشير الخاصية الثالثة لقانون الاستعداد إلى آثار التعب أو الإشباع , حيث سيشعر القط بالانزعاج في حال إكراهه على أداء تلك الاستجابات إذا كان تعباً أو شبعاً .

ولتطبيق هذه الظروف في موقف تعلم التزحلق علي الجليد نجد أنه :

١- عندما يكون الصبي راغباً ومستعداً من المنزل لتعلم التزلج , فإن المساحة الكبيرة وقلة المتزحلقين لجين تسهل له تحقيق رغبته (تعلم التزحلق) فيشعر بالرضا والارتياح .

٢- أما إذا كان راغباً ومستعداً من المنزل لتعلم التزلج , ثم تفاجأ بصغر المكان نسبياً وازدحامه بالمتزحلقين , فذلك يسبب له الضيق وعدم الرضا بسبب عدم تحقق الرغبة (تعلم التزلج) .

٣- أما إن لمن يكن الصبي مستعداً للتزلج بسبب إرهاق أو مرض , وأجبر على التزلج مع البقية , فإنه وإن أحسن التزلج لن يشعر بالراحة والرضا بسبب عدم استعداده وتهيئه .

يريد ثورندايك أن يشير من خلال قانون الاستعداد أن حالتي الرضا والإحباط تتوقفان على الحالة الاستعدادية للعضوية ذاتها , في حال تسهيل أداء استجابة معينة أو إعاقتها .

ويجب التمييز هنا بين مفهوم الاستعداد الذي قصده ثورندايك , ومفهوم الاستعداد كما يستخدمه المربون حالياً , كالاستعداد لتعلم القراءة أو الكتابة أو الحساب ... الخ , إن مفهوم الاستعداد الأخير يشير إلى مرحلة نمو معينة تؤهل صاحبها للقيام

ببعض الأنماط السلوكية أو اكتساب مهارات معينة إذا توافرت الظروف المثيرة المناسبة .

أما مفهوم الاستعداد عند ثورندايك , فيشير إلى نوع من التكيف الاستعدادي يؤهل المتعلم لأداء بعض الاستجابات أو النفور من بعض الاستجابات الأخرى , بغض النظر عن مرحلة النمو التي بلغها , فقد تعوق بعض الاستجابات رغم قدرة المتعلم على أدائها , الأمر الذي يؤدي إلى حالة الانزعاج أو عدم الرضي . فالتلميذ الذي استعد للاستذكار واتخذ مكانه من المكتب وأحضر أدواته , يريحه أن يبدأ في عملية الاستذكار و يضايقه أن يُطلب منه إحضار شيء أو المساعدة في عمل آخر , حتى ولو كان يرتاح لهذا العمل في أوقات أخرى .

ـ القوانين الفرعية :

يتبع قوانين التعلم الأساسية عند ثورندايك عدد من القوانين الأخرى التي تهدف إلى توضيح مجالات تطبيقها في مواقف التعلم المختلفة.

ولم يحاول ثورندايك أن يوجد علاقات واضحة بين هذه القوانين وبين القوانين الأساسية لتأخذ شكل النظرية المتكاملة ، وإنما وضعها لتسد الحاجة ولتوضيح النواحي التي تحتاج إلى توضيح عند استخدام القوانين الأساسية ، وهذه القوانين هي ::

١- الاستجابة المتنوعة أو المتعددة :

عندما يكون الكائن الحي في موقف ما فإن لديه عدد من الاستجابات التي يستطيع أن يؤديها ، ويضطر الكائن الحي في مواقف التعلم إلى تنويع استجابته وإلى بذل محاولات عديدة يستبعد أثناءها الاستجابات غير المناسبة ، قبل أن يصل إلى الاستجابة الصحيحة التي تنهي الموقف ويرتاح لها ويتم تعزيزها وإثباتها ، فإذا كان غير

مهيأ لتنويع استجاباته فشل في حل مشكلاته بمعنى أن التعلم لم يحدث في مثل هذا الموقف .

مثال: ضاع دفتر الواجبات الخاصة بالتلميذ فكيف سيستطيع أداء الواجبات للغد؟

سيفكر في عدة استجابات:

إما أن يتصل بزميله و يعرف منه الواجبات المطلوبة.

أو يحاول تذكر ما كتب في دفتر الواجبات و ينجز ما تمكن من تذكره.

أو يذهب إلى المدرسة في الغد و يقدم عذره للمعلم.

فإذا نجح في اختيار ما هو مناسب بحيث يحل المشكلة و يؤدي إلى الراحة و السرور فقد حدث هنا تعلم.

٢- الموقف والإتجاه :يخضع التعلم للحالة التي يكون عليها الفرد ولاتجاهه أو موقفه من موضوع التعلم ، وموقف الفرد أو اتجاهه لا يؤثر فقط على الكيفية التي يقبل بها على موضوع التعلم ، بل يحدد أيضاً ما إذا كان هذا الموضوع يرضيه أو يسبب له الضيق .

هذا القانون يشبه قانون الاستعداد في القوانين الرئيسية ويعتبر أن اتجاه الكائن الحي وموقفه من بعض القضايا التعليمية وغير ذلك يحدد بطريقة مسبقة من مجموعة الاستجابات التي يؤديها في الموقف.

مثال: إذا كان التلميذ يكره دراسة مادة ما مثل الجغرافيا، لا يُقبل على درستها، ولا يرتاح عند استذكاره لها كما يقبل أو يرتاح لدراسة مواد أخر

٣-العناصر السائدة :تقوم فكرة هذا القانون على قدرة الكائن الحي في موقف التعلم أن ينتقي ويختار بعض عناصر الموقف وبالتالي تركيز انتباهه عليها منذ بداية المحاولات الأولى وفي الموقف ذاته يهمل باقي عناصر الموقف وهذا ما يفعله الإنسان

ولكن لا يفعله الحيوان ، ووفقاً لهذا القانون ينتقي المتعلم الاستجابة الملائمة للعناصر السائدة في الموقف ، ويجعل استجابته موجهة إليها أكثر مما هي موجهة إلى العناصر العارضة.

مثال : عندما يرى طالب أداوت الرسم بالفحم , سينتقي ويختار قلم الفحم والتباشير واللباد ومساحة الفحم . فيركز استخدامه ومحاولاته على هذه العناصر , ولكنه سيُهمل باقي العناصر كاستخدام المنديل والإصبع في توزيع الظل .

٤- **الإستجابة المماثلة:** وهذا القانون يوضح الكيفية التي يتصرف بها الفرد في المواقف الجديدة ، فهو يستجيب لهذه المواقف على نحو ما استجابته للمواقف المماثلة ، ويستفيد في ذلك من نتائج الخبرة السابقة وبأوجه التشابه بين الموقف الجديد والمواقف السابقة.(١)

وهذا القانون هو نفسه فكرة انتقال اثر التدريب، ويكون تصرف المعلم حيال وضع جديد مثل تصرفه حيال وضع قديم مشابه، أو قد يستفيد من ذخيرته السابقة بمقدار ما بين الموقفين من عناصر متشابهة

مثال: أضاع تلميذ دفتر الواجبات فاتصل على زميله لمعرفة الواجبات المطلوبة و في يوم آخر نسي تدوين بعض الواجبات في الدفتر ..

في هذه الحالة سيتذكر ما حصل معه في الموقف السابق و المشابه أو القريب من الموقف الحالي فبالتالي سيقوم بسلوك مشابه و هو الاتصال على زميله و معرفة الواجب المطلوب.

٥- **نقل الإرتباط :** يعتقد ثورندايك أنه يمكن نقل أي استجابة ترتبط بموقف معين إلى موقف آخر أو لمثير آخر جديد ، وتكون النتيجة أن تحدث الاستجابة المعينة في ظروف أخرى غير الظروف والمواقف الأصلية التي كانت تحدث فيها.

ويقترب هذا القانون مـن مفهـوم الاسـتجابات الـشرطية في الـتعلم الإشـتراطي ، وإن كان ثورندايك يعتقـد أن الـتعلم الـشرطي هـو حالـة خاصـة مـن قاعدتـه هـذه , أي أن الانتقال الارتباطي أكثر عمومية وشمولاً من مفهوم الاستجابة الشرطية.(١)

القوانين الإضافية بعد التعديل : قام ثورنديايك بعمل بعض التعديلات على قوانينـه , ونتيجة لذلك وضع بعضاً من القوانين الثانوية الجديدة نلخصها فيما يلي :

١-قانون الانتماء: في هذا القانون، الرابطة تقوى بين المثير والاستجابة الصحيحة كلما كانت الاستجابة أكثر انتماء إلى الموقف، لهذا تجد الفرد يميل إلى رد التحية بانحناء الرأس أكثر ما يكون ميله إلى الاستجابة بالكلام. ولهذا تكـون إثابـة العطـشان بالمـاء أقـوى مـن إثابته بالنقود. ويعتبر قانون الانتماء من أهم القوانين التي أضافها ثورندايك لنموذجـه و هذا القانون يجعل نموذجه أقرب إلى النموذج المعرفي . مما يسهل عمليـة الانـتماء إلى موقف معين , أو لموضوع محدد. فإن هذا الانتماء يزيد من قوتها , و بالتالي من تعلمهـا . أو بمعنى آخر كلما كانت أجزاء الموضـوع المتعلم مرتبطـة بعـضها بـبعض كلـما زادت فرصة تعلمها. و بالنسبة للثواب و العقاب ف يتوقـف انـتماؤهما عـلى مـدى ارتبـاطهما بالموقف الذي

يشبع حاجة عند الشخص المثاب أو المعاقب .فإذا أنت كافأت تلميـذا لأنـه أجـاد في لرد على أسئلتك , فإن الإثابة تنتمي إلى الموقف . أمـا إذا كافأتـه لأنـك كنـت مـسرورا في هذا اليوم ,فإن الإثابة لا علاقة لها بالموضوع.

كما تكتسب الرابطـة بـسهولة أكبر إذا كانـت الاسـتجابة تنتمـي إلى نفـس الموقـف ويعمل التأثير اللاحق بشكل أفضل إذا ما كان منتميا إلى الرابطـة التـي يقويهـا ويعتمـد انتماء الثواب أو العقاب على مدى ملاءمته لإشباع دافع أو حاجة التعلم.

٢- **قانون الاستقطاب:** تسير الارتباطات في الاتجاه الذي كانت قد تكونت فيه بطريقة أيسر من سيرها في الاتجاه المعاكس، فإذا تعلم الفرد قائمة مفردات عربية انجليزية فان الاستجابة للكلمة العربية بما يقابلها بالانجليزية يكون أكثر سهولة من الاستجابة العكسية.

٣- **قانون التوافرية :** يشير هذا المبدأ إلى سهولة استدعاء الاستجابات المتوافرة والمستعدة للعمل , وذلك بسبب قوة ارتباطها بالمثيرات التي أثارتها في بدء تشكيل الارتباطات . فالفرد المتعاون يسهل عليه استدعاء استجابات تعاونية لدى توافر الوضع المناسب , كما يسهل استدعاء الاستجابات اللفظية إذا توافرت القرائن التي تسهل استدعاء ما تم تعلمه من حقائق أو أفكار أو عبارات أو ألفاظ .

٤-**قانون التعرف:** يسهل على المتعلم ربط وضع مثيري معين باستجابة معينة إذا تمكن المتعلم من التعرف على الوضع وتميزه نتيجة مروره بخبراته السابقة. ويرى ثورندايك انه إذا كانت عناصر الموقف الجديد معروفة ، فان ذلك يسهل التكيف للموقف أكثر مما لو كانت العناصر غير معروفة، فمثلا يسهل على المتعلم حل مسألة حسابية إذا تعرف المتعلم على الأرقام والرموز المستعملة فيها. فإذا استطاع المتعلم أن يتعرف على الموقف أو الموضوع الذي يقدم له و أن يتحقق منه,نتيجة سابق خبرته به ,كان من السهل عليه أن يتعلمه. فمثلا تعلم الطفل لوصف الطيور الداجنة و الحيوانات الأليفة التي يراها كل يوم أسهل من تعلمه للحيوانات الغريبة التي لا يعرفها.

ثورندايك أول من شغل كرسي أساتذة علم النفس التربوي في تاريخ علم النفس ، وكان هذا أعظم تقدير لرجل نذر حياته العلمية كلها لحل مشكلات التربية من

وجهة نظر علم النفس ، و لم تشغله المسائل المجردة والعامة عن الاهتمام بالتعلم المدرسي .

ويهتم ثورندايك بثلاث مسائل أساسية ، تؤثر في استفادة المعلم منها في عمله داخل الصف ، وهذه الأمور هي :

١- تحديد الروابط بين المثيرات و الاستجابات التي تتطلب التكوين أو التقوية أو الإضعاف.

٢- تحديد الظروف التي تؤدي إلى الرضا أو الضيق عند التلاميذ .

٣- استخدام الرضا أو الضيق في التحكم في سلوك التلاميذ.

يرى ثورندايك أن على المتعلم تحديد خصائص الأداء الجيد حتى يمكن تنظيم الممارسة ، للتمكن من تشخيص الأخطاء ، كي لا تتكرر و يصعب تعديلها فيما بعد، لأن الممارسة تقوي الروابط الخاطئة كما تقوي الروابط الصحيحة .

ويرى ثورندايك أن قانون الأثر هو القانون الأهم في العملية التعليمية ، وكان ناقداً عنيفاً لكثير من الممارسات التربوية السائدة ، و لاسيما العقاب ، وطالب بأن تكون الغرف الصفية مصدر سعادة وتهيئة للبواعث المدرسية ، حتى أنه يمكننا أن نقول إن معظم ما كُتب حول الثواب و العقاب لأكثر من نصف قرن ينتمي إلى هذا القانون .

و أشار ثورندايك إلى الدور الإيجابي للمتعلم ، الذي يأتي إلى موقف التعلم ، ولديه حاجاته ومشكلاته التي تحدد ما يشبع حاجاته و يرضيه .

وقد حاول ثورندايك على أساس المعالم العامة لنموذجه ، أن يضع تعميماً لنشاط التدريس ، فهو يرى أن الإنسان يتعلم من خلال عملية المحاولة و الخطأ ، ولهذا فإن مهمة المعلم توفير الفرص للمتعلم لممارسة هذه المحاولات ، و مساعدة المتعلم على تعرف

الاستجابات الناجحة ليعمل على تكرارها ، و الاستجابات الفاشلة فيعمل على تجاوزها ، وقبل ذلك فإن مهمة المعلم أن يستثير في التلاميذ الرغبة في الاستجابة و الاندفاع في المحاولة والخطأ .

ومن التطبيقات الأخرى لنظرية ثورندايك في المجال التربوي النقاط التالية :

١- أن يؤخذ في عين الاعتبار الموقف التعليمي الذي يوجد فيه التلميذ.

٢- أن يعطي التلميذ فرصة بذل الجهد في التعلم وذلك بالمحاولة.

٣- تجنب تكوين الروابط الضعيفة وتقوية الارتباط بين الاستجابة والموقف.

٤- ربط مواقف التعلم بمواقف مشابهة لحياة التلميذ اليومية.

٥- التركيز على الأداء والممارسة وليس على الإلقاء.

٦- الاهتمام بالتدرج في عملية التعلم من السهل إلى الصعب من الوحدات البسيطة إلى الوحدات المعقدة.

٧- عدم إغفال أثر الجزاء لتحقيق السرعة في التعلم و الفاعلية والمحافظة عل الدافعية.

٨- إعطاء فرص كافيه لممارسة المحاولة و الخطأ، مع عدم إغفال أثر الجزاء المتمثل في قانون الأثر لتحقيق السرعة في التعلم و الفاعلية.

ـ مراحل تطور الفكر العلمي لثورندايك:

١ـ المرحلة الأولى قبل عام ١٩٣٠:والتي اقتصر فيها على عرض افتراض الارتباط وتفسير التعلم وفق قانوني الأثر والتدريب.

٢ـ المرحلة الثانية بعد عام ١٩٣٠:والتي دحض فيها قانون التدريب وعدل فيها

من قانون الأثر.وأضاف قوانين ثانوية لتفسير التعلم البشري وهذه المرحلة تمتد لعام ١٩٣٣.

ـ المبادئ العامة للتعلم بالمحاولة والخطأ:

١ـ التكرار: يحدث التعلم بالمحاولة والخطأ بعد مدة طويلة من المحاولات والتدريب في الموقف الجديد . والتكرار مهم للتخلص من الاستجابات الخاطئة وتثبيت الاستجابات الصحيحة.

٢ ـ التدعيم: تبينت من شرحنا السابق للتعلم بالمحاولة والخطأ أهمية المكافأة في تعلم الاستجابة الصحيحة. فالمكافأة تعمل على تدعيم الاستجابة الصحيحة.

٣ـ الانطفاء: إذا تعلم أحد عن طريق المحاولة والخطأ استجابة ما لأنها كانت تؤدي إلى الحصول على المكافأة، فإن امتناع الحصول على المكافأة بعد ذلك مدة طويلة يؤدي إلى ضعف الاستجابة وزوالها بالتدريج وهذا هو مبدأ الانطفاء.

٤ـ الاسترجاع التلقائي: إن الاستجابة التي تنطفئ لعدم تدعيمها مدة طويلة ، يمكن أن تعود إلى الظهور بع٢د فترة من الزمن . وهذا هو مبدأ الاسترجاع التلقائي. فقد يرزق أحد صيادي السمك بصيد وفير في مكان معين من البحر مما يدفعه إلى الصيد في نفس المكان في الأيام التالية .وقد ينتابه سوء الحظ في الأيام التالية فلا يصيد شيئاً في هذا المكان مما يجعله يحاول الصيد في مكان آخر (مبدأ الانطفاء). ولكن بعد فترة طويلة من الزمن قد يحول مرة أخرى الصيد في المكان السابق (مبدأ

الاسترجاع التلقائي).

٥ـ **التعميم:** إن الاستجابات التي يتعلمها الفرد في مواقف معينة تميل إلى الظهور في المواقف الجديدة المتشابهة للمواقف السابقة التي حدث فيها التعلم . فإذا تعلم فرد أن يقود سيارة معينة ، فأن الاستجابات التي تعلمها تتحول إلى جميع أنواع السيارات يساعد على حل المسائل الهندسية الأخرى المتشابهة. وهذا هو مبدأ التعميم.

٦ـ **التمييز:** إذا فشلت الاستجابة المعممة في حل المشكلة في الموقف الجديد ، فبينما ظلت مدعمة في الموقف السابق الذي حدث فيه التعلم فإن ذلك يؤدي إلى التمييز بين الموقف الجديد والموقف القديم وتعلم الاستجابة الملائمة لكل موقف . وهذا هو مبدأ التمييز.

٧ـ **العلاقات الزمنية:** إن للعلاقات الزمنية أهمية كبيرة أيضاً في التعلم بالمحاولة والخطأ. فكلما كانت الفترة الزمنية بين الاستجابة وبين حدوث المكافأة قصيرة كان التعلم أسرع، وإذا طالت الفترة الزمنية ضعف التعلم.

ـ خصائص التعلم بالمحاولة والخطأ :

١)يستخدم هذا النوع مع الحيوانات الدنيا وكذلك مع الأطفال الصغار الذين لم تنموا عندهم القدرة على التفكير المجرد

٢)يتعلم الإنسان عن طريق المحاولة والخطأ وذلك لقلة الخبرة والمهارة أو عدم توافر قدر كافي من الذكاء لحل هذا النوع من المشكلات.

٣هذا النوع من التعلم هو أساس اكتساب وتكوين العادات والمهارات الحركية كتعلم

السباحة أو العزف على آله موسيقيه
٤)يكون التعلم بطريقة ميكانيكية أو آلية عن طريق محاولات أو أخطأ حركية ظاهرة أمام المفحوص
٥)هذا النوع من التعلم لا يعتمد بصورة أساسية على الملاحظة أو الفهم أو الذكاء

ـ النقد نظرية ثورنديك:-

ـ سلبياتها :

١)أن هذه النظرية جزئية وليست كليه فهي تعتمد على تحليل السلوك للكشف عن العناصر الأساسية به عن طريق فهم الارتباطات التي حدثت بين هذه العناصر ويمكن تفسير العديد من ٢أساليب السلوك .
٢)أن دور الفهم في هذه النظرية ينعدم فالفهم لدى ثورنديك تكوين عدد من الارتباطات (بين المثير والاستجابة)التي تساعد المتعلم على اختيار الاستجابة المناسبة من الإجابات التي يعرفها
٣)يرى العلماء أن تقليل ثورنديك من شأن العقاب في تعديل السلوك يرجع أساسا إلى أن عقابه ضعيف أو خفيف في تجاربه ومن ثم لم يكن له اثر يذكر, لو كان العقاب شديداً فأنه سيترتب عليه عدم التعديل في قانون الأثر الجزء الثاني
٤)اتجاه ثورنديك عند الجوانب الفسيولوجية لتفسير حدوث التعلم وذكر أن التعلم لا يضيف شيئاً جديداً في الجهاز العصبي"أساس الفكر عنده الوصلات العصبية"
٥)اهتم ثورنديك بالرابطة العصبية أو الوصلات العصبية بين الخلايا والتي تكمل دائرة المثير والاستجابة .

ـ ايجابيات نظرية ثورنديك :-

١)أنها أولى النظريات التي تناولت موضوع التعلم مما ساعد على تطوير الممارسات

التعليمة

٢) يطلق على ثورنديك الأب الروحي لعلم النفس التربوي

٣)استفادة النظريات التي ظهرت بعده من أفكاره وتجاربه وخاصة فكرة الارتباط بين المثير والاستجابة

٤)استفادة نظرية "سكنر"من قانون الأثر لدى ثورنديك خاصة جانب التعزيز

٥)كان سابقاً في فكرة انتقال أثر التدريب.

ـ التطبيقات التربوية لنظرية ثور نديك :

كيف يمكن توظيف هذه النظرية في تعليم الطلاب ؟

مما سبق نجد أن تقديم المثيرات الجيدة تؤدي إلى تعلم أفضل فيجب تنويع طرق التدريس واستخدام وسائل من شأنها زيادة اهتمام الطالب بالمادة المدروسة أو بموضوع الدرس ، ويلزم تشجيع الطلاب بشتى الوسائل الممكنة اللفظية والمادية والمعنوية .

١ -إمكانية التعلم عن طريق المحاولة والخطأ وقيامه على مبدأ النشاط الذاتي ٠

٢ -استعداد المتعلم ان يتعلم عن طريق العمل وعن طريق الاستجابات النشطة وقد تأثر جون ديوي بهذا المبدأ وعليه تقوم مدارس النشاط ٠

٣ -الاستفادة من برامج النشاط الخارجي كالرحلات والمهن في التعليم ٠

٤ -إعطاء المتعلم مجال من الحرية أثناء تعلمه وعدم تقييده في جلسته وفي حركته فالحيوانات تحركت اكثر عندما أعطيت الحرية الكافية ٠

٥ -عندما كانت الحيوانات تتعرض لمواقف سهل وغير معقدة تستمر في البحث عن الحلول ولهذا يحب الاستفادة من ذلك بالتدرج في التعليم من الأسهل إلى الأصعب ٠

٦ -أهمية الدافع لدى الحيوان حيث كان يثيره إلى البحث ولهذا يجب الاهتمام

بالدوافع في العملية التعليمية ٠

٧ـ على المعلم أن يأخذ في الاعتبار ظروف الموقف التعليمي الذي يوجد فيه الطالب.

٨ـ أن يضع المعلم في اعتباره الاستجابة المرغوب ربطها بهذا الوقت.

٩ـ الأخذ بعين الاعتبار أن تكوين الروابط لا يحدث بمعجزه، لأنه يحتاج إلى جهد وإلى فترة يمارس فيها المتعلم هذه الاستجابة مرات عديدة.

١٠ـ علي المعلم تجنب تكوين الروابط الضعيفة، وتجنب تكوين أكثر من رابطة في الوقت الواحد. والعمل كذلك على تقوية الارتباط بين الاستجابة والموقف.

١١ـ تصميم مواقف التعلم على نحو يجعلها مشابهة لمواقف الحياة ذاتها.

١٢ـ الاهتمام بالتدرج في عملية التعلم من السهل إلى الصعب، ومن الوحدات البسيطة إلى الأكثر تعقيداً.

١٣ـ الاهتمام بالتدرج في عملية التعلم من السهل إلى الصعب، ومن الوحدات البسيطة إلى الأكثر تعقيداً.

١٤ـ إعطاء فرص كافية لممارسة المحاولة والخطأ، مع عدم إغفال أثر الجزاء المتمثل في قانون الأثر لتحقيق السرعة في التعلم والفاعلية.

قائمة المراجع

١ـــ إبــراهيم وجيــه (٢٠٠٤): الــتعلم أســسه ونظرياتــه وتطبيقاتــه، ، دار المعرفــة الجامعية - الإسكندرية .

٢ـ احمـد عـزت راجـح (١٩٧٣م): أصـول علـم الـنفس , الطبعـة التاسـعة , المكتـب المصري الحديث, الإسكندرية,.

٣ـ رمزية الغريب(١٩٥٩) : سيكولوجية التعلم , مكتبة الانجلو , القاهرة .

٤ـ سمية فهمي (د.ت) : دور النظرية في تفسير الـتعلم , مكتبـة الانجلـو المـصرية , القاهرة.

٥ـ صالح محمد علي أبو جادو(٢٠٠٥) : علم الـنفس التربـوي ، دار المـسيرة ، عـمان- الأردن .

٦ـ عبد المجيد نشواتي ، علم النفس التربوي، دار الفرقـان للنـشر والتوزيـع، عـمان - الأردن

٧ـ عبد المجيد نشواتي(٢٠٠٣):علـم الـنفس التربـوي ، دار الفرقـان ، إربـد - الأردن ، جامعة اليرموك .

٨ـ عماد زغلول (٢٠٠٣م) : نظريات الـتعلم، دار الـشروق للنـشر والتوزيـع، الطبعـة الأولى

٩ـ فؤاد عبد اللطيف أبو حطب ؛ أمال صادق (١٩٩٥) : علم النفس التربوي ، مكتبة الانجلو المصرية، القاهرة .

١٠ـ ماجد خطايبة ، د.عبد الحسين السلطاني(٢٠٠٢): التفاعل الصفي ، دار الشروق.

١١ـ محمد جاسم محمد (٢٠٠٤): دار الثقافة للنشر والتوزيع، الطبعة الأولى

١٢ـ محمد خليفة بركات (١٩٧٤): علم النفس التعليمي, دار القلم, الكويت.

١٣ـ محمد عثمان نجاتي(١٩٦٦): علم النفس في حياتنا اليومية, الطبعة الخامسة.

١٤ـ محمد عزت (١٩٧٨): أساسيات المنهج وتنظيماته. القاهرة: دار الثقافة للطباعة والنشر.

١٥ـ محمد محمود محمد (١٩٩٦): علم النفس المعاصر في ضوء الإسلام، الشروق، جدة.

١٦ـ مروان أبو حويج ، سمير أبو مغلي(٢٠٠٤):المدخل إلى علم النفس التربوي ،دار اليازوري ، عمان - الأردن .

١٧ـ مصطفى فهمي(١٩٧٥): علم النفس, أصوله وتطبيقاته التربوية, مكتبة الخانجي.

الفصل الرابع

نظرية الاشتراط الكلاسيكي

عناصر الفصل الرابع :

- مقدمة
- وصف التجربة
- مبادئ نظرية الاشتراط الكلاسيكي
- المفاهيم الأساسية للنظرية السلوكية
- ماهية الاشتراط التقليدي أو الكلاسيكي
- الفروض التي تقوم عليها نظرية بافلوف
- التصميم التجريبي الذي استخدمه بافلوف
- كيف يتكون الاشتراط
- القوانين المشتقة من الارتباط الشرطي التقليدي
- تفسير بافلوف الفسيولوجية لظاهرة الاشتراط
- المضامين العملية لنظرية الاشتراط

- عوامل تقوي أو تضعف الاشراط الكلاسيكي
- نظريات اهتمت باللغة كأداة للتواصل الاجتماعي مثل نظرية فيجوتسكي
- أوجه قصور نظرية التعلم الشرطي الكلاسيكي

الفصل الرابع

نظرية الاشتراط الكلاسيكي

ـ **مقدمة** : ظهرت المدرسة السلوكية سنة ١٩١٢ في الولايات المتحدة, و من أشهر مؤسسيها واطسون ، ومن مرتكزات النظرية التمركز حول مفهوم السلوك من خلال علاقته بعلم النفس, و الاعتماد على القياس التجريبي، و عدم الاهتمام بما هو تجريدي غير قابل للملاحظة و القياس.

فالنظرية السلوكية :Behaviorist Theory وبدأت النظريات السلوكية بالثورة على علم النفس التقليدي وذلك برفضها لمنهج الاستبطان أي الاستنتاج في البحث، معتمدة على المنهج التجريبي المخبري، ومن رواد هذه الاتجاه إيفان بافلوف صاحب نظرية التعلّم الشرطي الكلاسيكي، ويعتبر بافلوف رائد المدرسة السلوكية التقليدية ومنشئها في روسيا.

ويعتبر السلوكيون اللغة جزءاً من السلوك الإنساني، وقد أجروا الكثير من الدراسات بقصد

تشكيل نظريةٍ تتعلّق باكتساب اللغة الأولى، والطريقة السلوكية تركّز على السلوك اللغوي الذي يتحدد عن طريق استجابات يمكن ملاحظتها بشكل حسي وعلاقة هذه الاستجابات في العالم المحيط بها. ولقد سيطرت هذه المدرسة في مجال علم النفس في الخمسينيات واستمرت إلى السبعينيات من القرن الماضي. وكان لها تأثيرها القوي على جميع النظم التعليمية وعلى جميع المختصين والعاملين في الميدان التربوي.

إيفان بتروفيتش بافلوف (١٨٤٩-١٩٣٦) طبيب وعالم فيزيولوجيا روسي، حصل على جائزة نوبل في الطب في عام ١٩٠٤ لأبحاثه المتعلقة بالجهاز الهضمي، ومن أشهر أعماله نظرية الاستجابة الشرطية التي تفسر بها التعلم.

كان أستاذاً بالأكاديمية الطبية العسكرية حتّى عام ١٩٢٥ وعضواً بأكاديميّة العلوم ابتداءا من سنة ١٩٠٧ وهو حاصل على جائزة نوبل.

مؤسّس الدّراسات التجريبيّة الموضوعيّة للنشاط العصبي الأعلى (أي السلوك) عند الحيوانات والإنسان، مستخدماً منهج المنعكسات الشرطيّة واللاّشرطيّة.

طوّر تعاليم سيتشينوف (مؤسّس علم النفس المادّي في روسيا)عن الطبيعة الانعكاسيّة للنشاط العقلي وقد تمكّن بافلوف بمنهج الانعكاسات الشرطيّة من اكتشاف القوانين والآليات الأساسيّة لنشاط الدّماغ. وأدّت دراسة بافلوف لفيزيولوجيا عمليّة الهضم إلى فكرته القائلة بأنّ منهج الانعكاسات الشرطيّة يمكن أن يستخدم

لبحث السلوك والنشاط العقلي للحيوانات. وقد أفادت ظاهرة «إفراز اللّعاب نفسيّاً»، والعديد من الأبحاث التجريبيّة كأساس للنتيجة التي توصّل إليها عن الوظيفة الإشاريّة للنشاط النفسي ولتوضيح تعاليمه عن النظامين الإشاريين. ويوفّر مذهب بافلوف ككلّ الأساس العلمي الطبيعي لعلم النفس المادّي.

وتعبر نظرية التعلم الشرطي هي أول النظريات الاختزالية ظهوراً وأكثرهاً شيوعاً ، ومؤسسها عالم الفسيولوجيا الروسي إيفان بافلوف ، الذي لاحظ أثناء إجراء تجاربه على الجهاز الهضمي للكلاب - خاصة الغدد اللعابية - أن الحيوان يفرز لعابه حين يتعرض لبعض المثيرات التي ترتبط ارتباطاً متكرراً بالطعام - مسحوق اللحم - وليس حينما يوضع الطعام في فمه فعلاً والمعروف أن وظيفة اللعاب الفسيولوجية هي تيسير مضغ الطعام وبلعه ثم هضمه ، ولكن بافلوف لاحظ أن الكلب يفرز اللعاب لمثيرات أخرى محايدة ، وهذا يدل على أنه يستجيب لمثير آخر سماه بافلوف المثير الشرطي تميزاً له عن المثير الطبيعي ، ثم أصبح يطلق على هذا النوع من التعلم مصطلح التعلم الشرطي الكلاسيكي .

ـ وصف التجربة :

قام بافلوف وهو عالم فسيولوجي روسي بإجراء تجربة على أحد الكلاب الذي ثبت فيه وعاء ليقيس كمية اللعاب التي تسيل منه عند تقديم الطعام ،وكان يقرع جرسا معينا ثم يقدم له مسحوق اللحم ،وبعد تكرار هذا الفعل أصبح يدق الجرس دون أن يقدم له مسحوق اللحم فوجد أن اللعاب يسيل وإن لم يقدم مسحوق اللحم بعده .

في هذه التجربة :

المثير الطبيعي : مسحوق اللحم .

المثير الشرطي : صوت الجرس .

الاستجابة الطبيعية : هي سيلان اللعاب عند تقديم الطعام .

ـ ماهية الاشتراط التقليدي أو الكلاسيكي :

الاشتراط التقليدي هو : عملية إكساب المثير المحايد (الشرطي فيما بعد) قوة المثير الطبيعي غير الشرطي في انتزاع الاستجابة التي ينتزعها المثير الطبيعي غير الشرطي ويطلق على المثير المحايد عندما يصبح قادرا على انتزاع الاستجابة المثير الشرطي ، كما يطلق على الاستجابة التي تنتج في مواجهة المثير الشرطي استجابة شرطية

صيغة الاشتراط التقليدي

عندما تحدث مزاوجة أو اقتران بين مثير محايد غير قادر على انتزاع الاستجابة ، وبين مثير طبيعي منتج لتلك الاستجابة لعدد من مرات الاقتران أو المزاوجة يكتسب المثير المحايد قوة المثير الطبيعي ، ويصبح قادرا على انتزاع نفس الاستجابة التي ينتزعها المثير الطبيعي غير الشرطي

المثير الطبيعي أو المثير غير الشرطي : هو المثير الذي ينتزع الاستجابة عند تقديمه لأول مرة (م / ط) وهو في التجربة مسحوق اللحم

المثير الشرطي : هو مثير محايد ويكون قادرا بمفرده على انتزاع الاستجابة التي ينتجها المثير الطبيعي وذلك بعد اقترانه بالمثير الطبيعي عدة مرات (م / ش)

الاستجابة الطبيعية (س / ط) : وهي التي يستثيرها المثير الطبيعي ، وهي في تجربة بافلوف إسالة اللعاب

الاستجابة الشرطية (س / ش) : وهي الاستجابة التي يستثيرها المثير الشرطي

الاشتراط الزائف : وينشأ عندما يتكرر تقديم المثير الطبيعي بمفرده عدو مرات قبل أن تتم المزاوجة بينه و بين المثير الشرطي.

الاشتراط اللاحق : ويحدث عندما يتم تكرار تقديم المثير الشرطي بمفرده ثم مزاوجته بالمثير الطبيعي .

استجابة الشرطية : سيلان اللعاب عند سماع صوت الجرس .

ـ مبادئ نظرية الإشراط الكلاسيكي :

١ - مبدأ الاقتران التتابعي : إن المثير الشرطي لا يستطيع إثارة الاستجابة الشرطية إلا إذا زامن المثير أو سبقه .

الفترة المثلى بين المثيرين هي نصف ثانية .

٢ - مبدأ المرة الواحدة : على الرغم من أن بافلوف كان يكرر ارتباط المثير الطبيعي بالمثير الشرطي في تجاربه إلا أنه ثبت أن اقتران المثيرين مرة واحدة قد يكون كافيا لتكوين الاستجابة الشرطية وخصوصا في الحالات التي يصاحبها انفعال شديد.

هذا المبدأ يقلل من أهمية التكرار في التعلم الشرطي .

٣- مبدأ التدعيم :متى تكون الارتباط بين المثير الشرطي والاستجابة الشرطية فإن هذه الرابطة تحتاج إلى تدعيم حتى تستمر .

ويقصد بالتدعيم هو اقتران المثير الشرطي بالمثير الطبيعي من آن لآخر .

٤ - مبدأ الانطفاء :هو مبدأ معاكس لمبدأ التدعيم .

فهو إثارة دون تدعيم ،مما يؤدي في النهاية إلى زوال الاستجابة الشرطية تدريجيا حتى تختفي نهائيا.

٥ - **مبدأ الاسترجاع التلقائي** :إن الإنطفاء لا يؤدي لزوال الاستجابة الشرطية نهائيا ،فعقب فترة من الزمن لا يحدث فيها أي تدعيم للاستجابة الشرطية تعود الاستجابة بمجرد ظهور المثير الشرطي ،وإذا تكررت فترة عدم التدعيم وبعدها الاسترجاع

التلقائي بمجرد ظهور المثير الشرطي عدة مرات يضعف الاسترجاع التلقائي حتى يتلاشى في النهاية .

٦ - مبدأ التعميم :هو انتقال أثر المثير الشرطي إلى مثيرات أخرى تشبهه أو ترمز له ،وكلما زاد التشابه كان احتمال انتقال التعميم كبيرا .

٧ - مبدأ التمييز :هو التفرقة بين المثير الأصلي والمثيرات الشبيهة به من خلال تدعيم المثير الأصلي وعدم تدعيم المثيرات الأخرى .

٨ - مبدأ الاستتباع :قد ينقل المثير الشرطي أثره إلى مثير آخر يسبقه مباشرة .

تسمى الاستجابة في هذه الحالة استجابة من الدرجة الثانية .

ويمكن أن ينتقل أثر المثير الشرطي إلى مثير ثالث ورابع..فنحصل على استجابة من الدرجة الثالثة ..وهكذا .

ـ المفاهيم الأساسية للنظرية السلوكية :

مثير محايد: لا يستثير أي استجابة

مثير طبيعي (غير شرطي) : يعمل على إظهار الاستجابة الانعكاسية غير المتعلمة.

الاستجابة غير الشرطية: الاستجابة الانعكاسية غير المتعلمة.

مثير شرطي: هو المثير المحايد بعدما سبق المثير الطبيعي عدة مرات وأصبح يستثير استجابات انعكاسية ولكن قوته أضعف.

الاستجابة الشرطية: الاستجابة المتعلمة التي تشبه الاستجابة الطبيعية.

يحدث الاشراط الكلاسيكي من خلال خطوتين:

جرس(م محايد) ⇦ الطعام(م ⇦ طبيعي)

سيلان اللعاب(س ط)

جرس(م شرطي) ⇦ سيلان لعاب(س ش) ⇦ طعام(معزز)

المثيرات تأتي عبر الحواس الخمس

المعزز: هو المثير الطبيعي في الخطوة الثانية.

العلاقة الزمنية بين المثير المحايد والمثير الطبيعي:

١- تتابع: يأتي المثير المحايد وبعد فترة من الزمن يأتي الطبيعي في تجارب بافلوف كانت الفترة الزمنية من ١٠-٥٠ ثانية ووجد من خلال التجارب أن أفضل فترة زمنية هي ٣٠ ثانية كما وجد أن الاشراط يتكون بعد خمس تكرارات.

٢- التداخل : في نهاية المثير المحايد يدخل الطبيعي.

٣- التزامن: يحدثان معاً

٤- الخلفي يأتي المثير المحايد بعد الطبيعي التعلم ضعيف ولا يذكر. في الثلاث نقاط السابقة يحدث تعلم ولكن أفضلها التتابع.

ذكر ريسكولا أن العملية عملية تطابق لاترابط بين المثير الشرطي والطبيعي وهنا ركز على السياق والتطابق يعني علاقة دائمة فالعملية عملية تنبؤية وقيمة المثير الشرطي تتركز في القدرة على التنبؤ بالمثير الطبيعي. (المسألة ليست اقتران فقط بل القدرة على التنبؤ)

ترابط ..... أحياناً تحدث صعقة بدون نغمة

تطابق .... لاتوجد صعقة إلا بنغمة

مفهوم الحجب: نقدم مثيران محايدان معاً ثم نفصلهما واحد سيشرط والآخر لا.

مفهوم المنع: نقدم مثير محايد واحد وبعدما يشرط نقدم معه مثير محايد ثم نفصلهما المثير الشرطي منع اشراط المثير المحايد.

الانطفاء الاسترجاع التلقائي:

الانطفاء : توقف الاستجابة الشرطية المتعلمة للمثير الشرطي نتيجة لوجوده عدداً من المرات دون أن يتبع بالمثير الطبيعي.

الاسترجاع التلقائي: العودة التلقائية لظهور الاستجابة الشرطية للمثير الشرطي بعد انقطاعها لفترة من الزمن بالرغم من عدم اقتران هذا المثير بالمثير غير الشرطي، وتكون هذه الاستجابة ضعيفة في قوتها ولكن من الممكن أن تزيد قوتها إذا ما اقترنت بالمثير غير الشرطي.

١- معظم سلوك الإنسان متعلم

٢- المثير والاستجابة : أن لكل سلوك له مثير وإذا كانت العلاقة بين المثير والاستجابة سليمة كان السلوك سوياً

٣- الشخصية : هي تلك الأساليب السلوكية المتعلمة والثابتة نسبياً

٤- الدافع : وهو طاقة كامنة قوية بدرجة كافية تحرك الفرد نحو السلوك والدافع إما وراثي أو مكتسب

٥- التعزيز : التدعيم عن طريق الإثابة، أي الثواب والمكافأة

٦- الانطفاء : وهو ضعف السلوك المتعلم وخموده إذا لم يمارس ويعزز

٧- العادة : وهي رابطة وثيقة بين مثير واستجابة

٨- التعميم : إذا تعلم الفرد استجابة وتكرر الموقف فإن الفرد يعمم الإستجابة على استجابات آخرى مشابهة

٩- التعلم وإعادة التعلم : التعلم هو تغير السلوك نتيجة الخبرة والممارسة وإعادة التعلم تحدث بعد الانطفاء يتعلم سلوك جديد.

ـ الفروض التي تقوم عليها نظرية بافلوف :

١ـ كل مثير محايد يمكن جعله مثيرا شرطيا ، أي تستجلب استجابة انعكاسية متعلمة ، وذلك عن طريق الاقتران و التكرار

٢ـ تكتسب المثيرات الشرطية قوتها في انتزاع الاستجابة الشرطية من تكرار اقترانها بالمثيرات الطبيعية(فكلما زاد تكرار مرات تقديم المثير الشرطي مع المثير الطبيعي كلما زادت الاستجابة الشرطية قوة و تعزيز .

٣ـ تنطفئ الاستجابة الشرطية تلقائيا أو تزول إذا قدمت المثيرات الشرطية وحدها لمرات عديدة دون تعزيزها بالمثيرات الطبيعية .

٤ـ قد تعود الاستجابة الشرطية تلقائيا بعد فترة من انطفائها حتى بدون تعزيزها بالمثير الطبيعي.

٥ـ يمكن تعميم المثير ويتوقف ذلك على درجة الشبه بين المثير الأصلي المقترن بالمثير الطبيعي و المثير المشابه أو المعمم.

٦ـ يمكن للكائن الحي التمييز بين المثيرات الأصلية والمثيرات المشابهة عن طريق التعزيز و الانطفاء التلقائيين .

٧ـ يمكن نقل الارتباط الشرطي بين المثيرات الشرطية و الاستجابات الشرطية لثلاث درجات ، مثل تدريب الحيوانات في السيرك .

٨ـ يمكن استخدام الاستجابة الشرطية (الانعكاس الشرطي) في تكوين استجابات انفعالية مشروطة كالخوف و القلق والانفعال و السرور

٩ـ يمكن تكوين عملية الإشراط لمثيرات أخرى غير فسيولوجية أو بيولوجية ، كما يمكن أن يكون الزمن نفسه مثيرا شرطيا .

ـ التصميم التجريبي الذي استخدمه بافلوف :

من الإجراءات التي استخدمها بافلوف لتكوين نوع من الألفة بينه وبين الكلب موضوع التجربة ما يلي :

١ـ عزل معمل التجربة عن أية مثيرات أو أصوات قد تؤثر على سير التجربة ، بحيث لا يخضع الكلب إلا للاستثارة التجريبية فقط.

٢ـ تثبيت الكلب بدرجة لا يستطيع معها الحركة ثم أجرى الترتيبات الجراحية في صدغ الكلب على نحو يسمح بتدفق العصارات اللعابية خلال أنبوبة خاصة ثم تجميعها بحيث يمكن قياسها .

٣ـ كان بافلوف يحاول قياس استجابة الإفراز الغدي لدى الكلب لبعض الأشياء التي تقدم له عندما لاحظ أن مجرد رؤية الكلب للمجرب أو سماعه لخطواته تجعل لعاب الكلب يسيل ، وابتداءا فقد أطلق على هذه الاستجابات مفهوم الانعكاسات النفسية ، ونظرا لأنه عالم فسيولوجي فقد قاوم هذه الفكرة أول الأمر وقرر أن يبحث هذه القضية من منظور فسيولوجي بحت حتى يتجنب تدخل أية عوامل ذاتية.

ـ كيف يتكون الاشتراط:

يمكن أن يتكون الاشتراط على النحو التالي:

١ـ تقديم المثير الشرطي (المحايد قبل اقترانه بالمثير الطبيعي) ، ثم تقديم المثير الطبيعي لعدد من مرات الاقتران بين المثيرين .

٢ـ بعد تكرار المزاوجة بين المثير الطبيعي و المثير الشرطي لعدد من المرات نجد انه عند تقديم المثير الشرطي وحده يصبح هذا الأخير قادرا على انتزاع الاستجابة الطبيعية (إسالة اللعاب) ، وتسمى هذه الاستجابة بالاستجابة الشرطية ،ويمكن تمثيل

الاشتراط كما يلي

كلب يقدم له الطعام يؤدي إلى سيلان اللعاب (استجابة طبيعية (صوت جرس + طعام سيلان اللعاب)

طبيعي(صوت جرس (مثير محايد) بعد تكرار اقترانه بالمثير الطبيعي سيلان اللعاب (شرطي)

المؤثرات المنهجية في تكوين الإشراط :

٣- يؤثر الفاصل الزمني بين المثير الشرطي و المثير الطبيعي تأثيرا عميقا على تكوين الإشراط ، وقد وجد أن تقديم المثير الشرطي قبل المثير الطبيعي بنصف ثانية هو أكثر حالات تكوين الاشتراط فاعلية وأنه إذا كان الفاصل الزمني بين المثيرين أقل أو أكثر يكون بطيء نسبيا ، وهناك عوامل تؤثر في هذا الفاصل منها مستوى الدافعية وقوة الإثارة والظروف المحيطة بهذا المجال .

٤- يتكون الاشتراط بصعوبة بالغة إن لم يكن مستحيلا إذا اتبع المثير الشرطي المثير الطبيعي ، ويسمى في هذه الحالة بالاشتراط الراجع.

٥- أيا كان الفاصل الزمني بين المثير الشرطي و المثير الطبيعي فيجب أن يسمح هذا الفاصل بظهور الاستجابة الشرطية كما يجب تغيير هذا الفاصل حتى لا يكّون الكائن الحي اشتراطا مع فترات الفواصل الزمنية .

- القوانين المشتقة من الارتباط الشرطي التقليدي :

أولاً : قانون التدعيم (التعزيز) : يقو م المثير الطبيعي بدعم المثير الشرطي ، أي أن المثير الشرطي يكتسب قدرته على انتزاع الاستجابة الشرطية من اقترانه بالمثير الطبيعي ، و تتوقف قوة المثير الشرطي في انتزاع الاستجابة الشرطية من عدد مرات

اقترانه بالمثير الطبيعي وعلى الفاصل الزمني بينهما.

ثانياً : قانون الانطفاء التجريبي : عند تكرار تقديم المثير الشرطي دون أن يتبعه المثير الطبيعي فإن الاستجابة الشرطية تتضاءل تدريجيا و يحدث لها انطفاء، بحيث إذا قدم المثير الشرطي عدد من المرات دون اقترانه بالمثير الطبيعي فإن الاستجابة الشرطية تختفي تدريجيا.

ثالثا : قانون الاسترجاع التلقائي: عند تقديم المثير الشرطي بعد فترة من حدوث الانطفاء التجريبي يمكن أن تظهر الاستجابة الشرطية مؤقتا ، وعندئذ يمكن القول بأن الاسترجاع التلقائي قد حدث حتى إذا لم تحدث مزاوجة إضافية بين المثير الشرطي و بين المثير الطبيعي

رابعاً : قانون درجات الاشتراط أو الارتباط: يمكن أن يتحول المثير الشرطي إلى مثير طبيعي بعد اقترانه بمثير شرطيا آخر وحتى ثلاث درجات ، على أن يسمى المثير الطبيعي معززا أوليا والمثير الشرطي الأول معززا ثانويا ، مع العلم بأن أية مثيرات أخرى بعد الدرجة الثالثة يصعب أن تنتزع الاستجابة الشرطية .

إعادة تقديم المثير الشرطي مرة أخرى دون المثير الطبيعي عدد مرات تقديم المثير الشرطي دون تقديم المثير الطبيعي عدد قطرات اللعاب المسال

خامساً : قانون التعميم: عند تكوين استجابة شرطية لمثير معين فإن المثيرات الأخرى المشابهة لهذا المثير يمكن أن تنتزع مثل هذه الاستجابة وتتوقف قوتها على درجة الشبه أو التماثل بين المثير الأصلي وأي من هذه المثيرات المشابهة.

العلاقة بين مفهوم التعميم عند بافلوف ومفهوم انتقال أثر التدريب عند ثورنديك:

كل من التعميم و انتقال الأثر يفسران كيف يمكننا أن نتعلم الاستجابة لموقف لم يسبق مروره في خبراتنا من قبل ، كما نستجيب للموقف الجديد كما استجبنا للمواقف المماثلة والتي سبق ومررنا بها ، والتمييز بينهما يتمثل في التالي :أن انتقال الأثر يرجع إلى تأثير التعزيز على الاستجابات المجاورة للاستجابة المعززة بغض النظر عن تماثلها مع هذه الاستجابة المعززة ، بينما يقوم قانون التعميم على أن قدرة المثير على انتزاع الاستجابة الشرطية تتوقف على درجة التشابه أو التماثل بين المثير المعزز) الطبيعي) و المثير الجديد ، أي أن المهم هنا هو درجة التماثل لا القرب ، بينما في في انتقال الأثر المهم هو درجة قرب الاستجابات من الاستجابة المعززة لا التماثل بينهما

سادساً : قانون التمييز: وهو عكس التعميم ، ويعني ميل الكائن الحي للاستجابة إلى المثير المستخدم خلال مرحلة التدريب أو الذي يتبعه تعزيز ، ويمكن أن يحدث التمييز بطريقتين هما إطالة التدريب و التعزيز الفارق ، فكلما زاد مستوى التدريب قلت القابلية للتعميم ، ويقصد بالتعزيز الفارق أنه عند تكوين استجابة شرطية لعدة مثيرات مختلفة فإن هذه الاستجابة تظهر في مواجهة المثير الذي يعقبه تعزيز

ـ تفسيرات بافلوف الفسيولوجية لظاهرة الاشتراط:

هو تكوين ارتباط بين مثير شرطي واستجابة طبيعية ،عن طريق تكرار الاقتران بين المثير الشرطي والمثير الطبيعي الذي يثير الاستجابة الطبيعية أساسا ،بحيث يصبح المثير الشرطي قادرا على إثارة الاستجابة وحده .

كما قام واطسون ورينر عام ١٩٢٠م بتجربة شهيرة مماثلة لتجربة بافلوف ، ولكن كانت حول الطفل ألبرت والذي تسمت التجربة باسمه ، وكان عمره ١١ شهراً ،

واستخدما معه أسلوب التعلم الشرطي بإظهار فأر أمامه - مثير شرطي - يصحب ذلك ضوضاء مرتفعة - مثير طبيعي - تؤدي إلى استجابة الخوف لدى الطفل .

كما قامت جولز عام ١٩٢٤م باستخدام هذه النظريات لا لغرس استجابة طبيعية لمثر محايد - شرطي - بل لإلغاء استجابة طبيعية تجاه مؤثر محايد - شرطي - وذلك بإزالة استجابة الخوف عن طفل كان يخاف من الأرنب عن طريق تقديم أرنب أبيض بمصاحبة مثير- تقديم حلوى مثلاً - وتمكن الطفل بالتدريج من التخلص من خوفه المرضي .

بدأت النظريات السلوكية بالثورة على علم النفس التقليدي وذلك برفضها لمنهج الاستبطان في البحث، معتمدة على المنهج التجريبي المخبري. ومن رواد هذه الاتجاه إيفان بافلوف صاحب نظرية التعلّم الشرطي الكلاسيكي، وسكنر صاحب نظرية التعلم الشرطي الإجرائي ونظرية التعليم الذاتي المعزز وفكرة التعليم المبرمج، وإدوارد ثورندايك صاحب نظرية المحاولة والخطأ، والذي أضاف قانون انتقال الأثر والتدريب، وتولمان الذي نجح في المزج بين أفكار المجال والسلوكية. ويعتبر بافلوف رائد المدرسة السلوكية التقليدية ومنشئها في روسيا، وواطسون منشئ السلوكية التعلمية في أمريكا عام ١٩١٢-١٩١٤.

ويعتبر السلوكيون اللغة جزءاً من السلوك الإنساني، وقد أجروا الكثير من الدراسات بقصد تشكيل نظريةٍ تتعلّق باكتساب اللغة الأولى. والطريقة السلوكية تركّز على السلوك اللغوي الذي يتحدد عن طريق استجابات يمكن ملاحظتها بشكل

حسي وعلاقة هذه الاستجابات في العالم المحيط بها. ولقد سيطرت هذه المدرسة في مجال علم النفس في الخمسينيات واستمرت إلى السبعينيات من القرن الماضي. وكان لها تأثيرها القوي على جميع النظم التعليمية وعلى جميع المختصين والعاملين في الميدان التربوي.

يقرر بافلوف أن المراكز المخية التي يتكرر استثارتها معا تكون وصلات عصبية مؤقتة ويترتب على استثارة إحداها استثارة المراكز العصبية الأخرى المتصلة بها ، وعلى هذا فعند تقديم نغمة صوتية معينة أو أي مثير شرطي آخر بشكل متكرر قبل تقديم الطعام للكلب فإن المركز المخي الذي تستثيره تلك النغمة يكّون وصلة عصبية مؤقتة بالمركز المخي الذي يستجيب للطعام ، وعندما يتم تكوين هذه الوصلة العصبية فإن تقديم المثير الشرطي وحده أو أي مثير آخر بعد اقترانه بالمثير الطبيعي ينتزع استجابة الحيوان مثلما ينتزعها المثير الطبيعي (الطعام) وعند هذه النقطة يمكن القول أن الفعل المنعكس الشرطي قد تكون .

الاستثارة و الكف:

يرى بافلوف أن هناك عمليتين أساسيتين تحكمان جميع أنشطة الجهاز العصبي المركزي هما : الاستثارة و الكف ، فكل حدث أو مثير بيئي يكون مطبوعا على نحو ما في القشرة المخية أو لحاء المخ وتميل هذه الأحداث أن تحدث استثارة أو كف للنشاط اللحائي للمخ ، ونمط الاستثارة أو الكف هو ما أطلق عليه بافلوف (الفسيفساء اللحائي) ومعناه أن المثيرات أو الأحداث البيئية تحدث نقاطا استثارية معينة في القشرة المخية للكائن الحي ، وكلما حدثت تغيرات في البيئة الخارجية أو الداخلية للكائن الحي حدثت تغيرات استجابية في ذلك الفسيفساء اللحائي.

ـ **تنميط السلوك**: تنميط السلوك معناه ثبات نسبي في الفسيفساء اللحائي بسبب وجود

الكائن الحي زمنا طويلا في بيئة تتيح قدرا عاليا من التنبوء في الاستجابة لها ، ومع الوقت تنعكس هذه الخريطة المخية بدقة على الأحداث البيئية و تنتج الاستجابات الملائمة لها ، وإذا ما تغيرت البيئة يجد الكائن الحي صعوبة في تغيير السلوك المنمط.

- الإشعاع و التركيز: استخدم بافلوف مفهوم المحلل لوصف المسار العصبي الذي يصل بين المستقبل الحسي وإحدى النقاط المعينة في المخ ، ويتكون المحلل من مستقبلات حسية لكل منها موضع في الحبل الشوكي و تتصل هذه البقعة بالمركز الحسي الذي استثارته هذه المحسوسات في المخ ، مكونة تلك المسارات العصبية ، وتسقط المعلومات الحسية على المراكز المخية مسببه استثارة هذه المراكز ، وهذه الاستثارة تنتشر إلى المناطق الأخرى للمخ ، وقد استخدم بافلوف هذه العملية لتفسير تعميم المثير ، مثل الحيوان الذي كون اشتراطا للاستجابة للنغمة ٢٠٠٠ ذبذبة/الثانية ، وأنه كذلك استجاب للنغمات الأكثر تشابها أو ارتباطا بها ، ويفترض بافلوف أن هذه النغمات الأقرب للنغمة ٢٠٠٠ تكون ممثلة في المخ بمناطق قريبة للمساحة التي استثارتها النغمة ٢٠٠٠ والعكس صحيح للنغمات الأقل قربا من النغمة ٢٠٠٠ وينطبق هذا الافتراض على الكف ، كذلك وجد أن التركيز هو عكس الإشعاع بحيث يمكن استخدامه في تفسير مبدأ التمييز بين المثيرات ، فعندما يتم اقتران المثير الشرطي بالمثير الطبيعي لعدد كبير من المحاولات تصبح الاستثارة أكثر تركيزا .

كلما زاد اختلاف المثير عن المثير الأصلي الذي درب عليه الحيوان عند تكوين الاستجابة الشرطية ، كلما قلت سعة الاستجابة الشرطية

ـ المضامين العملية لنظرية الإشراط :

يمكن استخدام مبادئ الإشراط الكلاسيكي في العديد من الجوانب العملية والمواقف التربوية وبرامج تعديل السلوك والعلاج النفسي، ممثلاً ذلك في النواحي التالية:

١ـ تشكيل العديد من الأنماط السلوكية والعادات لدى الأفراد من خلال استخدام فكرة الإشراط، ويتمثل ذلك بإقران مثل هذه الأنماط والعادات بمثيرات تعزيزية.

٢ـ محو العديد من الأنماط السلوكية والعادات غير المرغوب فيها من خلال استخدام إجراءات الاشراط المنفر. هناك عادات سيئة مثل مص الأصبع، ونقر الأنف، والعبث بالأشياء والرضاعة يمكن محوها من خلال أقرانها بمثيرات منفرة، كما ويمكن كف مثل هذه السلوكات من خلال إشغال الأفراد بمثيرات أخرى.

٣ـ تعليم الأسماء والمفردات من خلال إقران صور هذه الأشياء مع أسمائها أو الألفاظ التي تدل عليها مع تعزيز هذه الاستجابات. كما في النطق الصحيح للحروف والكلمات وطريقة كتابتها , فالطفل الصغير لا يتعلم بصورة فعالة إلا حينما يتم الربط بين مادة التعلم ببعض الأماكن والظواهر. كما يلجأ واضعو المقررات الدراسية إلى استخدام الصور والأشكال والمواقف وربطها مع معاني الكلمات, حيث تكون الكلمة بمثابة المثير الشرطي الذي يقترن بالصور أو الشكل أو الموقف الدال على معنى هذه الكلمة. أما بالنسبة للكبار فتقدم لهم كلمات أو مصطلحات سبق تعلمها بدلا من الصور والأشكال وعن طريق الربط بين المثيرات الشرطية التي هي الكلمات أو

المصطلحات الجديدة التي ينبغي تعلمها, والمثيرات الشرطية السابقة وهي المصطلحات المتعلمة من قبل, يتعلم الأفراد معاني المصطلحات الجديدة.

٤_ كما ويمكن استخدام مبادئ التعميم والتمييز لمساعدة الأفراد على تكوين المفاهيم.

٥_ يعد التعزيز الخارجي من المبادئ الأساسية التي يعتمد عليها في التعليم, فعندما يستخدم المدح كمعزز للاستجابات الصحيحة يؤدي إلى نتائج ايجابية في التحصيل الدراسي.

٦_ علاج بعض الاستجابات الانفعالية السلبية نحو المدرسة مثلا أو زملاء الدراسة عن طريق الربط بينها وبين مثيرات محببة, أو على الأقل العمل من أجل تجنب اقترانها بالمثيرات غير المرغوب فيها.

٧_ تستخدم في مجال تعديل السلوك وبرامج العلاج النفسي من حيث علاج القلق والخوف العصابي أو ما يعرف بالفوبيا.

ففي علاج مثل هذا العرض يتم استخدام إجراء الإشراط المعاكس " Content conditioning" بحيث يتم من خلاله إزاحة الاقتران بين مثير الخوف واستجابة الخوف على نحو تدرجي. لقد ابتكر هذا الإجراء جوزيف ولبي، ويعد من أفضل الأساليب في علاج المخاوف المرضية، ويشتمل على ثلاثة إجراءات رئيسية:

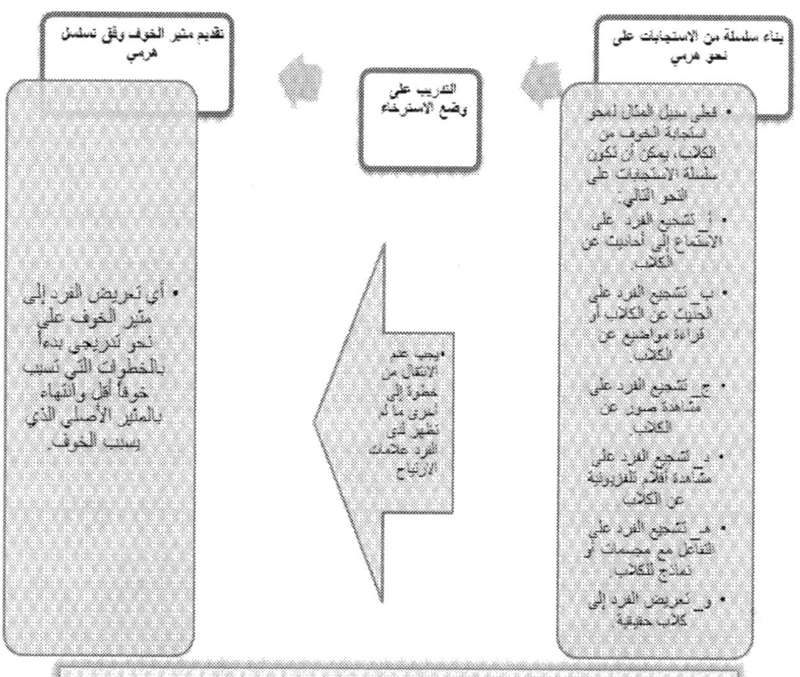

الإشراط المعاكس "*contrary conditioning*" في علاج الفوبيا

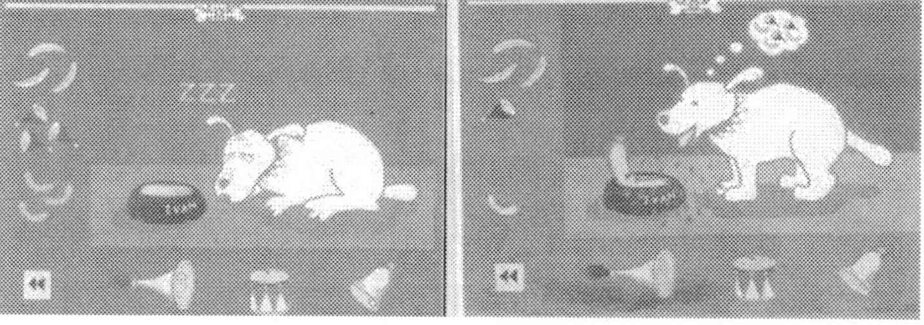

ـ عوامل تقوي أو تضعف الاشتراط الكلاسيكي؟

١- **الكف:**

أ- له رصيد في الكف (قديم): يضعف الاشراط.

ب-ليس له رصيد في الكف (جديد): يقوى الاشراط

٢- **البروز:** كل ما كان المثير بارز قوي اشراطه والعكس صحيح، مثال: صوت عالي رائحة قوية.

٣ـ**الارتباط بين المثير الشرطي والمثير الطبيعي:** أي زيادة عدد المرات التي تربط بينهما ويعد ذلك من العوامل التي تقوي الاشراط.

هل تتساوى الاستجابة الشرطية والطبيعية؟

لا تتساوى سواءً في الكمية أو النوعية، حيث أن الطبيعية أقوى

المثير الشرطي بدرجات الأولى، الثانية وهكذا:

يمكن للمثير الشرطي أن يقوم مقام المثير الطبيعي، بحيث يمكن استخدامه لاشراط مثيرات محايدة أخرى

أمثلة

الإعلانات: الممثل شرطي ويسمى طبيعي !!!!

وقد اهتمت نظرية الارتباط الشرطي الكلاسيكي لبافلوف بالتواصل اللغوي باعتبارها أداة للتواصل الاجتماعي .

ـ ويوجد نظريات اهتمت بتنمية اللغة باعتبارها اداة للتواصل الاجتماعي من هذه النظريات :

(ـ نظرية فيجوتسكي Vygotsky)

الذي يرى أنّ أساس تعلّم اللغة يعود إلى التفاعل الاجتماعي، وهذا لا يتعارض مع أفكار السلوكيين أو الفطريين حول تعلّم اللغة. ولكن في هذه الأيام نرى العديد من علماء النفس يحاولون الجمع بين هذه الأفكار ودمجها، وذلك لتشكيل نظريةٍ مؤلفة مدمجةٍ أطلق (Social Interactions) عليها اسم التفاعل الاجتماعي (Vygotsky,1962) وهذه النظرية أوجدها تلميذ بافلوف ليف فيجوتسكي وأعاد صياغتها بالكلمات الآتية: " العلاقة بين الفكر والكلمة هو إنسانٌ ويدور موضوع نظرية فيجوتسكي ضمن نطاق التفاعل اجتماعي لذلك يعتقد فيجوتسكي أن الأقران عامل هام وأساسي لتطوير الفرد. إن كتاباته تؤكد دور العوامل التاريخية والثقافية والاجتماعية في المعرفة، كما أنه يجادل أن اللغة أهم أداةٍ رمزية وضعها المجتمع.

ويركز فيجوتسكي على ثلاثة موضوعات:

الأول : أهميّة الثقافة

والثاني: الدور الرئيسي للغة (Zone of Proximal)

والثالث وهو ما سمّاه فيجوتسكي:(منطقة النمو والتطور)

(Growthand Development).

أي أن هناك فترة زمنية محددة لتطوير المعرفة، والتطور التام خلال هذه الفترة يعتمد على التفاعل التام خلالها. إن مدى التطور الذي تصله المهارات من خلال إرشاد البالغين أو بالتعاون مع الأقران يزداد أكثر مما لو كان وحده. إن نظرية فيجوتسكي ما هي إلاّ محاولة لإيجاد إنسان اجتماعي. كما أن نظريته هي عملٌ تكميليّ لأعمال باندورا حول التعلم الاجتماعي.

إن نظرية فيجوتسكي هي إحدى النظريات العامة في مجال تطوير المعرفة، ومعظم أعماله الأساسية أجريت في سياق كيفية تعلم الأطفال اللغة (وعليه فإن التطبيقات على هذه النظرية هي في ازدياد واتساع.

ـ أوجه قصور نظرية التعلم الشرطي الكلاسيكي :

من أهم الانتقادات التي وجهت للنظرية :

١) مجال التجربة عند بافلوف طبق على الحيوان ، وبدون شك هناك فروق كبيرة بين الإنسان والحيوان ، ولو كان هناك تشابه من حيث وجود بعض الغرائز قال تعالى : ﴿وَلَقَدْ كَرَّمْنَا بَنِي آدَمَ وَحَمَلْنَاهُمْ فِي الْبَرِّ وَالْبَحْرِ وَرَزَقْنَاهُمْ مِنْ الطَّيِّبَاتِ وَفَضَّلْنَاهُمْ عَلَى كَثِيرٍ مِمَّنْ خَلَقْنَا تَفْضِيلاً﴾ الإسراء ٧٠ .

٢) اهتم بافلوف بتلازم المثير الشرطي مع المثير غير الشرطي أكثر من اهتمامه بالحاجات والدوافع, إذ مر عليها سريعاً, بشكلٍ لا يتناسب والأهمية التي تحتلها في منظومة العوامل المؤثرة في السلوك الإنساني.

٣) اقتصرت تجاربه على الكلاب ولم تشمل البشر مما حال بينه وبين دراسة ظواهر نفسية إنسانية أصيلة كاكتساب مهارة, أو تعلم لغة, أو طريقة في التفكير, والتي تؤلف الموضوعات الرئيسة في علم النفس المعاصر وبخاصة في علم النفس المعرفي.

٤) إن نتيجة تجارب بافلوف على الحيوان أثبتت صحتها على الإنسان من خلال تجارب واطسون ورفيقه وتجربة جولز ، ولكن هناك فرق بين الطفل ذو الأحد عشر شهراً والرجل الراشد صاحب الشخصية السوية ، وهذا واضح في عدم تكليف الدين الإسلامي لكل من هو دون البلوغ أو بلغ ولكن به مرض عقلي بأمور كُلف بها كل راشد .

٥) إن الطفل إنسان ويصدق على الراشد ما يصدق عليه ، ولكن ألا يلاحظ أن الراشدين أنفسهم تختلف استجابتهم بحسب إدراكهم للمثيرات نظراً لاختلاف العوامل التي يتعرض لها كل منهم ، فمثلاً قد يرى عدة أشخاص أشهى أنواع الطعام ولكن نلاحظ أن استجاباتهم تختلف ، فهناك الصائم ، وهناك المريض والمحمي من هذا النوع، وهناك من معدته متخمة بالطعام ، ، وهناك الجائع الذي لم يتناول أي طعام خلال اليوم ، وهناك الجائع لأكثر من يوم ، فالأول لن يستجيب والثاني والثالث قد لا يستجيبا وقد يستجيبا فيأكل كل منهما لقيمات ، ولكن الرابع والخامس سيستجيبا ويظهر عليهما ولكن درجة الاستجابة عند الخامس أشد منها عند الرابع .

٦) إن هذه التجارب تمت والكائن الحي تم تقييده على منضدة ، وإن قلنا أن هذه النظرية تثبت التعلم إلا أنه بالإكراه وما نبغيه : " هو التعلم الناتج عن النشاط الذاتي الحر " .

٧) إن هذه النظرية لا تستطيع أن تفسر بعض ظواهر التعلم المركبة مثل اكتساب المهارات الحركية الاختيارية الإرادية أو تعلم أفضل طرق حل المشكلات .

٨) على افتراض أن الجميع يشتهون هذا الطعام وكلهم جياع ، وقدم لهم الطعام سنلاحظ اختلاف الاستجابات لا بسبب العوامل التي يتعرض لها كل منهم ، بل لأمر أغفله علم النفس الحديث وانعكس هذا على علم النفس التربوي ، وهو جانب الروح

في تكوين النفس الإنسانية وما تعتقده من قيم ؛ فهناك من يبدأ بآداب الطعام – غسل اليدين ، التسمية ، الأكل مما يليه .. الخ – والبعض سيستجيب كما استجاب صاحب بافلوف .

٩) اختلاف الاستجابات من فرد آخر بحسب القيم التي يعتقدها بقوله ﷺ

ولقد أوضح عليه الصلاة والسلام في صفات السبعة الذين يظلهم الله بظله ذكر منهم : ورجل دعته امرأة ذات منصب وجمال فقال إني أخاف الله .

ومن هنا لا نسلم بصحة هذه المعادلة م ⟵ س على إطلاقها وإن كانت صحيحة في حالات خاصة فيجب التنبيه لذلك من قبل كُتاب علم النفس التربوي وعدم تعميم نتائجها ، وبيان أوجه القصور فيها ، ومراعاة الدقة في صوغ عبارات الكتاب خاصة وأنه يدرس للطلاب ، ففي هذه النظرية يعلق / أبو حطب بقوله : " ويتشابه الإنسان مع الحيوان في النظام الأول " وفي هذا مساواة مرفوضة نقلاً وعقلاً وإن كان هناك تشابه فلا بد من توضيحه ، وفي أي جانب يكون .

١٠- إن الإنسان الواحد تختلف استجابته من موقف لآخر بحسب المواقف والحالة النفسية التي هو فيها ، وهذا ما غفلت عنه جميع نظريات – نماذج – التعلم المتبعة لمعادلة س ⟵ م

- التطبيقات التربوية لنظرية التَّعلُّم الشرطي الكلاسيكي :

١- إتقان ما هو متعلم: حيث إن كل تعلم عبارة عن استجابة لمثير أو باعث والاستجابات التي يقوم بها المتعلم هي التي تحدد مدى نجاحه وإتقانه لما تعلمه، ولا يتحقق النجاح إلا إذا قام المعلم بتدوين تلك الاستجابات لتحديد مدى التقدم الذي أحرزه المتعلم .

٢ـ التكرار والتمرين: فالتكرار له دور مهم في حدوث التعلم الشرطي، حيث يرتبط المثير الشرطي بالمثير الطبيعي وينتج عن ذلك الاستجابة. إن المحاكاة أو التكرار بني عليها في المجال التطبيقي ما يسمى بتمارين الأنماط، والهدف منها تعليم اللغة عن طريق تكوين عادات لغوية بطريقة لا شعورية، وهو أسلوب مهم في التعلم خاصة في المراحل الأولى، وليس في المراحل المتأخرة، ولكن يجب أن يُعلَم بأن ليس كل تكرار يؤدي إلى التعلم، بل التكرار المفيد أو الذي له معنى، حيث يلعب دوراً مهما في حدوث التعلم الشرطي

٣ـ استمرار وجود الدوافع : فتوفر الدوافع أمراً لا مناص منه إذا أردنا تحقيق تعلم فعّال، وكلما قوي الدافع تحقق التعلم المرغوب، وتعود الفائدة المرجوة على التلميذ، ونجاح المعلم في تحقيق الأهداف المرسومة، لذلك وجب إحاطة البيئة الصفية بالمثيرات الفعالة حتى نضمن استمرار التواصل بين المعلم وطلابه، ونكون بذلك ضمنًّا التواصل بين عناصر العملية التعليمية وفي نفس الوقت رسخ ما تعلمه التلاميذ في أذهانهم، وبالتالي يصعب النسيان.

٤ـ ضبط عناصر الموقف التعليمي وتحديدها:

إن ضبط وتحديد عناصر الموقف التعليمي وتحديده وتقديمه بشكل مناسبٍ في شكل وحداتٍ رئيسية أو فرعية وحسب مستوى التلاميذ يدعو إلى شدّ انتباه المتعلم وبذلك يتحقق الهدف بحدوث التعلم من دون إبطاءٍ أو تأخير ومن دون الحاجة إلى التكرار والتمرين وهدر الوقت. وعلى المدرس أن يدرك بأن تنظيم عناصر المجال الخارجي، يساعد على تكوين ارتباطات تساعد في إنجاز الاستجابات المطلوبة، كما تجعل موضوع التعلم في حالة نشاط مستمر. وعلينا أن ندرك بأن كثرة المثيرات لا تعني بالضرورة تحقيق النجاح، بل ربما تأتي بنتائج عكسية ولا يحدث التعلم المرغوب.

ويمكن إضافة تطبيقات تربوية أخري علي النحو التالي :

١ـ يمكن تعلم الفعل المنعكس الشرطي أيا كان من خلال الاقتران بين المثير غير الشرطي والمثير الشرطي الذي يستثير والاستجابة الشرطية

الاعتماد على نتائج النظرية في تفسير كيف

٢ـ يمكن تعلم ردود الأفعال الانفعالية مثل الخوف المرتبط بمثيرات معينة كخوف الأطفال من الذهاب لطبيب الأسنان بسبب خبرات الألم

٣ـ يمكن الاعتماد على الفعل المنعكس الشرطي في تكوين ما يسمى بالاشتراط العكسي المضاد والذي يأخذ صيغتين هما إلى مرغوبة عن طريق ربطها بمثير طبيعي مرغوب فيه

أـ تحويل أو تغيير الاستجابات الاستجابات المرغوبة إلى غير مرغوبة عن طريق ربطها بمثير

ب ـ تحويل أو تغيير طبيعي غير مرغوب فيه.نحو

٤ـ الاعتماد على الفعل المنعكس الشرطي في تكوين اتجاهات موجبة لدى التلاميذ نحو المدرس و المادة الدراسية و المدرسة من خلال الربط بين ذهابهم للمدرسة وبين إشباع حاجاتهم الفسيولوجية و السيكولوجية ..

٥ـ استخدام عملية تشريط الاستجابة في العلاج السلوكي

لعلاقات جديدة مرغوبة بين مثيرات و التتابعي لمسببات الخوف من الأفراد بصورة تدريجية أثناء ممارستهم للأنشطة المحببة . لديهم

قائمة المرجع

أولا: المراجع العربية :

١ـ أحمد زكي صالح (١٩٧٢) : علم النفس التربوي ، النهضة المصرية ، ط١٠،القاهرة.

٢ـ أحمد زكي بدوي (١٩٨٧): معجم مصطلحات العلوم الاجتماعية ، مكتبة لبنان، بيروت.

٣ـ عاقل فاخر(١٩٧٧): التعلم ونظرياته ، دار العلم للملايين ،ط٤، بيروت .

٤ـ عاقل فاخر(١٩٨٣): مدارس علم النفس ، دار العلم للملايين ،ط٦، بيروت.

٥ـ عماد الزغول (٢٠٠٣) : عماد: نظريات التعلم. دار الشروق, عمان- الأردن.

ثانيا : المراجع الأجنبية :

6-Ceci, S.J. (1991):How much does schooling influence general intelligence and its cognitive components? A reassessment of the evidence. Developmental Psychology vol. 27 (5):703-22.

7-Boocock , Sarane Spence (1995): Early Childhood Programs in other Nations :Goals and Outcomes .The future of Children. vol. 5 (3) , P18.

الفصل الخامس

نظرية الاشتراط الإجرائي

عناصر الفصل الخامس :

- مقدمة
- طبيعة و مفاهيم النظرية الإجرائية
- تجارب سكينر
- جداول التعزيز عند سكينر
- مبادئ الإشراط الإجرائي
- تطبيقات نظرية الإشراط الإجرائي
- افتراضات نظرية الاشراط الإجرائي
- إيجابيات النظرية
- سلبيات النظرية
- التطبيقات التربوية لنظرية سكينر

الفصل الخامس

نظرية الاشتراط الإجرائي

ـ **مقدمة** : ولد بورس فريدريك سكينر عام ١٩٠٤ في بلدة ساسك ويهانا في الشمال الشرقي من ولاية بنسلفانيا . وقد كان والده "وليام آثر سكينر " محاميا ذا طموحات سياسية، يعمل لدى إحدى شركات السكك الحديدية.أما والدته "جرس مادي سكينر" فهي امرأة ذكية وجميلة وتتبنى فلسفة ثابتة في الحياة لا تحيد عنها. لم يستخدم والد سكينر العقاب البدني في تنشئته، غير أنهما لم يترددا في استخدام أساليب أخرى لتعلميه الأنماط السلوكية الجيدة.

ويبدو أن حياة سكينر المبكرة كانت تزخر بالشعور بالأمن والاستقرار. ويشير سكينر إن حياته المدرسية كانت ممتعة محاطا دوما بالكتب التي شغف والده بقراءتها . والتحق سكينر بكلية هاملتون، حيث تخصص في الأدب الإنجليزي، ودرس مواد شملت اللغات الرومانسية، وأسلوب الخطاب ، وعلم الأحياء والأجنة والتشريح والرياضيات. وبعد أن فشلت محاولات سكينر في أن يصبح كاتبا ، فاهتم بميدان علم النفس وذلك بجامعة هارفارد في خريف١٩٢٨.

ويعتبر بورهوس فريدريك سكنر من الأسماء المميزة في التحليل التجريبي للسلوك , وهو أخصائي نفسي , من ولاية بنسلفانيا بأمريكا ، تعلم في جامعة هارفارد ، والتحق بطاقم الجامعة عام (١٩٤٨) , نال شهرته من خلال بحثه الرائد عن التعلم والسلوك ، وخلال (٦٠) سنة من العمل المهني اكتشف سكنر مبادئ مهمة في الإشراط الإجرائي . وأصبح الممثل الرئيسي للمدرسة السلوكية في أمريكا ،حيث تعتبرمن أكثر مدارس علم النفس تأثيراً في مجال التربية والتعليم .

ومن مؤلفاته : (سلوك الكائنات الحية) قدم فيه وصفا تفصيليا لتجاربه وأبحاثه على الحيوانات وخاصة على الفئران.، (تكنولوجية التعليم) ، (فيما وراء الحرية والوجاهة) دافع فيه سكنر عن قداسة وأهمية التشريط كوسائل للتحكم والضبط الإجتماعي ،(أهم أعمال حياتي) ، (الإنعكاسات على السلوكية والمجتمع)

ـ دراسات سكنر

انطلقت دراسات سكنر مما انتهى إليه ثورانديك ، أي من قانون الأثر حيث طوره وصاغه على صورة " إن السلوك محكوم بنتائجه " , وانه من الممكن تغيير السلوك وتعديله عن طريق إجراء خطوة خطوه أو ما يسمى بالتقاربات المتسلسلة المصحوبه بالتعزيز . وأصبحت دراساته ترتكز على الاشراط الإجرائي وبرمجة التعليم .

ونتجت عن دراساته عدة مفاهيم كـ : (التعزيز - العقاب - التشكيل - التسلسل).

أثناء إقامته بالجامعة لمدة ٥سنوات تحصل على منحة التجريب على الحيوان وتأثر منهجه في لبحث بمنهج بافلوف. وكان شعاره"تحكم في البيئة تتحكم في السلوك". و في عام ١٩٣٦ ، حصل سكينر على وظيفة مدرس في جامعة مينيسوتا وظل فيها حتى عام١٩٤٥، وظهر أول عمل ضخم له (سلوك الكائنات)عام ١٩٣٨، وكان وصفا مفصلا لبحوثه حول الفئران، وفي صيف عام ١٩٤٥ كتب روايته الشهيرة (والدان تو)، ولكنهما لم تنشر إلا عام ١٩٤٨.وتولى منصب رئيس قسم علم النفس في جامعة أنديانا، ورغم كثرة المسؤوليات الإدارية إلا أنه واصل الأبحاث على الحمام وفي عام ١٩٤٧، أصبح عضوا في قسم علم النفس بجامعة هارفارد.

ينتمي سكينر إلى مدرسة ثورندايك فهو ارتباطي مثله يهتم بالتعزيز كعامل أساسي في عملية التعلم. و سكينر احد علماء النفس الذين اهتموا بدراسة الأمراض السلوكية من خلال دراسة السلوك نفسه.

ـ طبيعة و مفاهيم النظرية الإجرائية:

ـ السلوك: يعرفه سكينر بأنه مجموعة استجابات ناتجة عن مثيرات المحيط الخارجي. و هو إما أن يتم دعمه و تعزيزه فيتقوى حدوثه في المستقبل أو لا يتلقى دعما فيقل احتمال حدوثه في المستقبل.

ـ المثير والإستجابة : تغير السلوك هو نتيجة و استجابة لمثير خارجي.

ـ التعزيز و العقاب : من خلال تجارب ثورندايك يبدو أن تلقي التحسينات و المكافآت بصفة عامة يدعم السلوك و يثبته، في حين أن العقاب فينتقص من الأستجابة و بالتالي من تدعيم و تثبيث السلوك.

ـ التعلم : هو عملية تغير شبه دائم في سلوك الفرد.

ـ التعلم الشرطي الإجرائي :

لقد ابتكر في معمل سكنر ما أسماه العلماء بصندوق اسكنر ، وفيه يوضع الحيوان الجائع فإذا ضغط على رافعة معينة تظهر له جرعة من الطعام ، وبالتالي فإن الاستجابة ذريعة أو وسيلة أو أداة لظهور الطعام ، ويستمر الحيوان يضغط على الرافعة حتى يُشبع جوعه ويكون قد تعلم في نفس الوقت استجابة الضغط على الرافعة حيث يؤديها في زمن وجيز للغاية ونقل الحركة العشوائية .

- أنواع السلوك عند سكينر :

يميز سكينر بين نوعين من السلوك وهما:

١- **السلوك الاستجابة:** و يمثل لاستجابات ذات طابع انعكاسي فطري مثل إغماض العينين عند التعرض لمنبه قوي أو المشي الآلي و منعكس المص عند المولود حديثا.

٢- **السلوك الإجرائي :** يتم هذا السلوك من الإجراءات المنبعثة من العضوية على نحو تلقائي دون أن تكون مقيدة بمثيرات معينة ، وتقاس قوة الاشتراط الإجرائي بمعدل الاستجابة بعدد تكرارها وليس بقوة المثير(نشواتي١٩٨٥). يعرف السلوك الإجرائي بأثره على البيئة، و ليس بواسطة مثيرات قبلية مثال على ذلك قيادة السيارة ركوب الدراجة المشي على الأقدام بهدف الوصول إلى المكان ما. ويميز سكينر ثلاثة أنواع من المثيرات التي تتحكم في السلوك الإجرائي وهي:

٣- **المثير المعزز:** و يقصد به كل أنواع المثيرات الايجابية التي تصاحب السلوك الإجرائي كالمعززات اللفظية والمادية والاجتماعية والرمزية .

٤- **المثير العقابي :** ويقصد به كل أنواع العقاب، مثل العقاب اللفظي والاجتماعي أو الجسدي، التي تلي حدوث السلوك الإجرائي، وتعمل على إضعافه.

٥- **المثير الحيادي :** ويقصد به المثيرات التي تؤدي إلى إضعاف السلوك الإجرائي أو تقويته (الروسان،٢٠٠٠).

ـ تجارب سكينر :

قام العالم الأمريكي سكنر بوضع فأر جائع في صندوق زجاجي فيه قضيب معدني ، عند الضغط عليه في كل مرة ينزل قطعة من الطعام .

وعندما بدأ الفأر يستكشف المكان وضغط بغير قصد على القضيب فنزلت له قطعة الطعام ،وتكررت العملية عدة مرات وبعدها تعلم أن ضغط القضيب ينتج عنه إنزال الطعام (ثواب) .

المثير الشرطي : القضيب .

الاستجابة الشرطية : الضغط على القضيب .

المثير الطبيعي : الظفر بالطعام .

الاستجابة الطبيعية : الأكل .

ـ صندوق سكنر

هو عبارة عن جهاز تم صناعته بناء على شكل حجم ومواصفات الكائن الذي سيدخل فيه ,وتعتبر استجابات الكائن هي التي تؤدي للحصول على التعزيز, وتسمى هذه الإجراءات داخل الصندوق (بالإجراءات الحرة) لأن الكائن يقوم بها وفق ما يتناسب مع حجمه ووضعه , للوصول إلى الهدف.

من تجارب سكنر

" تجربة الحمامة "

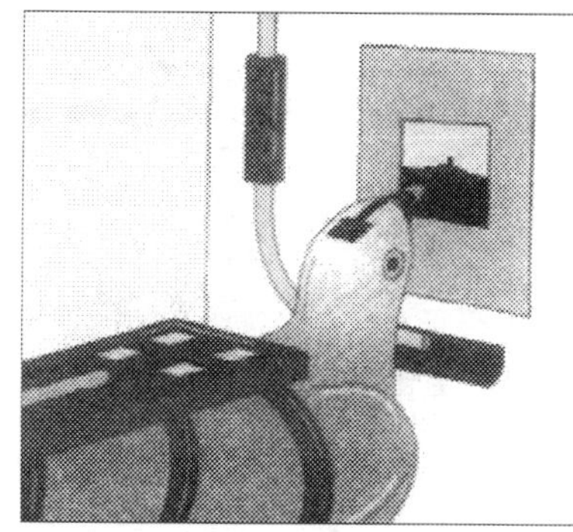

وضُعت حمامة داخل الصندوق في حالة جوع شديد ,فأخذت تتجول للبحث عن الطعام ,وفي أثناء ذلك ترفع رأسها لمستوى العلامة التي وضعت ,عندها يقوم سكنر بتعزيز السلوك بإسقاط القمح للحمامة . في المرة الأولى يكون رفع الرأس عفويا , وبالتعزيز يحدث التعلم .

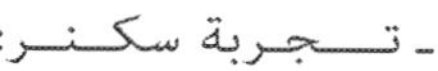

ـ تجربة سكنر:

" تجربة الفأر "

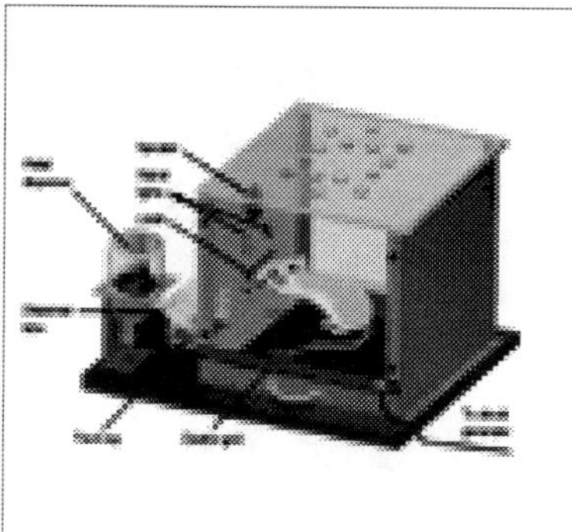

وضع فأر في صندوق معتم في حالة جوع , وكان بالصندوق رافعة عند ضغطها أو تحريكها يتم فتح مخزن الطعام ووضع مصباح إضاءة يلعب دور المثير الشرطي ,

يقوم الفأر بإجراءات عشوائية قد تصيب إحداها فيضغط على الرافعة ويفتح مخزن الطعام وهكذا كل مرة ويحصل على التعزيز .

ـ نتائج التجارب :١- أن هناك الكثير من أشكال السلوك تصدر عن الكائن الحي دون أن تكون مرتبطة.

٢- أن السلوك محكوم بالظروف البيئية .

٣- يميل الكائن الحي في المستقبل إلى أن يكرر نفس العمل الذي قام به وقت التعزيز أو التدعيم .

السلوك يتكون من وحدات سماها هذا ويرى سكنر أن

١ـ الاستجابات .

٢ـ المثيرات

ـ **جداول التعزيز عند سكينر**: عندما يتعلم الفرد سلوك جديدا يتم تعزيزه مباشرة ويسمى هذا الإجراء بالتعزيز المستمر. أما إذا وصل المتعلم إلى مرحلة الإتقان، يستحسن تقديم التعزيز من فترة لأخرى ويسمى هذا الإجراء بالتعزيز المتقطع. وهناك أربع أنماط أساسية للتعزيز المتقطع اثنان منه يعتمد على مقدار الوقت الذي يمر بين المعززات وتسمي جداول التعزيز الزمني، أما النوعان الآخران فيعتمدان على عدد الاستجابات المقدمة بين المعززات و تسمى بجداول النسبة(فرستر و سكينر،١٩٥٧).

ويتخذ التعزيز سواء كان نسبيا أو زمنيا، شكلا ثابت أو متغير من الاستجابات، وقد يفصل بين كل استجابتين معززتين، في تعزيز نسبي، عدد ثابت أو متغير من الاستجابات. و قد تفصل بين كل تعزيزين في التعزيز الزمني، فترة زمنية ثابتة أو متغيرة بغض النظر عن عدد الاستجابات المنبعثة خلال هذه الفترة.

المقارنة بين جداول التعزيز الثابتة والمتغيرة للاستجابات والزمن

جداول التعزيز الثابتة/ المستمرة	جداول التعزيز المتغيرة/ المتقطعة
تعد أكثر فاعلية عند بداية السلوك تحافظ على استمرار السلوك وتكراره تعد أقل مقاومة لانطفاء يصعب تقديمها باستمرار يخمد سلوك الفرد بعد التعزيز -تعمل على ظهور السلوك المرغوب فيه وتكراره عند تعزيزه -تعد أقل اقتصادية من حيث كلفتها -تصبح العضوية أقل نشاطا وحيوية	تعد أكثر فاعلية بعد بناء السلوك تحافظ على استمرارية السلوك وتكراره بشكل أكبر تعد أكثر مقاومة للانطفاء يسهل تقديمها بين الحين والآخر يبقى الفرد في حالة نشاط دائم بحثا عن المعزز - تعمل على خفض معدل تكرار السلوك إذا لم يحصل التعزيز نهائيا -تعد أكثر اقتصادية من حيث كلفتها -تصبح العضوية أكثر نشاطا وحيوية

ـ تصنيف المعززات :

نميز أكثر من طريقة في تصنيف المعزززات ومنها :

١- المعززات الأولية والمعززات الثانوية:

المعززات الأولية تتمثل في المثيرات التي تؤدي إلى تقوية السلوك دون خبرة سابقة ودون تعلم وتسمى أيضا بالمعززات غير الشرطية أو المعززات الطبيعية غير المتعلمة و منها الطعام والشراب والدفء. أما المعززات الثانوية فهي التي تكسب خاصية التعزيز من خلال اقترانها بالمعززات الأولية، والتي تسمى بالمعززات الشرطية أو المتعلمة.

٢- المعززات الطبيعية والمعززات الصناعية:

أ- ا لمعززات الطبيعية: هي التوابع ذات العلاقة المنطقية بالسلوك ومن الأمثلة على ذلك ابتسامة المعلم للطالب، أما إعطاء المعلم نقاطا للطالب يمكن استبدلها فيما بعد بأشياء يحبها الطالب كالعلامات فهذا يعتبر تعزيزا اصطناعيا(الخطيب، ١٩٨٧).

ب ـ **التعزيز الموجب و التعزيز السالب:** التعزيز الموجب هو إضافة مثير معين بعد السلوك مباشرة، مما يؤدي إلى احتمال حدوث نفس السلوك في المواقف المماثلة ومنها المديح وتكريم الفائزين وزيادة الراتب وتقبيل الوالد لطفله أما التعزيز السالب فهو التخفيف من العقوبة المفروضة على الفرد نتيجة للقيام بسلوك مرغوب فيه، إلغاء إنذار وجه للطالب لتقصيره في الدروس ، نتيجة لسلوك لاجتهاد الذي أظهره فيما بعد. وتعتبر المعززات السالبة مثيرات تزيد من احتمال ظهور الاستجابة بعد زوالها.

٣- **العقاب عند سكينر:** يعتقد سكينر أن العقاب يمكن أن يكون عاملا مهما في تعديل السلوك. يؤكد أن هناك نوعين من العقاب الموجب والسالب، و يعمل ا لعقاب الموجب على تقديم مثير غير محبب أو مؤلم إلى الموقف يعمل على إزالة أداء الاستجابة غير المرغوب فيها. ويشير العقاب السالب إلى حذف مثير محبب من الموقف أو إزالته للعمل على التوقف عن أداء الاستجابة غير المرغوب فيها. مثال: منع الطفل من الحصول على الحلوى في حالة الاستمرار في سلوك غير المرغوب فيه. نزع اللعبة عند عدم استجابة الطفل لمطالب الوالد.

أنواع التعزيز

1

التعزيـز الايجـابي هـو مثـير مرغوب يتبع السلوك ,وله قيمـه ايجابية بالنـسبة للمـتعلم , مـما يؤدي لتقوية السلوك وتثبيته .

مـثـال

مدح الطالب الذي يحصل على علامة عالية في الاختبـار مـما يدفعـه لبـذل مزيـد مـن الجهد في دراسته

٢

التعزيز السلبي : هو إنهاء أو سحب مثير غير مرغوب بعد القيام بالسلوك المناسب وهو يعمل على زيادة تكرار السلوك .ويرتبط التعزيز السلبي على نحو ما بالعقاب.

مـثـال

قيام الفتاة بتنظيف غرفتها للتخلص من توبيخ الأم

٣

المعززات الأولية هي تلك المثيرات التي تؤدي إلى إشباع الحاجات الفسيولوجية للكائن الحي . هذا النوع من المعززات هو المستخدم في تجارب الحيوانات بشكل خاص

مثال

(الطعام والشراب)

٤

المعززات الثانويه هي تلك المثيرات التي تؤدي إلى إشباع الاحتياجات المعنوية للكائن الحي هذا النوع من المعززات هو المستخدم بصفة خاصة مع الإنسان .(١)

مثال

عبارات المدح والثناء أو التقدير والمكافأة والجوائز

٤- **تشكيل السلوك :** تتم إجراءات تشكيل السلوك على عملية تحديد الهدف السلوكي المرغوب فيه، وتجزئته إلى سلسلة من الخطوات المتتابعة التي تقترب تدريجيا من بلوغ الهدف. ويتم تعزيز كل خطوة على حدة بالترتيب المؤدي إلى تحقيق الهدف المنشود. ولا يحدث الانتقال إلى خطوة تالية إلا إذا أتقنت العضوية أداء الخطوة السابقة لها، ويستمر هذا النوع من التقريب المتتالي إلى أن يتمكن من تحقيق السلوك المطلوب. والسلوك الإجرائي هو سلوك معزز، يعتبر والخطوة الأولى في التشجيع ظهور السلوك المحدد، وهو انتظار السلوك المرغوب فيه، ثم إتباعه بتعزيز (أبو جادو ٢٠٠٥).

٥- **تعديل السلوك:**يتم تعديل السلوك وفق المبادئ التالية:

- السلوك تحكمه نتائجه.
- التركيز على السلوك القابل للملاحظة المباشرة.
- التعامل مع السلوك على أنه هو المشكلة وليس كمجرد عرض لها
- السلوك غير المقبول تحكمه القوانين نفسها التي تحكم السلوك المقبول
- السلوك الإنساني ليس عشوائيا بل يخضع لقوانين تعديل السلوك و منهجية تجريبية، يمكن أن تأخذ الأشكال التالية:
- زيادة احتمال ظهور سلوك مرغوب فيه
- تقليل احتمالات ظهور سلوك غير مرغوب فيه
- إظهار نمط سلوكي ما، في المكان والزمان المناسبين
- تشكيل سلوك جديد (أبو جادو٢٠٠٥).

- **التعليم المبرمج:**

يعتبر سكينر أول مبتكر للتعليم المبرمج. ففي عام١٩٥٤،حيث شهدت الولايات المتحدة الأمريكية نقصا في عدد المعلمين، اقترح سكينر التعلم المبرمج بناء على ما توصل إليه من نتائج الاشتراط الإجرائي ويعتبر التعليم المبرمج أسلوب التعليم الذاتي ، إذ يعطي المتعلم فرص تعليم نفسه، حيث يقوم البرنامج بدور الموجه نحو تحقيق أهداف معينة.

إن مفهوم التعليم المبرمج من أكثر التطبيقات التربوية أهمية لمبادئ الاشتراط الإجرائي والذي يقوم على الاستفادة من مبادئ التعلم الإجرائي ومن مزايا التعليم المبرمج ما يلي:

١- يسهم في حل بعض المشكلات التربوية مثل تزايد عدد التلاميذ و مشكلة الفروق الفردية، ونقص عدد المعلمين.

٢- يركز على المتعلم باعتباره محور العملية التربوية مع تنبيه الدافعية.

٣- يضمن تغذية راجعة فورية.

٤- التعزيز المستمر لمهودات المتعلم.

٥- ليس هناك وجود لمثيرات منفرة التي قد يحدثها بعض المعلمين.

ـ مبادئ التعليم المبرمج :

١- تسلسل المادة التعليمية في خطوات متتاليه تعمل على استمرار نشاط المتعلم

٢- تزويد المتعلم بالتغذية الراجعة في كل خطوة ليعرف نتيجة عمله .

٣- تزويد المتعلم بالتعزيز المناسب بعد كل استجابه .

٤- التأكيد على مبدأ التعلم التدريجي . من البسيط للمركب ، ومن الاستجابات المألوفة إلى غير المألوفة , حيث يرى أن السلوك المركب هو تكوينات للصيغ البسيطة من السلوك .

٥- توقف أي تعلم على نتائج المتعلم السابقة .

ـ مبادئ الإشراط الإجرائي :

يشترك الإشراط الإجرائي مع الإشراط الكلاسيكي في المبادئ التالية :

١ـ التعلم ينتج من تجارب المتعلم و تغيرات استجابته.

٢ـ التعلم مرتبط بالنتائج.

٣ـ التعلم يرتبط بالسلوك الإجرائي الذي نريد بناءه.

٤ـ التعلم يُبنى بدعم و تعزيز الأداءات القريبة من السلوك.

٥ – **مبدأ العلاقات الزمنية** :فالتعلم يكون أسرع إذا كان الزمن بين الاستجابة والتدعيم قصيرا

٦- **مبدأ الاكتساب :**يحدث التعلم في صورة تدريجية ،فالاستجابات التي تدعم تثبت تدريجيا ،والاستجابة التي لا تكافأ تضعف تدريجيا

٧ - **مبدأ التدعيم :**التعلم الإجرائي يحتاج لتدعيم الاستجابة الصحيحة من خلال المكافأة

والتدعيم قد يكون :

تدعيم إيجابي : الثواب .

تدعيم سلبي : العقاب .

أو تدعيم أولي : فطري .

وتدعيم ثانوي : مكتسب .

٨- **مبدأ الانطفاء :** إن الاستجابة التي لا تدعم لفترة طويلة تضعف تدريجيا حتى تزول .

وتتوقف مقاومة الاستجابة للانطفاء على الأسلوب المتبع في التدعيم ،فالاستجابة التي تدعم جزئيا تكون أكثر مقاومة للانطفاء من الاستجابة التي لا تدعم .

٩ - **مبدأ الاسترجاع التلقائي :**إن الاستجابة التي لا تدعم لفترة طويلة لا تزول نهائيا ،ولكن بعد فترة من الزمن تعود للظهور دون تدعيم .

١٠ - **مبدأ التعميم :**الاستجابة المتعلمة تعمم على المواقف المشابهة للموقف الأصلي ،وهذا هو تعميم المنبه .

ويحدث أيضا في الإشراط الإجرائي تعميم الاستجابة ،فلو عجز الفرد مثلا عن القيام بالاستجابة المطلوبة في موقف معين فإنه يقوم باستجابة مكافئة لها .

١١ - **مبدأ التمييز :**من خلاله يتم التمييز بين الموقف الذي يتم فيه تدعيم الاستجابة والموقف الذي لا تدعم فيه الاستجابة .

ـ تطبيقات نظرية الإشراط الإجرائي :

١ـ التشكيل :يستخدم في تغيير السلوك تدريجيا عن طريق مكافأة السلوك الذي يقترب شيئا فشيئا من السلوك النهائي المطلوب تعلمه .

ويستخدم هذا الأسلوب في التربية والتعليم ،وفي تعديل سلوك المضطربين عقليا .

٢ـ جداول التدعيم :تسمى الأساليب المختلفة للتدعيم بجداول التدعيم :

التدعيم المستمر :وهو الذي تدعم فيه الاستجابة الصحيحة في كل مرة ،وهو يؤدي إلى سرعة التعلم ،ولكنه في الوقت نفسه سريع الانطفاء إذا لم تدعم الاستجابة لفترة من الزمن .

التدعيم الجزئي :وهو الذي تدعم فيه الاستجابة في بعض المرات ،وهو يجعل التعلم يحدث بشكل تدرجي ،لكنه يكون أكثر مقاومة للانطفاء .

وقد ينظم التدعيم الجزئي على أحد أسلوبين :

التدعيم النسبي :وهو الذي تدعم فيه الاستجابات بعد عدد معين من الاستجابات الصحيحة ،سواء كان هذا العدد ثابتا أو متغيرا .

التدعيم الدوري :وهو الذي تدعم فيه الاستجابات بعد زمن معين سواء كان هذا الزمن ثابتا أو متغيرا

ـ افتراضات نظرية الاشراط الإجرائي :

تقوم النظرية السلوكية كما طورها سكنر على الافتراضات التاليه :

١- أن معظم السلوك الإنساني متعلم .

٢- يلعب التعزيز دور كبير في تحقيق التعلم المرغوب.

٣- يتضمن التعلم التغير والتعديل في خبرات المتعلم ونواتجه .

٤- يتم التعلم عند تجزئة الخبرة لمواقف سهلة قصيرة يستغرق تعلمها فترات زمنية قصيرة .

٥- السلوك الإنساني سلوك معقد , وحتى يمكن فهمه لابد من تجزئته لأجزاء بسيطة .

٦- يمكن إخضاع السلوك الإنساني إلى عمليات الفهم والتفسير والضبط والتنبوء

٧- السلوك الخاضع للتعلم هو سلوك قابل للقياس والملاحظة .

٨- يتم تحديد السلوك المراد تعلمه تحديد دقيق وفق معايير .

ـ إيجابيات النظرية :

١ـ تدرس نظرية سكنر العمليات المعرفية بوصفها سلوكيات داخلية وهي تتعامل مع السلوك الإنساني بوصفه ظاهرة معقدة ، لذلك فان سكنرلا يرى في السلوك مجرد ارتباط بين مثير واستجابة ، إنما يرى أن الإنسان لا يتعلم استجابات محددة من خلال التعرض لمثيرات محددة كما عند ثورندايك -وإنما يتم التعلم لمجموعات من السلوك في مجموعة من اوالمثيرات.

٢ـ ترجيح مبدأ التعزيز الايجابي على مفهوم العقاب أو التعزيز السلبي في التعلم الصحيح .

٣ـ الخطوات التي تتبعها النظرية السلوكية في تعديل السلوك واضحة و محددة و تتمثل في :

- تحديد السلوك المطلوب تعديله .
- تحديد الظروف التي يحدث فيها السلوك المضطرب .
- تحديد العوامل المسؤوله عن إستمرار السلوك المضطرب .

✍ اختيار مجموعة سلوكيات يمكن تعديلها أو تغييرها وإعداد جدول لإعادة التعلم .

٤ـ المبادئ الذي تقوم عليه نظرية سكنر واضحة و محددة : وهي تحليل السلوك المطلوب تعلمه ، و تعزيز الاستجابات باتجاه السلوك المطلوب تعلمه وفق جداول التعزيز التي قد وضعها . كما يرى أنه بالإمكان إطفاء السلوك و محوه بوقف التعزيز الايجابي .

٥ـ أسس سكنر التعليم المبرمج : وهو أسلوب من التعليم يعرض على الطالب فيه معلومات وأوامر منفصله ، وعلى الطالب أن يفهم المعروض الآتي قبل الانتقال إلى المرحلة التالية .

٦ـ النظرية مناسبة لتعليم وتدريب الأطفال المعاقين في المدارس و المعاهد ،ومعالجة البالغين في المصحات العقلية .

٧ـ كانت المدرسة السلوكية تحاول سحب سلوك الحيوان سحباً ميكانيكياً على سلوك الإنسان في بعض المجالات و ليس جميعها ولا أدل على ذلك من استدلال قابيل ابن آدم عليه السلام في دفن أخيه هابيل عليه السلام من خلال سلوك الغراب وفقاً للآية الكريمة {فبعث الله غراباً يبحث في الأرض ليريه كيف يواري سوأة أخيه قال ياويلتا أعجزت أن أكون مثل هذا الغراب فأواري سوأة أخي فأصبح من النادمين

ـ سلبيات النظرية :

١ـ أدت نظرية سكنر إلى شيوع طريقة من أحدث طرق التدريس المعاصرة ، وهي طريقة التعليم المبرمج ، والتي بدأ الاهتمام بها بعد المحاضرة التي ألقاها سكنر عام ١٩٥٤م في جامعة هارفارد ، ولكن لا نعرف مدى ملاءمتها للتدريس في مدارسنا

حسب ظروفها وطبيعتها ، لذا نحن في حاجة للوقوف على مدى ملاءمتها لمجتمعنا الكبير .

٢ـ قيام التجربة على الطيور الجائعة وهناك فرق بين الإنسان والحيوان ، إضافة إلى أنها كانت جائعة .

٣ـ النظرية غير صالحة لتفسير أو علاج كل أنواع الاضطرابات السلوكية . كما أنها غير صالحة لتشكل إطارا عاماً يمكن من خلاله تفسير تكون شخصية الفرد ككل. ،إذ أنها تهمل العناصر الذاتية في السلوك ، بالرغم من إسهامها في تعزيز الجانب الإرادي والمساهمة الذاتية الايجابية للفرد في تشكيل السلوك إلا أن هذا يظل محدوداً.

٤ـ معظم الدلائل العلمية و التجريبية في نظرية سكنر مبنية على الحيوان أكثر منها على الإنسان ، وفي الحقيقة لايمكن اختزال سلوك الإنسان في مجرد مثير واستجابة , إذ أن الإنسان يعمل تحت حزمة من المثيرات في آن واحد ، و سلوك الإنسان يختلف بما لديه من عمليات عقلية لا توجد لدى الحيوان .

- التطبيقات التربوية لنظرية سكينر:

اقترح سكينر الخطوط التربوية العريضة للمعلمين وهي:

١ - استخدام التعزيز الايجابي بقدر الإمكان.

٢ - ضبط المثيرات المنفرة في غرفة الصف وتقليلها، حتى لا يزداد استخدام أسلوب العقاب أو التعزيز السالب.

٣ - ضرورة تقديم التغذية الراجعة، سواء كانت في صورة تعزيز موجب أو سالب أو عقاب فور صدور سلوك المتعلم.

٤- الحرص على تسلسل الخطوات للاستجابات التي يجريها المتعلم وتتابعها، وتقديم التغذية الراجعة في كل ما يتعلمه التلميذ (أبو جادو٢٠٠٥).

وقد استفاد من مبادئ الاشتراط الإجرائي العلاج النفسي السلوكي في تقويم المشكلات السلوكية غير السوية أو بعض العادات غير المرغوب فيها ، كما أضاف سكينر تحذيرات للمعلمين خاصة بالممارسة الصفية و التي قد تقترن بسلوكياتهم أو بالمادة الدراسية منها:

- السخرية من استجابات المتعلم وتقديم التعليقات المؤلمة لذاتهم.
- استخدام الأساليب العقابية المختلفة.
- الوظائف البيتية الاظافية الكثيرة والصعبة
- إرهاق نفسية الطلبة بالأعمال الإجبارية
- إلزام المتعلم بنشاط لا يرغب فيه (سكينر١٩٦٨).
- إلزام المتعلم بالجلوس بصمت طول مدة الدرس .

كما وضع سكينر بعض التحذيرات للمعلمين تجاه الطلاب : ـ

١ـ عدم السخريه من المتعلم

٢ـ عدم تقديم التعليقات المؤلمه للطلاب

٣ـ منع الأساليب العقابيه التى من شأنها التأثير على الحاله النفسيه للطالب

٤ـ عدم اعطائهم الواجبات الكثيره والصعبه والمعقده

٥ـ عدم ارهاق نفسيه المتعلم بالأعمال الأجباريه

٦ـ عدم الزام المتعلم بنشاط لا يرغب فيه

٧ـ عدم الزام المتعلم بالجلوس بصمت طول مده الدرس

قائمة المراجع

١ـ حنان العناني (٢٠٠٨):علم النفس التربوي ، الطبعه الرابعه ، عمان ، دار صفاء للنشر و التوزيع .

٢ـ عبد الحميد , محمد إبراهيم (٢٠٠٤) : علم النفس التربوي . الرياض ، دارالنشر الدولي .

٣ـ محمد عبد الحميد(٢٠٠٣) : علم النفس التربوي , الرياض، دار النشر الدولي .

٤ـ محمد عودة الريماوي(٢٠٠٤) : علم النفس العام ، دار المسيرة للنشر والتوزيع .

٥ـ محمد محمود محمد(٢٠٠٧) : علم النفس المعاصر في ضوء الإسلام ، جدة، دار الشروق .

٦ـ يوسف قطامي(د.ت): علم النفس التربوي والتفكير . عمان ، دار حنين.

الفصل السادس

نظرية التعلم الاجتماعي

عناصر الفصل السادس :

- مقدمة
- نظرية باندورا في التعلم الاجتماعي المعرفي
- المفاهيم الأساسية لنظرية باندورا
- التعلم بالتقليد والملاحظة والمحاكاة
- الآثار التي ينتجها التعلم بالملاحظة
- تحليل التعلم الاجتماعي
- ا لعوامل التي تؤثر على التعلم بالنموذج
- فرضيات التعلم بالملاحظة
- ما هي تجارب باندورا ؟
- خصائص التعلم الاجتماعي
- التطبيقات التربوية لنظرية التعلم الاجتماعي

الفصل السادس

نظرية التعلم الاجتماعي

ـ مقدمة : تركز هذه النظرية على أهمية التفاعل الاجتماعي و المعايير الاجتماعية و السياق الظروف الاجتماعية في حدوث التعلم، ويعني ذلك أ ن التعلم لا يتم في فراغ بل في محيط اجتماعي.

وقد اثبت للكثير من الناس أن الأنماط السلوكية والاجتماعية وغيرها يتم اكتسابها من خلال المحاكاة والتعلم بالملاحظة ، وكما قال أرسطو "أن التقليد يزرع في الإنسان منذ الطفولة، وأحد الاختلافات بين الناس و الحيوانات الأخرى يتمثل في أنه أكثر الكائنات الحية محاكاة، ومن خلال المحاكاة يتعلم أول دروسه"(غازدا،١٩٨٠) .

ويعود الفضل في الاهتمام بموضوع التعلم بواسطة المحاكاة إلى باندورا الذي لخص بحثا قدمه إلى ندوة نبرا سكا يحمل عنوان(التعلم الاجتماعي من خلال المحاكاة) كما اشترك مع ريتشارد ولترز وهو أول طالب يشرف عليه باندورا في دراسة الدكتورة، في نشر كتاب يحمل اسم(التعلم الاجتماعي وتطور الشخصية)، وقد أصبح هذان العملان سبب البحث حول موضوع المحاكاة خلال العقد التالي.

اهتم باندورا ولترز بالتميز بين اكتساب استجابات المحاكاة وأدائها ، دون أن يتم تحديد وتحليل الآليات اللازمة للتعليم بالملاحظة (التعلم). ولقد أوضح باندورا أن عمليتي التمثيل الخيالية وللفضية ضروريتان كي يتم التعلم بالملاحظة (غازدا ١٩٨٠). كما أكد على أن هذا النوع من التفاعل "التحديد المشترك" (باندوزا،١٩٧٧). ويمكن

شرح ذلك بكون العوامل الشخصية والعوامل البيئية غير الاجتماعية تتفاعل فيما بينها، حيث يصبح كل عامل محددا للآخر.

ويرى باندورا أن القوة في السلوك التفاعلي، تتميز بالنسبية حيث يمكن أن تتغير تبعا لتغير العوامل البيئية. كما يحدد باندورا السلوك الاجتماعي بكونه يميل دوما إلى التعميم والى الثبات لمدة زمنية غير محدودة، و يمكن أن ندرج المثال التالي للشرح :فالشخص الذي يميل إلى التصرف بعدوانية في موقف معين، سوف يميل دوما إلى العدوانية في الكثير من المواقف المشابهة .

ـ نظرية باندورا في التعلم الاجتماعي المعرفي

Bandura's Theory of Social Learning

تعرف هذه النظرية بأسماء أخرى مثل نظرية التعلم بالملاحظة والتقليد "eaning by Observing and Imitating", أو نظرية التعلم بالنمذجة "Learning by Modeling" وهي من النظريات الانتقائية التوفيقية " Eclectic Theory" لأنها حلقة وصل بين النظريات المعرفية والسلوكية (نظريات الارتباط _ المثير والاستجابة)

ويقصد بالتعلم الاجتماعي : اكتساب الفرد أو تعلمه لاستجابات أو أنماط سلوكية جديدة من خلال موقف أو إطار اجتماعي. التعلم الاجتماعي القائم على الملاحظة يقوم على عمليات من الانتباه القصدي بدقة تكفي لاستدخال المعلومات

والرموز والاستجابات المراد تعلمها في المجال المعرفي الإدراكي ، فالفرد يتعلم عن طريق الملاحظة ويستقبل بدقة الأنماط السلوكية التي تصدر عن النموذج الملاحظ ، بما فيها إيماءاته أو تلميحاته الصامتة وخصائصه المميزة لاستدخال المعلومات والاستجابات المراد تعلمها داخل المجال الإدراكي المعرفي للفرد الملاحظ . وتؤثر عمليات الانتباه القصدي هذه على انتقاء أو اختيار ما ينبغي الانتباه له وإستدخاله من أنماط سلوكية تصدر عن النموذج ما يجب اكتسابه وتعلمه وما يمكن إهماله أو تجاهله.

ويرى باندورا أن معظم السلوك الإنساني متعلم بإتباع نموذج أو مثال حي وواقعي وليس من خلال عمليات الاشتراط الكلاسيكي أو الإجرائي. فبملاحظة الآخرين تتطور فكرة عن كيفية تكون سلوك ما وتساعد المعلومات كدليل أو موجه لتصرفاتنا الخاصة. يمكن بالتعلم عن طريق ملاحظة الآخرين تجنب عمل أخطاء فادحة، أما الاعتماد على التعزيز المباشر يجعل الإنسان يعيش في عالم خطير. معظم سلوك البشر متعلم من خلال الملاحظة سواء بالصدفة أو بالقصد . فالطفل الصغير يتعلم الحديث باستماعه لكلام الآخرين وتقليدهم فلو أن تعلم اللغة كان معتمدا بالكامل على التطويع أو الاشتراط الكلاسيكي أو الإجرائي فمعنى ذلك أننا لن نحقق هذا التعلم. الملاحظون قادرون على حل المشاكل بالشكل الصحيح حتى بعد أن يكون النموذج أو القدوة فاشلا في حل نفس المشاكل، فالملاحظ يتعلم من أخطاء القدوة مثلما يتعلم من نجاحاته وإيجابياته . والتعلم من خلال الملاحظة يمكن أن يشتمل على سلوكيات إبداعية وتجديدية. والملاحظين يستنتجون سمات متشابهة من استجابات مختلفة ويصفون قوانين من السلوك تسمح لهم بتجاوز ما قد رأوه أو سمعوه ، ومن خلال هذا النوع من التنظيم نجدهم قادرين على تطوير أنماط جديدة من التصرف يمكن أن

تكون مختلفة عن تلك التي لاحظوها بالفعل. (انجلز، ٣٦٧). ويحدد باندورا عدد من العوامل المؤثرة في التعلم بالملاحظة

ـ المفاهيم الأساسية لنظرية باندورا :

١ـ **تعلم العديد من الخبرات لا يتطلب بالضرورة المرور بالخبرات المباشرة** : ولكن يتم تعلمها على نحو بديلي غير مباشر من خلال الملاحظة.

٢ـ **تلعب النتائج المترتبة على سلوك النماذج** : مثل العقاب والتعزيز دورا هاما في زيادة دافعية الفرد أو إضعافها .

٣ـ **عمليات التعلم بالملاحظة لبعض الأنماط السلوكية تتم على نحو انتقائي** : إذ لا يشترط تعلمها من قبل الفرد على نحو حرفي، فيتعلم جزء منها ويهمل جزء آخر وكذلك على مستوى التنفيذ، فهناك انتقاء على مستوى التعلم، والتنفيذ.

٤ـ **هناك عمليات معرفية وسيطة تحكم حالة الانتقائية:** وهي التي تحكم عملية التعلم وتنفيذ ما تم تعلمه.

٥ـ **لا يشترط أن يتم تنفيذ ما تم تعلمه من خلال الملاحظة مباشرة** : أي بعد الانتهاء من عملية الملاحظة، **وإنما يتم تخزينه في الذاكرة** رمزيا على أن يتم استدعاؤه لاحقا عندما يتطلب الأمر القيام بها.

ـــ توجد ثلاثة عوامل تؤثر في عملية الاقتداء والمحاكاة وهي :

أ) خصائص القدوة: كالخصائص المشابهة مثل تماثلهم في العمر والجنس المركز الاجتماعي والوظيفة والكفاءة والسلطة . وتوجد سلوكيات أكثر قابلية للمحاكاة ، والسلوكيات العدوانية تأتي منسوخة وتحتذي بشكل دقيق خصوصا بواسطة

الأطفال الصغار .

ب) صفات الملاحظ : الناس الذين ينقصهم الاحترام الذاتي وغير المؤهلين يكونون على وجه الخصوص عرضه وأكثر قابلية لتقليد القدوة أو النموذج كذلك أولئك الاتكاليين أو من سبق لهم الحصول على مكافأة نتيجة مطابقة سلوكهم لسلوك آخر ، وما يتعلمه الشخص ويؤديه بعد ملاحظة القدوة يتغير مع العمر .

ج) آثار المكافآت المرتبطة بالسلوك أو نتائج المكافآت المرتبطة بالسلوك : فالنتائج المرتبطة بالسلوك تؤثر في فعالية المحاكاة .فسلوك المحاكاة قد يكون متأثرا بنتائج الثواب أو العقاب طويل المدى . فالفرد يمكن أن يتوقف عن محاكاة النموذج أو القدوة الذي يماثله في المستوى والخصائص فيما لو كانت آثار أو نتائج الثواب غير كافية . وحتى الأفراد الواثقين من أنفسهم سيقومون بمحاكاة سلوك الآخرين عندما تكون قيمة الثواب واضحة وأكيدة.

ـ تعريف التعلم الاجتماعي :

ـ لمّا كان الإنسان في تفاعل دائم ومستمر مع بيئته، فإنه يتلقى العديد من المثيرات التي تؤثر عليه وتدفعه للاستجابة لها.

من هنا يُعرّف التعلم الاجتماعي بأنه نوع من أنواع التعلُم، الذي يهتم بدراسة المثيرات الاجتماعية الإنسانية.

ـ ولمّا كان التعلم تغير شبه دائم في سلوك الفرد"أي أنه تغير قابل للمحو أو التقدم وكذلك للإضافة أو الحذف"

فإن التعلم الاجتماعي هو تغير شبه دائم نسبياً في المعرفة أو السلوك، يحدث من خلال المواقف التي تتضمن علاقة فرد بآخر، أو فرد بجماعة، حينما يحدث تأثير

متبادل بينهما. وهكذا يتعلم الفرد المعايير والقيم والعادات الاجتماعية والمعارف والمهارات، التي تساعده على التوافق الاجتماعي.

وإذا كان الإنسان يولد على الفطرة، وتتولى الأسرة والرفاق وسائر المؤسسات الاجتماعية تنشئته.

فإن التعلم الاجتماعي هو إكساب الطفل لعادات مجتمعه وقيمه، حتى يتكون فهمه وإدراكه للعالم الخارجي بإدراك هذا المجتمع، وحتى يفسر خبراته في إطار ذلك الإدراك.

ومن هنا يمكننا تعريف التعلم الاجتماعي

بأنه نوع من أنواع التعلم، أو تغير شبه دائم في السلوك، يحدث في سياق اجتماعي من خلال مواقف التفاعل الاجتماعي التي يمر بها الفرد.

ومضمون هذا التعلم مضمون اجتماعي بما يتضمنه من العادات والقيم والمعارف والمعايير والمهارات، التي تساعد الفرد على التخطيط واتخاذ القرارات سعياً لبلوغ الفرد أغراضاً وأهدافاً معينة.زيادة فاعلية الفرد ومسؤوليته وزيادة وعيه بذاته والعالم الذي يعيش فيه، مع الاحتمالات أو الأحداث الحياتية المتوقعة، وذلك لحل المشكلات التي تواجهه وتعوق تقدمه نحو أهدافه وغاياته.

أي انه يعمل على تحقيق الاتساق بين ماضي الفرد وحاضره ومستقبله.

ـ مفهوم التعلم بالملاحظة :

يحدث التعلم بالملاحظة عن طريق تكوين الصور الذهنية للسلوك الملاحظ ،يحتفظ بها المتعلم في ذاكرته حتى تحين ظروف مناسبة يقوم فيها بهذا السلوك بالفعل .

وقد يقوى هذا السلوك ويستمر ،أو يضعف ويزول بناء على ما يؤدي إليه من مكافأة أو عقاب (نجاتي ،٢٠٠٠) .

يفترض هذا النموذج من التعلم أن الإنسان كائن اجتماعي يتأثر باتجاهات الآخرين ومشاعرهم وتصرفاتهم وسلوكهم، أي يستطيع أن يتعلم منهم نماذج سلوكية عن طريق الملاحظة والتقليد. ويشير التعلم بالملاحظة إلى إمكانية التأثر بالثواب والعقاب على نحو بدلي أو غير مباشر وقد أفاد باندورا في إحدى دراسته على رياض الأطفال بتقسيم التلاميذ إلى خمس مجموعات كما يلي:

١- قام أفراد المجموعة الأولى بملاحظة رجل يعتدي جسديا ولفظيا على دمية كبيرة بحجم إنسان، مصنوعة من المطاط، و مملوءة بالهواء.

٢- وقام أفراد المجموعة الثانية بمشاهدة الأحداث نفسها مصورة في فلم سينمائي.

٣- وقام أفراد المجموعة الثالثة بمشاهدة المشاهد العدوانية السابقة نفسها، في فيلم كرتون.

٤- أما أطفال المجموعة الرابعة فلم تعّرض لهذه المشاهد، فكانت المجموعة الضابطة.

٥- أما المجموعة الخامسة فشاهدت شخص يعتبر مثالا للنوع المغلوب المسالم غير العدواني.

بعد الانتهاء من عرض هذه النماذج، تم وضع كل طفل في وضع مشابه للنموذج الملاحظ. وقام الملاحظون بتسجيل سلوك هؤلاء الأطفال من عبر الزجاج وتم استخراج معدل

الاستجابات العدوانية كالتالي:

توزيع معدل الاستجابات العدوانية

المجموعات	المجموعة الأولى	المجموعة الثانية	المجموعة الثالثة	المجموعة الرابعة	المجموعة الخامسة
معدل الاستجابات العدوانية	١٨٣	٩٢	١٩٨	٥٢	٤٢

من خلال هدا الجدول يتضح لنا من نتائج هذه الدراسة. أن متوسط الاستجابات العدوانية

للمجموعات الثلاث الأولى التي تعرضت إلى نماذج عدوانية، يفوق كثيرا متوسط استجابات المجموعة الرابعة الضابطة، التي لم تتعرض لمشاهدة النماذج كما تبين نتائج المجموعة الخامسة التي تعرضت لنموذج مسالم غير عدواني أقل من متوسط استجابات المجموعة الرابعة. و يقترح باندورا ثلاثة أثار للتعلم بالملاحظة وهي:

١- **تعلم سلوكيات جديدة:** إن التمثيلات الصورية والرمزية المتوفرة عبر الصحافة والكتب و السينما والتلفزيون و الأساطير والحكاية الشعبية ، تشكل مصادر مهمة للنماذج، وتقوم بوظيفة النموذج الحي، حيث يقوم المتعلم بتقليدها بعد ملاحظتها والتأثر بها.

٢- **الكف والتحرير:** قد يؤدي ملاحظة بعض السلوكيات التي تميزت بالعقاب إلى تجنب أدائها. إن معاقبة المعلم لأحد تلاميذه على مرأى من الآخرين، فينقل أثر العقاب إلى هؤلاء التلاميذ بحيث يمتنعون عن أداء السلوك الذي كان سببا في عقاب زميلهم.وقد يلجأ البعض الآخر إلى تحرير الاستجابات المكفوفة أو المقيدة، وخاصة عندما لا يواجه النموذج عواقب سيئة أو غير سارة.

٣- **التسهيل:** تختلف عملية تسهيل السلوك عن عملية تحريره. فالتسهيل يتناول الاستجابات المتعلمة غير المكفوفة والمقيدة والتي يندر حدوثها بسب النسيان, و الترك. أما تحرير السلوك، فيتناول الاستجابات المكفوفة التي ترفضها البيئة أو تنظر إليها على أنها سلوك سلبي.

ويحدد باندورا أربع عمليات يتم من خلالها التعلم بالملاحظة تتضمن العلاقة التبادلية المشار إليها سابقا بين المثيرات والسلوك والعمليات المعرفية، وهي:

١ـ عمليات الانتباه Attention Processes

وهي القدرة على عمل تمييزات بين الملاحظات وتحليل المعلومات وهي مهارات يجب أن تكون حاضرة قبل أن يظهر التعلم بالملاحظة . والمثيرات معظمها يمر بدون ملاحظة أو انتباه . عدد من المتغيرات يؤثر في عمليات الانتباه . بعض من هذه المتغيرات يتعلق بخصائص القدوة ، وأخرى تتعلق بطبيعة النشاط وجزء آخر مرتبط بالشخص نفسه . والناس الذين يرتبط بهم الفرد يحددون الأنواع السلوكية التي يلاحظها الواحد لأن الارتباطات سواء بالاختيار أو بالصدفة ، تحدد أنواع الأنشطة التي سوف تظهر مرات

ومرات . وطبيعة السلوكيات المقلدة تؤثر في حجم الاهتمام أو الانتباه الموجه لها فالتغييرات الحركية والسريعة تفرض مثيرات تتحكم في مستوى ودرجة الانتباه

٢ـ عمليات التذكر Memory Processes

يتذكر الفرد أعمال وأقوال النموذج عندما يلاحظ سلوكيات شخص ما بدون الاستجابة في نفس اللحظة ، فأنت قد تقوم بها من أجل أن تستخدمها كدليل وموجه للتصرف والسلوك في مناسبات قادمة . وهناك شكلان أساسيان من الرموز التي تسهل عملية التعلم بالملاحظة هما : (اللفظي ، التخيلي) ، ومعظم العمليات المعرفية بالنسبة للراشدين التي تتحكم في السلوك لفظية لا بصرية . والعلامات والتصورات الحيوية تساعد في عملية التمسك بالسلوكيات مدة أطول .

٣ـ عمليات حركية Motor Processes

وهي الميكانيزم الثالث للتقليد يتضمن عمليات ، فمن أجل أن نحاكي نموذجا معينا يجب أن نحول التمثيل الرمزي للسلوك إلى تصرفات مناسبة . عمليات التكاثر الحركي تتضمن أربع مراحل فرعية هي : (التنظيم المعرفي للاستجابة ، بداية الاستجابة ، مراقبة الاستجابة ، تصفية وتقنية الاستجابة) ومن أجل أداء نشاطا ما يكون هناك اختيار ونظم للإستجابة على المستوى المعرفي حيث يقرر ماهية النشاط نقوم ثم تبدأ الاستجابة بناء على فكرة كيف يمكن أن تنفذ هذه الأشياء ، والقدرة على القيام بأداء هذه الاستجابة جيدا يعتمد على المهارات الضرورية لتنفيذ السلوكيات والعناصر التي تضمنها النشاط . إذا كانت متوفرة المهارات المطلوبة يكون من السهل تعلم مهام جديدة وعندما تكون هذه المهارات مفقودة فمعنى ذلك أن التكاثر المطلوب

لهذا النشاط سيكون ناقصا لذا يجب تطوير المهارات الضرورية قبل أداء النشاط . والمهام المعقدة مثل قيادة السيارة يتم تقسيمها إلى أجزاء وعناصر عدة ، كل جزء مقلد ومطبق بصورة منفصلة وبعد ذلك يضافون ويجمعون على بعضهم البعض . وعند البدأ في أداء بعض الأنشطة لا نجيدها في البداية حيث تكثر الأخطاء مما يتطلب إعادة للسلوك وعمل التصحيحات حتى يمكن تكوين النموذج أو فكرة عنه . وأحيانا من الممكن التصرف كما لو كنا نقادا لأنفسنا ، نراقب سلوكياتنا ونزودها بتغذية رجعية .... الخ .

٤ـ العمليات الدافعية Motivation Processes

فنظرية التعلم الاجتماعي تعمل تمييزا بين الاكتساب (ما تعلمه الشخص ويستطيع القيام به) والأداء وهو ما يستطيع الشخص بالفعل القيام به . الناس لا يقومون بكل شيء يتعلمونه هناك احتمال كبير أن ندخل في سلوك مقلد إذا كان ذلك السلوك يؤدي إلى نتائج قيمة واحتمال ضعيف بتقليد ذلك السلوك إذا كانت النتائج عقابية . ويمكن أن ندخل في عملية تعزيز ذاتي ، ونكون استجابات تقييمية تجاه السلوك الخاص وهذا يقود إلى مواصلة الدخول في سلوكيات مرضية ذاتيا حيث نرفض السلوكيات التي لا نحبها ولا نرتاح لها . ولا يظهر سلوك بدون باعث فالدافع الصحيح ليس فقط القيام بالأداء الفعلي للسلوك لكن أيضا التأثير في العمليات الأخرى التي تدخل في التعلم بالملاحظة . عندما لا نحفز لتعلم شيء ما قد لا نعيره اهتماما ، حيث لا نرغب في ممارسة أنشطة تتطلب مجهودا كبيرا .

ـ عوامل التعلم بالملاحظة المتعلقة بالفرد الملاحظ ومنها :

١ـ العمر الزمني والاستعداد العقلي العام واتجاهه نحو النموذج .

٢ـ إدراكه لمدى أهمية ما يصدر عن النموذج وتقديره للقيمة العلمية والمكانة الاجتماعية له كما يدركها الفرد.

٣ـ الجاذبية الشخصية أو الارتياح النفسي القائم على التفاعل مع النموذج.

ـ عوامل التعلم بالملاحظة المتعلقة بالنموذج الملاحظ ومنها :

١ـ المكانة الاجتماعية للنموذج أو درجة نجوميته فيزداد الحرص على الانتباه للنموذج ومتابعته والاقتداء به كلما كان النموذج نجما أو ذا شهرة .

٢ـ ما يصدر عن النموذج من أنماط استجابية مصاحبة وتأثيره الشخصي على الفرد الملاحظ ودرجة حياده أو موضوعيته في العرض.

٣ـ جنس النموذج وقد تباينت نتائج الدراسات في هذه النقطة هذه الدراسات اتفقت في معظمها حول ميل الفرد الملاحظ للاقتداء بالنموذج الملاحظ كلما ذادت مساحة الخصائص المشتركة بينهما).

ـ عوامل التعلم بالملاحظة المتعلقة بالظروف البيئية أو المحددات الموقفية للتعلم بالنمذجة ومنها :

١ـ مدى التوافق بين القيم السائدة والمحددات الثقافية والاجتماعية والدينية والأخلاقية من ناحية وبين ما يصدر عن النموذج فمثلا تصعب الدعوة إلى الأصالة والاعتماد الكلي على مآثر الماضي في ظل ظروف تفرض فيها التكنولوجيا المعاصرة نفسها على كافة مناشط المجتمع وحركته.

٢ـ مدى ملائمة الظروف الموقفية التي يحدث فيها التعلم بالملاحظة من حيث الزمان والمكان والوسيلة وحجم التفاعل القائم بين الفرد الملاحظ والنموذج الملاحظ .

(الزيات ،١٩٩٦ :٣٦٧ - ٣٦٨)

وتؤكد نظرية التعلم الاجتماعي على التفاعل الحتمي المتبادل المستمر للسلوك ، والمعرفة ، والتأثيرات البيئية (الحتمية التبادلية) ، وعلى أن السلوك الإنساني ومحدداته الشخصية والبيئية تشكل نظاما متشابكا من التأثيرات المتبادلة والمتفاعلة .

و تتضح هذه التأثيرات المتبادلة من خلال :

١ـ السلوك ذو الدلالة .

٢ـ والجوانب المعرفية .

٣ـ والأحداث الداخلية الأخرى التي يمكن أن تؤثر على الإدراكات والأفعال .

٤- والمؤثرات البيئية الخارجية.

فالسلوك لا يتأثر بالمحددات البيئية فحسب ولكن البيئة هي جزئياً نتاج لمعالجة الفرد لها ، ولذلك فالناس يمارسون بعض التأثيرات على أنماط سلوكهم من خلال أسلوب معالجتهم للبيئة ومن ثم فالناس ليسوا فقط مجرد ممارسين لردود الفعل إزاء المثيرات الخارجية ولكنهم أي الناس قادرون على التفكير والابتكار وتوظيف عملياتهم المعرفية لمعالجة الأحداث والوقائع البيئية . كما تلعب المعرفة دورا رئيسيا في التعلم الاجتماعي القائم على الملاحظة. وتأخذ عمليات المعرفة شكل التمثيل الرمزي للأفكار والصور الذهنية وهي تتحكم في سلوك الفرد وتفاعله مع البيئة كما تكون محكومة بهما. كما تنطوي محددات السلوك على التأثيرات المعقدة التي تحدث قبل قيام السلوك وتشمل: (المتغيرات الفسيولوجية، والعاطفية، والأحداث المعرفية) والتأثيرات التي تلي السلوك وتتمثل في أشكال التعزيز والتدعيم أو العقاب الخارجية أو الداخلية.

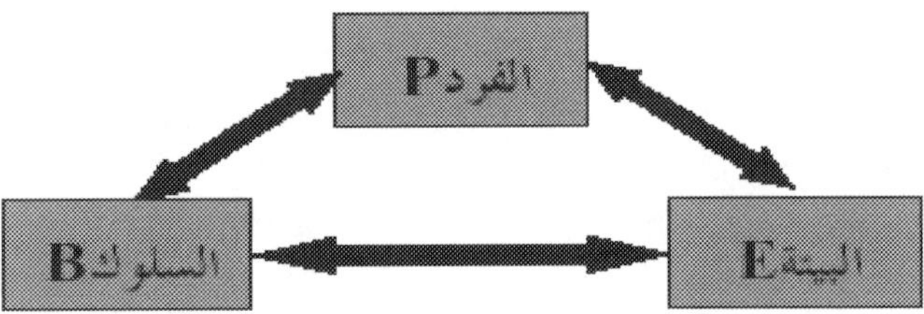

وكانت المحاولة الأولى في هذا الاتجاه تلك التي صاغها ميللر ودولارد وهما من أعلام المدرسة السلوكية الحديثة في كتابهما الشهير (التعلم الاجتماعي والمحاكاة) الذي صدر عام ١٩٤١م وفيه حاولا التوفيق بين مبادئ السلوكية ومبادئ التحليل

النفسي، ولكن يرجع الفضل في تبلور هذا الاتجاه إلى ألبرت باندورا وريتشارد والترز في كتابهما الشهير الذي صدر عام ١٩٦٢ م وعنوانه (التعلم الاجتماعي ونمو الشخصية)، ثم كتاب (نظرية التعلم الاجتماعي) Bandura الذي صدر عام ١٩٧٧م لبندورا .

يركز هذا الاتجاه على أن المتعلمين غير متأثرين بعوامل داخلية أو مثيرات بيئية أيضا، فيحدث التعلم وفق هذه النظرية من التفاعل بين العوامل الشخصية والعوامل البيئية وتؤكد النظرية على أن البيئات التي يتفاعل معها المتعلمين ليست عشوائية ولكن يتم اختيارها ويتم تغييرها من خلال سلوك الأفراد، وهذا الاتجاه في التعلم يوفر تفسيرا مفيدا عن كيفية حدوث التعلم بالملاحظة وكيف يتم تنظيم الأفراد لأنفسهم من خلال سلوكهم، وفي التعليم الاجتماعي يتم استخدام كل من التعزيز الخارجي والتفسير المعرفي الداخلي للتعلم للتعرف على كيفية حدوث التعلم من الآخرين، فالأفراد كائنات اجتماعية، ومن خلال ملاحظة الفرد لعالمه الاجتماعي و التفسير المعرفي لهذا العالم ومن خلال الثواب والعقاب لاستجاباته لهذا العالم يتم تعلم المعلومات العديدة والمعقدة وكذلك المهارات والأداءات المختلفة .

ـ التعلم بالتقليد والملاحظة والمحاكاة :

وتتركز أهمية هذا المبدأ حيث أن الفرد يتعلم السلوك من خلال الملاحظة والتقليد فالطفل يبدأ بتقليد الكبار يقلد بعضهم بعضاً وعادة يكتسب الأفراد سلوكهم من خلال مشاهدة نماذج في البيئة وقيامهم بتقليدها في العملية الإرشادية تغيير السلوك وتعديله إعداد نماذج للسلوك السوي على أشرطة(كاسيت) أو أشرطة فيديو أو أفلام أو قصص سير هادفة لحياة أشخاص مؤثرين ذوى أهمية كبيرة على الناشئة وقصص

العلماء والحكماء من أهل الرأي والفطنة والدراية، وكذلك نماذج من حياتنا المعاصرة فمحاكاة السلوك المرغوب من خلال الملاحظة يعتمد على الانتباه والحفظ واستعادة الحركات والهدف أو الحافز، إذا يجب أن يكون سلوك النماذج أو المثال هدفاً يرغب فيه المسترشد رغبة شديدة، فجهد مثل هذا يمثل أهمية كبيرة للمسترشد وذا تأثير قوي عليه، ويمكن استخدام النموذج الاجتماعي في الحالات الفردية والإرشاد والعلاج الجماعي .

ـ الآثار التي ينتجها التعلم بالملاحظة:

١ـ أثر التعلم بالملاحظة:observational learning effect

ويقصد به **اكتساب** الفرد الملاحظ لبعض أو كل الأنماط السلوكية التي تصدر عن النموذج الملاحظ بمعنى تكوين استجابات جديدة لم تكن ضمن الرصيد السلوكي لذلك الفرد ومن ثم تضاف هذه الاستجابات الجديدة إلى رصيده السلوكي .

٢ـ الآثار الكفية والآثار المانعة للكف : Inhibitory-Disinhibitory Effects

ويقصد بالآثار الكفية أن ينتج عن التعلم كف استجابي لبعض الأنماط السلوكية غير المرغوبة كبعض أنماط سلوك الخوف أو العدوان أو قضم الأظافر وغيرها من أنماط السلوك التي يسعى المربون إلى إضعافها أو محوها من الرصيد السلوكي للفرد . ويقصد بالآثار المانعة للكف منع الأسباب التي تؤدي إلى الكف الاستجابي لبعض الأنماط السلوكية من أن تؤثر على محاكاة أو تقليد النموذج لهذه

الاستجابات كمنع استجابة الخوف لدى الطفل من النوم بمفرده أو في غرفة مظلمة أو التعامل مع بعض الحيوانات أو الكائنات الحية الأليفة أو الاقتراب من الغرباء .

٣ـ اثر التيسير الاجتماعي : Social Facilitation Effect

ويقصد به مساعدة الفرد الملاحظ على إظهار أو إبراز بعض الاستجابات القائمة لديه والموجودة في رصيده السلوكي لكنها تحتاج إلى بعض الدعم والممارسة كي تظهر مثل الترحيب بالضيوف المناقشة والحوار.

ـ تحليل التعلم الاجتماعي :

نلاحظ أربع مراحل للتعلم من خلال النموذج :

مراحل التعلم بالملاحظة وخصائصه

مراحل التعلم بالملاحظة	خصائص التعلم بالملاحظة
مرحلة الانتباه	شرط أساسي لحدوث التعلم،يتأثر بخصائص النموذج ومستوى النمو والنضج، و الدافعية والحوافز والحجات .
مرحلة الاحتفاظ	ضرورة التواصل، وتمثيل الأداء في الذاكرة بواسطة التدرب وتكرار النموذج لإجراء المطابقة بين سلوك المتعلم وسلوك النموذج.
مرحلة إعادة الإنتاج	أهمية التغذية الراجعة التصحيحية في تشكيل السلوك المرغوب فيه ، حيث تحتاج إلى مراقبة دقيقة من قبل المعلم أو النموذج.

مرحلة الدافعية	تتشابه مع نظرية الاشتراط الإجرائي وذلك لأهمية التعزيز و العقاب وتأثرهما على الدافعية في أداء السلوك. يمل المتعلم إلى تكرار السلوك المعزز وتجنب السلوك المعاقب عليه.

ـ ا لعوامل التي تؤثر على التعلم بالنموذج :

تتلخص العوامل المؤثرة في دافعية تقليد النموذج أو عدم المثابرة في محاكاته حسب المخطط التالية :

العوامل المؤثرة في التعلم بالملاحظة

يميل المتعلم إلى تقليد الأشخاص ذو الجاذبية العالية او الشخصيات المهمة

يمل المتعلم إلى تقليد الأشخاص ذو القدرات العالية والاداء الملحوظ. والذين يتميزون بالتفوق في الأداء.

يمل المتعلم إلى تقليد الأشخاص المتشبهين في الاهتمامات والخلفيات ، والنماذج الحية اكثر من النماذج المتلفزة

ـ فرضيات التعلم بالملاحظة:

تستند الفرضيات الخاصة لشر ح التعلم بالنموذج إلى :

١-الكثير من التعلم الإنساني معرفي: يتميز تعلم الإنسان بالتصور أو المعرفة ، وتتضمن هذه المعرفة النظم اللغوية والصور الذهنية والرموز الموسيقية والعددية، وتصبح المعرفة عمل رئيسي في مجلات وظيفية مثل الإدراك وحل المشكلات والدافعية.

٢-نتاج الاستجابات مصدر التعلم الإنساني: يؤدي حدوث الاستجابة إلى نتيجة ايجابية أو سلبية و محايدة ،فهي تمارس تأثيرها على رصيد السلوك و تأخذ هذه التأثرات ثلاث أبعاد:

أبعاد التأثيرات لمختلف الاستجابات وخصائصها.

أبعاد التأثيرات لمختلف الاستجابات	خصائص الأبعاد الثلاثة
المعلومات	تكوين الفرضيات حول أي سلوك نتائجه ناجحة، تستخدم هذه الفرضيات كدليل للعمل المستقبلي القائم على الاحتمالات للاستجابة بمختلف أنواع السلوك.
الدافعية	المعلومات المكتسبة من خلال الخبرة، تصبح باعثا للسلوك في الوقت الحاضر رغم عدم حضور شروط الباعث في البيئة
التعزيز	زيادة التكرار الاستجابة السابقة يؤدي إلى تدعيم الاستجابة

٣-التعلم عن طريق الملاحظة مصدر ثاني للتعلم: يكتسب الإنسان الكثير من السلوكيات عن طريق مراقبة ما يفعل الناس والذي يحدث عندما يفعلون ذلك، مثل اكتساب اللغة والعادات الثقافية والاتجاهات والانفعالات.

٤- تتأثر عملية الانتباه بالنموذج والملاحظة وظروف الباحث: يتأثر الانتباه بالسن والجنس و المستويات الاقتصادية إلى جانب الجاذبية المتبادلة والقوة الاجتماعية التي يتم إدراكها.

٥- الترميز والإعادة يساعدان عملية الاحتفاظ: يمكن تعزيز الاحتفاظ بعدد من استراتجيات الإعادة والتدوين الرمزي اللفظي والتصوري، وهو الذي يفسرا لسرعة في الاكتساب والاحتفاظ الطويل المدى.

٦- عملية الاستخراج الحركي تتضمن صورا عقلية وأفكار لتوجيه الأداء الظاهر: تعمل الصور العقلية والأفكار المكتسبة كمثيرات داخلية شبيهة بالمثيرات الخارجية التي يقدمها النموذج، حيث يتم اختيار الاستجابات على أساسها وتنظيمها على المستوى المعرفي.

٧- تتأثر الدفعية بالتعزيز الخارجي: والبديل والذاتي:يعتمد اكتساب السلوك على توفر البواعث الضرورية لذلك ، المتمثلة في أنواع التعزيز المقدمة من طرف النموذج الملاحظ. فيؤدي ذلك إلى كبت السلوك أواعاداته.

٨- تنتقل معلومات الاستجابة في التعلم بالملاحظة من خلال التوضيح المادي أو الصور: تعتبر المهارات اللفظية المكتسبة من الولدين أكثر الطرق في نقل المعلومات عن الاستجابات المراد نمذجتها، كما يعتبر التمثيل بالصور لسلوك النموذج مصدر آخر لاكتساب المعلومات من خلال وسائل الإعلام كالتلفاز و جهاز الكمبيوتر والسينما.

٩- **التعرض للنموذج قد يؤدي إلى آثار مختلفة:** أكد باندورا ، أن ملاحظة النموذج ،يؤدي إلى كف السلوك أو تحريره أو تعلم سلوكيات جديدة .

١٠-التعلم بالملاحظة مصدر لتعلم المبادئ والقواعد الاجتماعية:

يمكننا التعلم بالملاحظة من اكتساب القواعد والمبادئ الاجتماعية، وذلك من خلال ملاحظة النموذج وتقليده وفقا للتعزيز المقدم إليه. حيث يرسم المتعلم صورة مجردة للعناصر العامة في سلوك النموذج الذي يراد تطبيقه.

١١- **التعلم بالملاحظة مصدر للإبداع:**إن التمايز و الاختلاف المتباين في النماذج المقدمة ، يؤدي إلى احتمال ظهور سلوك مستحدث.

ما هي تجارب باندورا ؟

أجرى في بداية النظرية مجموعة من التجارب على الأطفال جزء منها كان النموذج فيه حياً (مباشرة أمام الأطفال)، وجزء آخر كان فيه النموذج رمزي (من خلال التلفاز)، وكانت التجارب تدور حول مشاهدة الأطفال لسلوكيات عدوانية ونتج عن التجارب أن الأطفال قلدوا السلوكيات العدوانية التي شاهدوها.

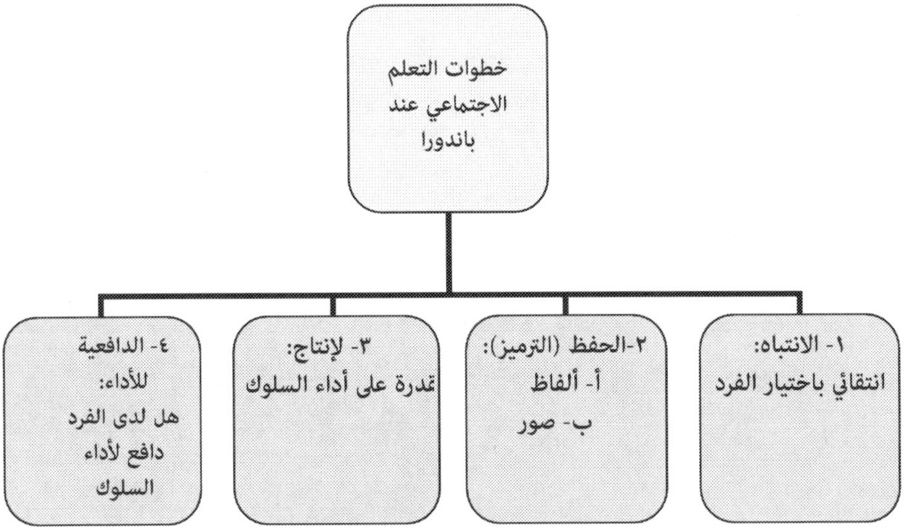

خطوات التعلم الاجتماعي عند باندورا

١- الانتباه:
انتقائي باختيار الفرد

٢-الحفظ (الترميز):
أ- ألفاظ
ب- صور

٣- لإنتاج:
قدرة على أداء السلوك

٤- الدافعية للأداء:
هل لدى الفرد دافع لأداء السلوك

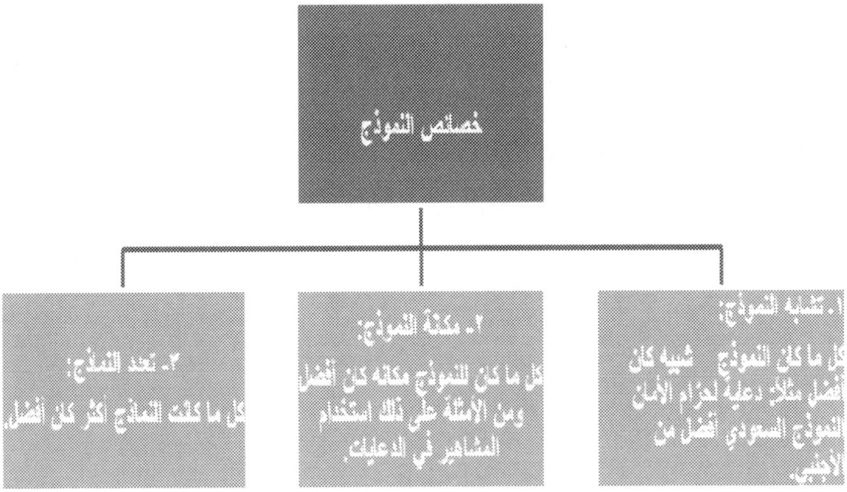

خصائص النموذج

١. تشابه النموذج:
كل ما كان النموذج شبيه كان أفضل مثلاً دعاية لحزام الأمان النموذج السعودي أفضل من الأجنبي.

٢. مكانة النموذج:
كل ما كان للنموذج مكانه كان أفضل ومن الأمثلة على ذلك استخدام المشاهير في الدعايات.

٣. تعدد النماذج:
كل ما كانت النماذج أكثر كان أفضل.

ثانياً: خصائص التعلم الاجتماعي :

١ـ يحدث التعلم في سياق اجتماعي: وهذا يعني أنه يتطلب مشاركة الآخرين ويعتمد على التفاعل الاجتماعي وعلى العلاقات المتبادلة بين الأفراد. ويتأثر التعلم بالعوامل الوجدانية والاجتماعية في الموقف الاجتماعي.

أي يحدث التعلم الاجتماعي حينما تتأثر استجابة شخص ما بإدراكه لوجود شخص أو أشخاص آخرين. وقد يكون حضور الآخر واقعياً أو متخيلاً. وقد يكون مقصوداً موجهاً هادفاً، أو قد يكون عرضياً. وقد يكون مباشراً أو استدلالياً مستنتجاً.

٢ـ التعلم الاجتماعي هادف وموجه نحو تحقيق أغراض معينة: وحتى لو كان عارضاً فإنه يقدم للفرد خبرات نافعة ومفيدة. ومعنى ذلك أن التعلم الاجتماعي يتضمن إدراك الشخص لِما سيعود عليه بناءً على تغيير معلوماته، أو مهاراته...

٣ـ التعلم الاجتماعي خبرة قيمة تقتضي التخلي عن أنماط قيمة معينة : من أجل اكتساب أنماط قيمة أخرى، كالتخلي عن الأنانية لاكتساب الغيرية. وهو خبرة قيمية لأنه يتضمن اكتساب قيم وسيليه، أي تساعد في تحقيق وإنجاز نتائج تتعلق بالتفضيلات الشخصية، أو يتضمن اكتساب قيم غائية، أي يصير التعلم غاية في حد ذاته.

٤ـ يعتمد التعلم الاجتماعي على استخدام الرموز: فلمَا كان التعلم الاجتماعي خبرة شخصية متفردة تنصب على الخبرات المحددة والخبرات المعنوية غير الملموسة، فإنه

يزداد احتمال توقع حدوث عمليات للترميز يقوم بها الفرد. ومن هنا يصبح للفرد أسلوبه الشخصي في عملية التعلم، وفي تعميم ما تعلمه على المواقف المشابهة.

ولذلك فإن تعديل السلوك لا يقوم على الربط فقط بين مثير واستجابة، وإنما يتم نتيجة لنشاط العمليات المعرفية: كالإدراك والتوقع والترميز وغيرها. وبذلك تصبح استجابة الفرد استجابة مُعدلة وشخصية.

٥ـ يقوم التعلم الاجتماعي على تفاعل المعرفة والانفعال: إذ لا تختلف أهمية الرموز الشخصية التي يكوّنها الفرد للمثيرات والأحداث عن أهمية المظاهر الانفعالية للتعلم. ومعنى ذلك أن المظهرين **الوجداني والمعرفي** هما في الوقت ذاته متلازمان ومتعاونان على نحو لا يقبل الاختزال.

٦ـ نظراً لأن التعلم الاجتماعي يحدث في سياق اجتماعي، فإن ثقافة الفرد تؤثر في معالجته العقلية للمعلومات: أو على أسلوبه في التعلم والتفكير، كما تشكل انفعالاته المصاحبة للمعالجة العقلية للمعلومات.

٧ـ يحتاج التعلم الاجتماعي إلى توافر مناخ يقدم دعماً ومساندة لمظاهر التغير وصوره، الحادثة في السلوك.

٨ـ يمكن أن يكون التعلم الاجتماعي خبرة فردية وخبرة جماعية في الوقت نفسه: ويحتاج التعلم الاجتماعي كخبرة جماعية إلى وجود عدد من الأفراد يكونوا على وعي فيما بينهم من قيم وإدراكات مشتركة وأهداف موحدة، وقادرون على أن يتعلم بعضهم من بعض الأفكار والخبرات. كما يمكنهم الانتفاع وتوظيف العلاقات

الموجودة داخل الجماعة في إنتاج عدد من القيم المختلفة، التي تبرز التفضيلات الخاصة بأعضائها وفي تجسيد الخصائص النموذجية لطابع الجماعة ومقاصدها.

٩ـ ترى نظرية التعلم الاجتماعي أن قدراً كبيراً من التعلم يتم من خلال رؤية آخر يفعل فيُثاب أو يُعاقب:أي من خلال مشاهدة شخص آخر يؤدي الاستجابات الماهرة، أو يقرأ عنها أو يرى صوراً لها. وهو يتعلمها حين يبدأ في محاولة تقليد هذه الاستجابات الماهرة، التي شاهدها من خلال الشخص النموذج أو القدوة.

ـ التطبيقات التربوية لنظرية التعلم الاجتماعي :

الميزة الكبرى للتعلم بالمحاكاة على غيره من أشكال التعلم هي أنه يقدم للمتعلم سيناريو تتالى فيه أنواع السلوك المطلوبة ، حيث لن يوضع شخص أمام عجلة القيادة في سيارة ويطلب منه أن يتعلم القيادة بالمحاولة والخطأ فقط ، وإنما يتعلم عن طريق ملاحظته للنموذج ، وتلح نظرية التعلم الاجتماعي على أهمية التعزيز في إتباع سلوك القدوة كما أنها تقدم أسلوبا لكيفية إدارة الصف ، وتتضح أهمية أسلوب المحاكاة في الصف المدرسي في التالي :

١ـ يمكن تسهيل التعليم في الصف بدرجة كبيرة بأن نقدم النماذج الملائمة حيث يستطيع المعلم استخدام العديد من النماذج لحث التلاميذ على إتباعها .

٢ـ صياغة نتائج السلوك سواء كانت ثوابا أو عقابا في ضوء تأثيرها على المتعلم ،فلا يمكن للمعلم أن يفترض أن المنبه الذي يعتبره هو سارا سيؤدي إلى تقوية السلوك أو تدعيمه . فمثلاً الشخص شديد الخجل سيكون التفات أقرانه له نوعا من العقاب

وليس تشجيعاً له،. كما أن المعلم لا يستطيع أن يسأل تلاميذه عما يعتبرونه معززا لسلوكهم إذ أن ذلك سيفقد المعزز أثره كما هو الأمر في حالة المدح والتعزيز .

يقدر اتجاه التعلم بالملاحظة، بكونه نموذجا للتدريس الحالي لما يوفره من خبرات تعليمية. حيث يخضع التعلم إلى الملاحظة وأداء السلوك ثم الجزاء.

قائمة المراجع

أولا:المراجع العربية :

١ـ أحمد عزت راجح(١٩٧٠) : أصول علم النفس ، ط٤ ، المكتب المصري الحديث ، الإسكندرية .

٢ـ أنور الشرقاوي (١٩٨٣)،التعلم : نظريات وتطبيقات، القاهرة، مكتبة لأنجلو المصرية.

٣ ـ جابر عبد الحميد(١٩٨٢)، علم النفس التربوي، القاهرة، دار النهضة العربية.

٤ـ فتحى الزيات (١٩٩٨) : صعوبات التعم الاسس النظرية والتشخيصية والعلاجية ,مكتبة عامر ، المنصورة .

٥ـ فؤاد أبو حطب ، آمال صادق : علم النفس التربوي ، ط٢ ، مكتبة الأنجلو ، القاهرة ، ١٩٨٠ م ، ص١٣-١٦ .

٦ــ محمد عثمان نجاتي(١٩٦٦) : علم النفس في حياتنا اليومية ، دار النهضة العربية .

٧ـ ويتنخ أرنوف (١٩٨٣)،سيكولوجية التعلم، ترجمة عادل عز الدين الأشول وآخرون،القاهرة، مطابع الأهرام التجارية.

ثانيا : المراجع الأجنبية :

8-Allaoua, M. (1998). Manuel des methods ET des pedagogies de l'enseignement. Alger, palais du livre.

9-Bandura, A. (1977) Social learning theory. Englewood Cliffs, N.J ; Prentice Hall.

10-APeterson, C. (1991). Introduction to psychology, New York, Harper Collins Publishers Inc.

Webograpgie:

- http://perso.wanadoo.fr/ais-jpp/apprdef.html
- http://pmev.lagoon.nc/bandura.htm
- http://pmev.lagoon.nc/bandura.htm

الفصل السابع

نظريات التعلم المعرفية (الجشتطلت ـ التعلم بالاستبصار)

عناصر الفصل السابع :

مقدمة

تاريخ ظهور نظرية الجشطالت

المفاهيم الرئيسية في نظرية الجشطلت

فرضيات نظرية الجشطلت

أهم التجارب التي قام بها علماء الجشطلت

خطوات التعلم بالاستبصار

مبادئ التعلم في النظرية الجشطلتية

قوانين التعلم في نظرية الجشطلت

أوجه القصور في نظرية الجشطالت

التطبيقات التربوية لنظرية الجشطالت

الفصل السابع

نظريات التعلم المعرفية (الجشتطلت ـ التعلم بالاستبصار)

ـ مقدمة : لقد شاعت نظرية ثورندايك وذاع صيتها في الثلث الأول من القرن العشرين، وظهر كتاب كوفكا (نموا لعقل) عام١٩٢٤، واحتوى على نقد تفصيلي للتعلم بالمحاولة والخطأ وقد أيد بما أجراه كوهلر من تجارب على القردة. و أبرز كوهلر دور الاستبصار في التعلم أعتبره بديلا للتعلم بالمحاولة والخطأ ، وبين كيف أن القردة تستطيع أن تحصل على الثواب دون أن تمر بمحاولات وأخطاء وتثبيت المحاولات الناجحة والتخلص من المحاولات الخاطئة.

لقد ظهرت السيكولوجية الجشطلت في ألمانيا في نفس الوقت الذي ظهرت فيه المدرسة السلوكية في أمريكا. إن كلمة **الجشطلت** معناها صيغة أو شكل، وترجع هذه التسمية إلى دراسة هذه المدرسة المدركات الحسية حيث بينت أن حقيقة الإدراك تكمن في الشكل والبناء العام ، وليس في العناصر والأجزاء. و ثارت هذه المدرسة على نظام علم النفس و خاصة على المدرسة الارتباطية وفكرة الارتباط ، و قالت بأن الخبرة تأتي في صورة مركبة فما الداعي لتحليلها إلي ارتباط .

ولا يمكن رد السلوك إلى مثير واستجابة، فالسلوك الكلي هو السلوك الهادف الذي يحققه الفرد بتفاعله مع البيئة .

ويعتبر ماكس فرتيمر (١٨٨٠-١٩٤٣) مؤسس النظرية الجشطلتية وانظم إليه ولفنج كوهلر (١٨٨٧-١٩٦٧). وكيرت كوفكا (١٨٨٦-١٩٤١) وقد نشرا أبحاث النظرية أكثر من فرتيمر ثم ارتبط بهم كيرت ليفن (١٨٩١-١٩٤٧) وأسس نظرية المجال .

ولدت النظرية في ألمانيا وقدمت إلى الولايات المتحدة في العشرينات على يد كوفكا وكوهلر وفي ١٩٢٥ ظهرت النسخة الانجليزية للتقرير الذي يضم تجربة كوهلر المشهورة عن حل المشكلات عند الشمبانزي ، وأول المنشورات كان مقال تحت عنوان الإدراك مقدمة للنظرية الجشتلطية (غازد١٩٨٣١).

تعتمد فكرة هذا الاتجاه على أن (الكل لا يساوي مجموع أجزائه) ، وأن الحقيقة الأساسية في المدرك الحسي ليست في العناصر أو الأجزاء التي يتكون منها هذا المدرك، وإنما في الشكل أو البناء العام أو الصيغة الكلية، وأن الخبرة التي يكتسبها المتعلم تكون في صورة مركبة، فلا داعي لتحليلها ثم البحث عما يربطها، ويؤكد هذا الاتجاه على أن التعلم الإنساني لا يمكن تفسيره تفسيرا دقيقا في ضوء الارتباطات الشرطية، فيتكون لدى المتعلم ما يسمى بالبناء المعرفي، والتعلم المعرفي هو التعلم الذي يتضمن استثارة الفهم والاستبصار وتكوين تصورات ذهني .

تاريخ: ظهور نظرية الجشطالت

من الناحية الفلسفية فإن هذه النظرية لها جذور في الفلسفة اليونانية كالفيلسوف اليوناني

(أنا كسا جوار) الذي اعتبر الوحدة الأساسية العظمى في الكون هي وحدة العلاقات، كذلك الفيلسوف (جون ستيوارت بيل) الذي عاش في القرن التاسع عشر الذي قال بأن تعبير كيمياء العقل أكثر ملائمة

لفلسفة العقل من تعبير الميكانيكا العقلية . أما ظهور النظرية بشكلها الحديث فيعتبر (ماكس فرتيهيمر) (1943-1880) المؤسس الحقيقي للنظرية الجشطالتية ، ثم انضم إليه في وقت مبكر (ولفجانج كوهلر) (1976-1887) و(كيرت كوفكا(١٨٨٦-١٩٤١) ، وعموما فإنها نظرية ولدت في ألمانيا ثم قدمت إلى الولايات

الأمريكية في العشرينات من هذا القرن على يد كوفكا وكوهلر ، حيث ازدهرت في الأربعينات من هذا القرن .

مفهوم الجشطالت : أصل الكلمة : أتت هذه الكلمة من أصل الماني حيث تعني في أصلها شكل (SHAPE) وتؤدي غالبا معنى الصيغة أو النمط .

معناها الضمني :

من خلال موقف الجشطالتيين من النظريات السلوكية الإرتباطية نستطيع فهم ما يعنيه هذا المفهوم حيث يتضمن النظرة إلى الكل وليس إلى الجزء على اعتبار ان الكل أكثر من مجرد تجميع الأجزاء فقد قال ((ليفن)) في تعريفه للجشطالت أنها تنظيم عام تكون جزئياته مرتبطة إرتباطا فعالا بحيث إذا تغير أحد أجزائه يتبع هذا التغيير تغيير في الشكل الكلي العام .[١]

ة في الموضوعات المتعلمة.

ـ معنى الاستبصار :

الإدراك الفجائي أو الفهم لما بين الأجزاء في موقف ما من خلال محاولات فاشلة قد تطول أو تقصر .

و لاستبصار دليل على أن الفرد فهم المشكلة و عرف ما يجب عمله لحلها و مما يؤكد على أن الحل المفاجئ يأتي كمحاولة صحيحة بعد المحاولات الفاشلة ، و نلاحظ الكائن الحي بعد معرفته للحل الصحيح ووقع في نفس الموقف لا يكرر المحاولات الفاشلة و يبدأ بحل المشكلة بشكل مباشر دون الرجوع للمحاولات الفاشلة مرة أخرى

ـ نظرية التعلم بالاستبصار (الجشطلت) :

يعتقد أن حركة الجشطلت قد أطلقتها مقالة (فرتهيمر ١٩١٢) عن الحركة الظاهرية في ألمانيا، ويرجع انتشار النظرية في الولايات الأمريكية إلى اثنين من مفحوصي

فرتهيمر في دراساته الأولى وهما (كوهلر ١٨٨٧-١٩٦٢) ، و(كوفكا ١٨٨٦-١٩٤٨) ، ويرجع الفضل إلى كوهلر في توجيه اهتمامات مدرسة الجشطلت إلى التعلم .

وكلمة جشطلت تعني الصيغة أو الشكل وقد ظهرت هذه المدرسة كرد فعل مقابل للمدرسة السلوكية ، ومبدأ هذه المدرسة أن الخبرة لا يمكن تحليلها وتأتي للمتعلم في صورة مركبة ، وعليه لا يمكن رد السلوك إلى مثير ـ استجابة ، لأن السلوك الذي يهم علم النفس هو السلوك الهادف أو السلوك الاجتماعي الذي يتفاعل به الفرد مع البيئة التي يعيش فيها .

- المفاهيم الرئيسية في نظرية الجشطلت :

أـ **البنية:** (التنظيم) تعني بنية خاصة متأصلة بالكل أو النمط بحيث تميزه عن غيره من الأنماط الأخرى وتجعل منه شيئا منظم ذا معنى أو وظيفة خاصة.

وتحدد البنية وفقا للعلاقات القائمة بين الأجزاء الترابطية للقشطلت (الكل)، وعليه فان البنية تتغير بتغير العلاقات، حتى لو بقيت أجزاء الكل على ما كانت عليه.

ب ـ **إعادة تنظيم :** استبعاد التفاصيل التي تؤدي إلى إعاقة إدراك العلاقات الجوهرية في الموقف.

ج ـ **المعنى:**هو ما يترتب من إجراء العلاقات القائمة بين أجزاء الكل.

د ـ **الاستبصار:** هو الفهم الكامل للبنية الجشطلت (الكل) من خلال إدراك العلاقات القائمة بين أجزائه وإعادة تنظيمها بحيث يمكن الاستدلال عن المعنى ويتشكل ذلك في لحظة واحدة وليس بصورة متدرجة .

- فرضيات نظرية الجشطلت:

١ـ التعلم يعتمد على الإدراك الحسي أي أن كل المدركات المخزنة في الذاكرة يتم التعرف عليها وإدخالها إلى الذاكرة بواسطة الحواس.

٢ـ التعلم هو إعادة تنظيم المعارف حيث يعتمد التعلم على فهم العلاقات التي تشكل المشكلة أو الموقف التعليمي وذلك بإعادة تنظميها لدلالة على معناها.

٣- التعلم هو التعرف الكامل على العلاقات الداخلية

لا يمكن اعتبار التعلم مجرد ارتباط بين عناصر لم تكن مترابطة و إنما هو الإدراك الكامل للعلاقات الداخلية للشيء المراد تعلمه، وجوهر التعلم هو التعرف على القوانين الداخلية التي تحكم موضوع التعلم.

٤ـ يتعلق التعلم بالحصول على العلاقة بين الاستعمال الصحيح للوسيلة و بين تحقيق الهدف أو النتائج المترتبة عن هذا الاستعمال.

٥ـ الاستبصار: يجنبنا الأخطاء الغبية وإن فهم واستنتاج العلاقات المنطقية بين عناصر المشكلة يؤدي حتما إلى تجنب الخطأ.

٦- إن الفهم يؤدي إلى عملية تحويل المعارف من موقف إلى آخر أي تطبيقها في مجال تعلمي مشابه للموقف الأول.

٧- التعلم الحقيقي لا ينطفئ (لا يتعرض للنسيان) إن التعلم الذي يتم عن طريق الاستبصار يصبح جزءا من الذاكرة طويلة المدى، بالتالي تكون نسبة تعرضه للنسيان ضعيفة.

٨- لا يحتاج التعلم عن طريق الاستبصار إلى مكافأة بل كثيرا ما تكون نتائج التعلم الناجح شعور بالارتياح و الابتهاج الناتج عن القدرة على إدراك المعنى فيمثل هذا

النشاط خبرة سارة في حد ذاتها، فهذا الشعور يترك نفس الأثر الذي تتركه المكافأة في التعلم السلوكي . إذا التعلم بالاستبصار هو مكافأة في حد ذاته.

٩- التشابه يلعب دورا حاسما في الذاكرة فإذا كانت النظريات السلوكية تعتمد على الاقتران والتكرار والتعزيز في تثبيت التعلم ، فان النظرية القشطلتية تعتمد على قانون التشابه في العلاقات المخزنة في الذاكرة والتي يتم استدعاءها أثناء التعرض لتعلم جديد.

ـ أهم التجارب التي قام بها علماء الجشطلت:

تجربة كوهلر لقرد الشمبانزي باعتباره أكثر الحيوانات من الدرجة العليا:

يوضع في قفص مغلق ويعلق موز في أعلى القفص بحيث لا يستطيع الوصول إلية من خلال أخذ الموز مباشرة أو لا يستطيع الوصول إليها من خلال اليد وحدها " الطريق الطبيعي" وفي ركن القفص صندوق . أخذ الشمبانزي ينظر إلى الموز ويحاول الوصول إليها بمد يده وبالوثب ولكنه فشل ، ثم أخذ ينتقل من ركن إلى ركن في حيرة ،وأخيرا لا حظ الصندوق فنظر أليه ونظر إلى الموز المعلقة في السقف وفجأة جذب الصندوق إلى الموضع الصحيح تحت الموز ثم قفز فوقه ووصل إلى هدفه . فلابد أن الحيوان في هذه التجربة أن يدرك العلاقة بين الصندوق وإمكان الوصول إلى الموزة.

التجربة الثانية: كررت التجربة السابقة ووضع صندوقان بدلا من صندوق واحد لكي يضع الحيوان أحدهما فوق الأخر للوصول إلى الهدف (ارتفاع الصندوق الواحد في هذه التجربة لا يكفي للوصول إلى الموز ولابد من وضع الصندوقين فوق بعضها البعض " هذه التجربة أكثر صعوبة ولم يستطع حلها إلا عدد قليل من الشمبانزي.

التجربة الثالثة: وضع الطعام خارج القفص فحاول الحيوان أن يصل إليه باليد ففشل، وبعد مدة لاحظ وجود العصا في الناحية الأخرى من القفص " الناحية البعيدة

عن الطعام" فأمسك بها ، وأخذ يلعب بها ،ثم أخذ ينفذها من بين قضبان القفص . وفي هذه الأثناء وقع نظرة على الطعام وفجأة تغير سلوكه واستخدم العصا في جذب الطعام .ونجح في ذلك.

كانت كل التجارب التي وضعها كوهلر تعرض مشاكل من هذا النوع ،كما يضع في مجال رؤية الحيوان كذلك وسيلة يستطيع الحيوان عن طريقها الوصول إلى الهدف .

- الشروط التي راعاها كوهلر في تجاربه:

- وجود مشكلة محدده أو عائق ،مثلا : عدم وجود ارتفاع معين، عناصر الموقف متعلمة يسهل حرية الحركة ،فالقرد يتأمل ناحية الصندوق والقفص ثم يأخذ فترة راحة ثم فجأة !! وهذه الكلمة ما تميز الاستبصار والاستبصار يعني : إدراك العلاقة بين جزئيات الموقف "الشكل وعناصره إدراك صحيحا ولكن هذا الفهم الصحيح يكون فجائي ،أي الوصول إلى حل للمشكلة يكون فجأة .

- قد تكون حركات الكائن الحي عشوائية وقليلة وهذه الحركات فيها تأمل وفترات كمون وليس كل الحركات تسبق الحل كما في تجارب ثورندايك . ،البداية فيها تأمل ثم حركات بسيطة وخاطئة ثم فجأة "الاستبصار" يصل للحل "وضع الصناديق ثم حصل على الموز" أي أن حل المشكلة جاء فجأة" والفترة التي سبقت الحل هي حالة تأمل مصحوبة بأخطاء قليلة حيث أن الحل تم فجائيا .

ونستنتج من ذلك : أن الوصول إلى الحل يأتي فجأة نتيجة ما يسمى بالاستبصار Insight.

إن الاستبصار يعتمد على إدراك وتنظيم أجزاء الموقف

متى توصل الحيوان إلى الحل عن طريق الاستبصار ،فإنه يمكنه أن يكرره بسهولة

ـ ملاحظات على هذه التجارب :

١- وجد العلماء أن القرد لا يصل إلى الحل إلى بعد تفكير و تأمل و انتظار و يمكث فيها لحيوان ليفكر ثم يصل إلى حل بعد فشله في الحلول المألوفة أو المتعارف عليها.

٢- عندما يرى الأشياء مثل الصناديق او العصا فهي جزء من الموقف و أدوات يمكن استخدامها و لاستعانة بها و إدراك العلاقات فيما بينها للوصل إلى هدفه بعد اكتمال عناصر الموقف أمامه ثم يبدأ ممارسة سلوك الحل الفوري أو الفجائي .

٣- ثم يمكنه تكرار ما فعله بسهولة و بعد ذلك تطبيق هذا التعلم في مواقف جديدة

ـ خطوات التعلم بالاستبصار :

و هناك عدة خطوات لتعلم بالاستبصار التي يمر بها المستبصر في طريق الوصول إلى الاستبصار ومن ثم الوصول إلى الحل و منها : محاولة استطلاع الموقف ودراسته كله كوحدة . مداومة النظر إلى هدف المقصود و تكرار الانتباه إليه كما حدث في تكرار نظر الحيوان إلى الطعام . الاكثار من المحاولة في الطريق الاكثر إحتمالاً للوصول إلى الحل . يظهر التعلم بالاستبصار في الانتقال السريع من المحاولات الخاطئة إلى المحاولات الاكثر نجاحاً للوصول إلى الحل .

هناك عدة خطوات يمر بها المستبصر في طريق الوصول إلى الإستبصار ومن ثم الوصول إلى حل المشكلة :

أـ استطلاع مكونات الموقف والربط بين عناصره .

ب ـ الإهتمام بالهدف والإنتباه إليه (كما هو الحال في تكرار نظر القرد إلى الموز في تجربة كوهلر) .

ج ـ الإكثار من المحاولة في السبيل الأكثر إحتمالا للوصول إلى الحل .

د ـ عند الانتقال السريع من المحاولات الخاطئة إلى المحاولات الأكثر نجاحا فإن ذلك يعني ظهور

التعلم بالاستبصار للوصول إلى الحل .

هـ ـ القدرة على اكتشاف العلاقات الهامة للوصول للحل وعم التفكير في ما عداها من مميزات

ـ أسس التعلم بالاستبصار :

١ـ الحلول المبنية على الاستبصار تتكرر بسهولة ،أي أن التعلم بالاستبصار أسرع من التعلم

بطريقة المحاولة والخطأ .

٢ـ يمكن استخدام الحلول التي تظهر عن طريق الإستبصار في المواقف الجديدة .

٣ـ التعلم عن طريق الإستبصار يحدث عقب فترة من البحث والتنقيب. ففي المراحل الأولى

قد يفشل الكائن في تجاربه ، وهذا ما يجعل البعض يقول بأن التعلم بالمحاولة والخطأ لا يختلف عن الإستبصار ، ولكن الجشطالتيون يفرقون بين التجارب التي تقوم على الإستبصار

والتي توجه المختبر وبين التجريب العشوائي.

ـ شرط أساسي للتعلم بالاستبصار هو :

تنظيم عناصر الموصلة إلى الحل بينما في التعلم بالمحاولة والخطأ ليس من الضروري تنظيم عناصر الموقف والأهم في ذلك الالتزام بشروط التجربة وهي تيسير الحركة للكائن الحي وعدم إعاقتها ولا يعني ذلك حسن التنظيم.

جوانب التعلم التي ركز عليها السلوكيين هو السلوك الظاهر م ⟵ س

أما جوانب التعلم التي ركز عليها المعرفيين هي جوانب غير الظاهرة "الاستبصار⟵ التأمل والراحة ⟵ الاستجابة .

ـ أهم العوامل المؤثرة في التعلم بالاستبصار :

الإدراك: كعملية عقلية ، هي تفسير الفرد للتنبيهات التي تصل إليه عن طريق الحواس المختلفة تفسيرا دقيقا وصحيحا .

ماذا يعني تفسيره عن طريق الحواس :

مثلا:صوت الصفارة ،أدركنا وفسرنا أن هذا المثير هو صوت الصفارة على حسب الخبرة السابقة ،أما الطفل الذي ليس لديه خبرة لن يستطيع أن يدرك أي يفسر أنه صوت الصفارة. أي عندما نفسر أن مثير ما هو "ذلك الشيء" فإن هذا ما نعنيه بالإدراك.

لكي يحدث الإدراك الجيد يجب أن تتوفر أربعة شروط هامة هي :

١- أن يكون المثير واضح وعرضه عرض واضح

٢- توفر الحاسة المناسبة بالكفاءة المناسبة "مثلا مثير القلم:توفر حاسة مناسبة وهي قوة النظر"

٣- تركيز الانتباه لهذه الحاسة لمصدر الإثارة "حاسة موجودة ولكن لم يركز انتباهه على المثير مصدر الإثارة فإنه لن يدرك ذلك المثير

٤- وجود خبرة سابقة يفسر الفرد في ضوءها هذا التنبيه الحسي .

ـ مبادئ التعلم في النظرية الجشطلتية :

نورد بعجالة مبادئ التعلم حسب وجهة نظر الجشطلت:

١ـ الاستبصار شرط للتعلم الحقيقي.

٢ـ إن الفهم و تحقيق الاستبصار يفترض إعادة البنينة.

٣ـ التعلم يقترن بالنتائج.

٤ـ الانتقال شرط التعلم الحقيقي.

٥ـ الحفظ و التطبيق الآلي للمعارف تعلم سلبي.

٦ـ الاستبصار حافز قوي، و التعزيز الخارجي عامل سلبي.

٧ـ الاستبصار تفاعل ايجابي مع موضوع التعلم.

ويوجد ثلاث مبادئ استندوا عليها في نظرية التعلم بالاستبصار :

١- أن للعقل دور إيجابي نشيط في تنظيم وتبسيط اكتساب المعلومات الحية واكتساب المعاني والخبرات وليس دور سلبيا كما يظن السلوكيين واعترفوا بدور العقل واعتبروه المحرك الرئيسي في تنظيم واكتساب المعلومات أي "التعلم".

٢- يشكل الإدراك أهم العمليات العقلية التي تساهم في تعلم الإنسان ولذلك اهتم الكثير من علماء الجشطلت وأتباعهم بدراسة الطبيعة العملية للإدراك والعوامل

المؤثرة فيه واشتقت أهم المفاهيم والمبادئ والقوانين المتعلقة والمرتبطة بالتنظيم الإدراكي. والإدراك يشكل أهم العمليات العقلية المهمة في التعلم الإنساني.

٣- الكل أكبر من مجموع الأجزاء وإدراكنا للكليات يسبق إدراكنا للجزئيات المكونة لها إدراك الكل يسبق إدراك الأجزاء .

الإنسان كل وأعمق من أن يعمل متفرد ،تناغم الأجزاء يجعل النظرة للكل أعمق من الأجزاء ،يجب أن تكون نظرتنا للأشياء المجموعة ليس مجموع أجزاء بل يجب أن يكون أعمق من ذلك أي في تناغم وتنظيم معين لو أختل جزء منها أختلت البقية ،مثلا اللوحة أعقد من أنها شيء مجمع من عناصر جزئية .

نظرتنا للأشياء الحية والجامدة يجب أن تكون أكبر بكثير وتسبق النظرة التحليلية للأجزاء أو التجزئة ، لذا تفسيرهم للتعلم تفسير كلي: نتعلم الجملة ثم الكلمة ثم الحروف عكس النظرة الجزئية: الحروف ثم الكلمة ثم تعلم جملة .

- **العوامل المؤثرة على الاستبصار:**

لقد ميز الجشطلت عوامل مؤثرة على التعلم بواسطة الاستبصار وهي:

١- مستوى النضج الجسمي: إن النضج الجسمي هو الذي يحدد إمكانية قيام المتعلم بنشاط ما للوصول إلى الهدف.

٢- مستوى النضج العقلي: تختلف مستويات الإدراك باختلاف تطور نمو المعرفي، ما هو أ كثر نموا وخبرة يكون أكثر قدرة على تنظيم وإدراك علاقات مجاله.

٣- تنظيم المجال : نقصد بتنظيم المجال هو احتوائه على كل العناصر اللازمة لحل المشكلة مثلا في تجارب القشطلت وجود العصا(الوسيلة) والهدف (الموز) والجوع (الدافع) و افتقار المجال لإحدى العناصر يعرقل تحقق التعلم.

٤- **الخبرة :** ويقصد بها الألفة بعناصر الموقف أو المجال بحيث تدخل في مجال المكتسبات السابقة مما يجعل المتعلم ينظم ويربط أجزاء المجال بعلاقات أكثر سهولة.

ـ قوانين التعلم في نظرية الجشطلت :

إن التعلم هو عملية إدراك أو تعرف على الأحداث باستخدام الحواس، حيث يتم تفسيرها وتمثيلها وتذكرها عند الحاجة إليها. وقد اعتبرت القوانين التي تفسر عملية الإدراك قوانين لتفسير التعلم ، ومنها :

١- **قانون التنظيم:** يتم إدراك الأشياء إذا تم تنظيمها وترتيبها في أشكال وقوائم، بدلا من بقائها متناثرة.

٢- **مبدأ الشكل والأرضية:** يعتبر هذا القانون أساس عملية الإدراك ، إذ ينقسم المجال الإدراكي إلى الشكل وهو الجزء السائد الموحد المركز للانتباه. و الأرضية والخلفية المتناسقة المنتشر عليها الشكل في البيئة.

٣- **قانون التشابه: وهي** العناصر المتماثلة المتجمعة معا و يحدث ذلك نتيجة التفاعل فيما بينها.

٤- **قانون التقارب:**إن العناصر تميل إلى تكوين مجموعات إدراكية تبعا لتموضعها في المكان.

الشكل١ يوضح مبدأ التقارب و مبدأ الشكل والأرضية

٥- قـانون الانغـلاق: تميـل المـساحات المغلقـة إلى تكـوين وحـدات معرفيـة بـشكل أيـسر مـن المساحات المفتوحة ويسعى المتعلم إلى غلـق الأشـكال غـير المتكاملـة للوصـول إلى حالـة الاسـتقرار الإدراكي .

يمثل هذا الشكل ٢ مبدأ التشابه والانغلاق

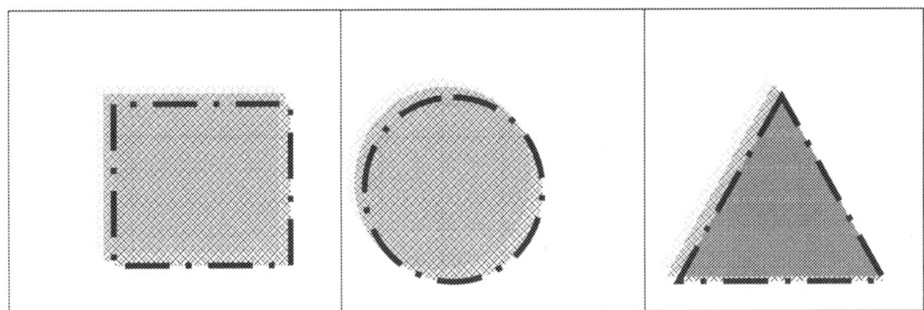

٦- **مبدأ التشارك في الاتجاه:** (أو الاستمرار)أي نميل إلي إدراك مجموعة الأشياء التي تسير في نفس الاتجاه على أنها استمرار لشيء ما ، في حين يتم إدراك الأشياء التي لا تشترك معها بالاتجاه على أنها خارج نطاق هذا الاستمرار (كاسين١٩٩٨).

وهكذا فان الأشياء التي تشترك في الاتجاه تدرك على أنها تنتمي إلى نفس المجموعة.

٧- **مبدأ البساطة :** يشير هذا المبدأ إلى الطبيعة التبسيطية التي يمتاز بهاو النظام الإدراكي الإنساني. اعتمادا على هذا المبدأ، فإننا نسعى إلى إدراك المجال على أنه كل منظم يشمل على أشكال منتظمة وبسيطة فهو يعكس الميل إلى تكوين ما يسمى بالكل الجيد الذي يمتاز بالانسجام والانتظام والاتساق.

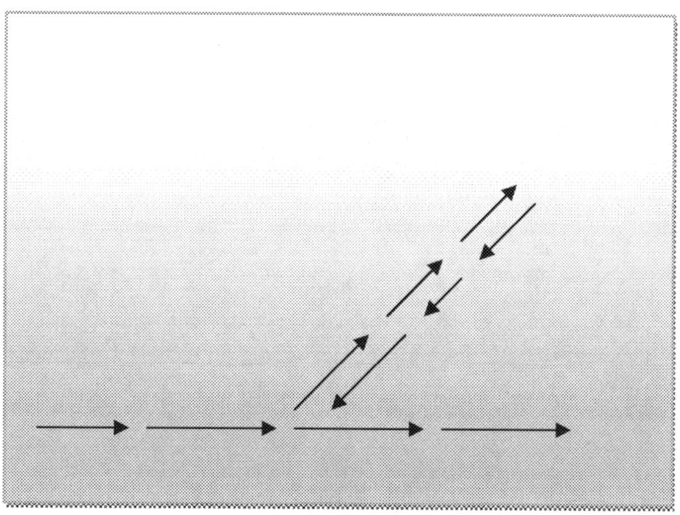

شكل رقم٣ يوضح مبدأ الاتجاه المشترك

شكل رقم ٤ يوضح مبدأ البساطة

ندرك المقطع (الأخضر) على أنه شكل أسطواني و المقطع (الأصفر) على أنه المربع الشكل بينما الشكل الرمادي مستطيل.

٨- **الذاكرة و نظرية الأثر:** لا يختلف مفهوم الذاكرة عند الجشطلت عن ما هو عند أرسطو حيث يرى أن الانطباع الحسي المدرك يتقاطع مع الأثر الذاكري المخزن، فالنظرية القشطلتية ترى أن الانطباعات الحسية تخزن في الذاكرة على نحو مماثل، أي بنفس الصيغة و الشكل التي تواجد عليها الأثر الذاكري، ويختزن بنفس الآليات العصبية.

فعملية التذكر أو الاسترجاع هي بمثابة إعادة تنشيط لأثر ذاكري معين، من خلال استخدم نفس النشاط العصبي المستخدم في عماليات الإدراك الأولية لهذا الأثر

(هلجاردو بوير ،١٩٨٢). ويعود سبب النسيان إلى عاملين هما:

١- صعوبة تنشيط الأثر أثناء عملية التذكر.

٢- اضمحلال الأثر بسبب التداخل مع الآثار الذاكرية الأخرى.

تؤكد نظرية الجشطلت الطبيعة الدينامكية للذاكرة، حيث ترى أن النظام الإدراكي نشيط وفعال يعمل بصورة دائمة، في تنظيم مكونات الذاكرة، في ضوء المستجدات الناجمة من فعل التفاعلات المستمرة والمتكررة مع الخبرات الحسية البيئية. فالكثير من أثار الذاكرة يتم دمجها مع آثار أخرى أو تتداخل مع غيرها و قد يؤدي ذالك ربما إلى صعوبة في عملية التذكر.

- تقويم نظرية الجشطلت:

يتفق علماء النفس غير أتباع الشطلت، أن هذه المدرسة قد أسهمت مساهمة جديرة في فهمنا للإدراك الحسي آلا أنهم يرون أن هذا الإسهام ما هو إلا تحسين لحقائق معروفة ، وليس أساسها كشفا جديدا، فالتميز بين الشكل والأرضية ليس أساسه فكرة مبتكرة، إلا أنه يمكن القول أن علماء الجشطلت قد درسوا العلاقة بين الشكل والأرضية ووضحوا القوانين التي تحكم هذه العلاقة توضيحا تفصيليا.

وعلى العموم فان نظرية الاستبصار كان لها أثر عظيم على التربية ، فلم يعد المعلمون يهتمون كثيرا بالتكرار والتدريب البسيط ، مما أدى بالمعلمين إلى تكثيف جهودهم في الوصول إلى انتقال أثر التعلم إلى المواقف الجديدة المتنوعة. إن مبادئ التربية الجشطلتية لعبت دورا رئيسيا في ا لسياسات التربوية وممارساتها في السنوات الأخيرة. فالرياضيات الحديثة وغيرها من البرامج التعليمة التي طورت ما بين الخمسينات والستينات، والتي تم تطبيقها في الولايات المتحدة كانت في معظمها مبنية على التعلم القائم على الاكتشاف

ـ معيقات الإستبصار :

هناك عوامل تؤدي إلى إعاقة عملية الإستبصار مثل :

أ - الصعوبة والتعقيد في الموقف المراد حلّه .

ب- عدم وجود الدافع الذي يقوي من العزيمة ويؤدي إلى بذل الجهد .

جـ- تعدد المثيرات التي تشتت الإنتباه .

د - قلة الخبرة السابقة بالمواقف المتعرض لها .

هـ- عدم إدراك الموقف ككل .

ـ عوامل تؤثر على الإدراك سلبيا :

١- الإخلال بأحد الشروط الأربعة السابق ذكرها ـ عدم وضوح المثير أو عدم توفر الحاسة أو عدم تركيز الانتباه أو عدم وجود خبرة كافية

٢- الانفعال الزائد إيجابيا أو سلبيا وزيادة الانفعال تجعل الفرد يشوش ويؤثر على الإدراك سلبيا ويجعل تفسيره غير صحيح .

٣- الإيحاء الخادع: وهو تضليل أو خداع متعمد أو غير متعمد من شخص أو جماعة يجعل الفرد يدرك نفسه أو يدرك الآخرين أو يدرك المثيرات من حوله إدراكا غير صحيحا أو يحرف الإدراك.

مثلا: عندما يوحى لشخص ما أنه قد يحس بألم في جسمه وبعض الأفراد عرضه للتضليل أكثر من غيره لذلك فإن الحرب النفسية "الشائعات " لا تؤثر في كل الأفراد . وكلما كان عرضة للإيحاء كلما كان إدراكه للأمور غير دقيق وغير جيد.

ـ أوجه القصور في نظرية الجشطالت :

١ــ إن هذا النموذج حقق بعض التقدم على النماذج السابقة بإلقاء الضوء على عملية التعلم بالاستبصار القائم على ذكاء الكائن الحي ، وقدرته على إدراك عناصر الموقف

التجريبي المراد تعلمه ، ولكن شتان بين الاستبصار عند الإنسان عنه عند الحيوان يقول / أبو حطب : " إن الاستبصار يعتمد على قدرتنا على الإدراك الحسي والتنظيم المعرفي " ، ويقول : " فالاستبصار لا يحدث بسهولة إلا إذا نظمت أساسيات الحل بحيث يمكن إدراك العلاقات بينها " .

فالاستبصار يحتاج لتنظيم وإدراك العلاقات ، وهذا يقوم به العقل : " والعقل نعمة من أكبر النعم التي حباها الله للإنسان وتفضل به عليه ، وميزه به عن غيره من الكائنات .

فكيف نقول أن القرد توصل للموز عن طريق الاستبصار ؟

إن ما يمكن أن توصف به هذه الحالة هي محاولة القرد للحصول على الموز ، لا استبصار

تلك هي أبرز نظريات - نماذج - التعلم في علم النفس التربوي ، والتي تدرس ضمن برنامج الإعداد التربوي كما هي موجودة في معظم المؤلفات ، دون محاولة من الكُتاب لإضفاء الصبغة والروح الإسلامية على تلك التجارب رغم ما يذخر به الفكر التربوي الإسلامي والمستمد من المصدرين الأساسيين القرآن الكريم والسنة النبوية المطهرة .

ومن هنا تظهر الحاجة الماسة إلى صياغة علم نفس تربوي من منظور إسلامي ليتناسب وعقيدتنا وواقعنا ومستقبلنا ونخرج للمجتمع المعلم المسلم قلباً وقالباً بحول الله تعالى والذي يساهم في بناء الجيل المسلم لتعود هذه الأمة كما وصفها رب العزة والجلال بقوله تعالى : ﴿كُنْتُمْ خَيْرَ أُمَّةٍ أُخْرِجَتْ لِلنَّاسِ﴾ آل عمران - ١١٠ .

- التطبيقات التربوية لنظرية الجشطالت :

لا يعني بعد كل هذا العرض أن هذه النظرية مجرد كلام نظري يعرض كترف فكري ، وإنما لها العديد من التطبيقات التربوية التي يمكن للمعلم استغلالها لتحقيق

أهداف العملية التعليمية ، نذكر منها :

١ـ يمكن الإستفادة من نظرية الجشطالت في تعليم القراءة والكتابة للأطفال الصغار، حيث يفضل إتباع الطريقة الكلية بدلا من الطريقة الجزئية ، أي يبدء بتعليم الأطفال الجمل فالكلمات فالحروف وليس العكس ، فالحروف في نظر الطفل ليست ذات معنى كالكلمات أو الجمل ، فكلمة (أم) تحمل من المعاني ما لا يحمله الحرفان (أ) و(م) ، مثلا .

٢ـ يمكن الإستفادة من مفهوم الإستبصار في حل المسائل الهندسية أو التفكير في مشكلة رياضية ما ، وذلك بحصر المجال الكلي للمشكلة .

وهناك العديد من التطبيقات التربوية الأخرى لهذه النظرية المعرفية .

رفض عالم النفس الألماني كوهلر الأبحاث التي أجرها ثورنديك وبافلوف وواطسون فقام بإجراء تجاربه على الشمبانزي ما بين عام ١٩١٣م - ١٩١٧م ، لمعرفة الطريقة التي تحل بها الحيوانات المشكلات - أي التعلم بإدراك العلاقات - فقد وضع قرداً جائعاً في قفص وعلق بعض الموز في سقف القفص ووضع على الأرض بعض العصي التي يمكن بواسطتها الحصول على الموز ، وأخذ يراقب القرد ويدون وصفاً دقيقاً لسلوكه ولاحظ أنه بعد عدة محاولات فاشلة لجأ القرد إلى التأمل والاستكشاف فاستخدم العصي وحصل على الموز ، هنا قال كوهلر أن التعلم حدث عن طريق الاستبصار .

وقد أوضحت تجاربه الظروف التي تجعل الكائنات العضوية قادرة على الاستبصار فمقدار الاستبصار يعتمد على عمر المفحوص وذكائه وإلفته بالموقف ،وأهم ما نستفيده من هذه النتائج أن الاستبصار يعتمد على قدرتنا على الإدراك الحسي والتنظيم المعرفي .

كذلك يمكن أن نستفيد من فكرة التعلم بالاستبصار في عدة نواحي، نذكر منها ما يلي:

١- تعليم القراءة والكتابة للأطفال الصغار، حيث يفضل إتباع الطريقة الكلية بدلا من الطريقة الجزئية، أي البدء بالكلمات ثم الأصوات والحروف.

٢- تستخدم النظرية الكلية في تقديم خطوات عرض موضوع ما لتسهيل فهم الوحدة الكلية للموضوع.

٣- تستخدم الطريقة الكلية في التعبير الفني نجد الكل يسبق الجزء ، والإدراك الكلي يؤثر في تكوين الصورة الجمالية للشيء ، فالرسم يعتمد على رسم الهيكل ثم توضيح التفاصيل والأجزاء بالتدريج.

٤- يعتمد التفكير في حل المشكلات باستخدام النظرية الكلية عن طريق حصر المجال الكلي للمشكلة ويساعد هذا في فهم العلاقات التي توصل إلى الحل.

٥- يجب على المعلم أن يمد المتعلم بالهدف الذي يمكنه تحقيقة والذي يتفق واحتياجات المتعلم.

٦ـ يجب على المعلم أن يمد المتعلم بالمعلومات والحقائق والتلميحات لان ذلك يساعده على أن يستقبل العلاقات بصورة افضل .

٧ـ يجب على المعلم أن يساعد المتعلم على تكوين نظرة كلية عن الخبرات أو التدريبات التي تقدم له وفي الوقت نفسه يجب أن يوضع في الاعتبار الأهداف القصيرة الأجل للبرنامج وكذلك التأكد من صحة التبصيرات الجزئية .

قائمة المراجع

أولا:المراجع العربية :

١ـ جاسم محمدد(٢٠٠٤) :نظريات التعلم. دار الثقافة للنشر و التوزيع: عمان .

٢ـ جودت عبدالهادي(٢٠٠٠) : نظريات التعلم و تطبيقاتها التربوية. دار الثقافة للنشر و التوزيع: عمان .

٣ـ حنان عبد الحميد العناني(٢٠٠١) : علم النفس التربوي ، الطبعة الأولى، دار صفاء للنشر والتوزيع ، عمان

٤ـ عبد الرحمن عدس ؛ نايفة قطامي (٢٠٠٠) : مبادئ علم النفس، ، الطبعة الأولى، القاهرة ، دار الفكر للطباعة والنشر والتوزيع.

٥ـ كامل محمد عويضة(١٩٩٦) : سيكيولوجية التربية، دار الكتب العلمية. بيروت .

٦ـ لطفي فطيم(١٩٩٦) : نظريات التعلم المعاصرة ، مكتبة النهضة المصرية: القاهرة .

ثانيا : المراجع الأجنبية :

7- Hamilton, Richard & Elizabeth Ghatala. (1994). Learning and instrction. McGraw-Hill Inc.: New Yourk

8- Kazdin, Alan E. (1994). Behavior Modification in applied settings (5th ed). Brooks/Cole publishing company: Pacific Grove, California.

9-Ormrod, Jeanne. (1999). Human learning (3rd ed). Prentice Hall, Inc: Upper Saddle River, New Jersey.

الفصل الثامن

نظرية معالجة المعلومات

عناصر الفصل الثامن :

- مقدمة
- بداية نظرية معالجة المعلومـــــات
- نظام معالجة المعلومات Information Process System
- استراتيجيات تحسين التذكر
- تعريف تحليل المهمة:(Task Analysis)
- عملية تحليل المهمة في تصميم التعليم
- التدريس عند جانييه
- كيف يعالج العقل المعلومات؟
- تطبيقات تربوية لنظرية معالجة المعلومات

الفصل الثامن

نظرية معالجة المعلومات

- **مقدمة :** تلعب استراتيجيات تجهيز المعرفة دورا هاما فى حياتنا اليومية حيث تساعدنا علي ترتيب وحفظ الاحداث والمعلومات بسهولة ويسر وتبقى لفترة طويلة فى ذاكرتنا لتمكننا من استرجاعها بسهولة ويسر عند حاجتنا اليها وهى تشير الى الاساليب والاستراتيجيات التى تساعد الذاكرة باعانتها على تكين ترابطات وتداعيات لا توجد على نحو طبيعى ، وتساعد على تنظيم المعلومات التى تبلغ الذاكرة الشغالة فى انماط مألوفة بحيث يكون من الاسهل ان تلائم نمط الخطط التصويرية الموجودة فى الذاكرة طويلة المدى ، وقد يكون ما الممكن ان نكون استخدمناها فى حياتنا اليومية دون ان نلاحظ ذلك.(جابر عبد الحميد،١٩٩٩:٣١٤)تشكل طريقة معالجة الشخص للمادة العلمية وكيفية استقبالة وتجهيزة وتتخزينة لها اهمية كبرى فى تحديد معدل التذكر او الاسترجاع اللاحق للمعلومات . ويؤكد نموذج تجهيز المعلومات على ان التجهيز والمعالجة الاعمق للمادة المتعلمة معناة توظيف طاقة اكبر من الجهد العقلى فى صنع شبكة اكبر من الترابطات بين اجزاء المادة المتعلمة وبعضها البعض من ناحية وبينها وبين المعرفة المماثلة فى الذاكرة من ناحية اخرى ,مما ييسر استرجاع المعلومات السابقة.

كما ان التجهيز عند المستوى الاعمق للمعلومات يؤدى تعلم اكثر ثراء واتقان الترميز وايجاد العلاقات بين المادة المتعلمة والمعرفة او الخبرات المماثلة فى البناء المعرفى للفرد واستخدام الاطار المرجعى للشخص كل هذا يرفع من كفاءة الذاكرة ويزيد من فاعليتها فى الحفظ والتذكر اللاحق للمعلومات .

وتفترض نظرية معاجة المعلومات والتى قدمت بواسطة ميكانزمات التجهيز داخل الكائن الحى ,كل منها تقوم بوظيفة اولية معينة,وان هذة العمليات يفترض ان تنظم على نحو معين، ويمكن وصف هذة النظرية وصفا عاما بانها تهتم بالوصول الى نوع من التركيب التجريبى للسلوك الانسانى المعقد وتسعى النظرية الى فهم السلوك الانسانى حين يستخدم امكناتة العقلية والامعرفية افضل استخدام ,فعندما تقدم المعلومات للفرديكون علية انتقاء معلومات معينة وترك اخرى فى الحال .(صفاء محمد على , ٢٠٠٧, ١)

تمر عملية تجهيز المعلومات بمجموعة من العمليات العقلية المعرفية ,ويظهر ذلك فى عملية تجهيز المعلومات بمجموعة من العمليات العقلية المعرفية (فتحى الزيات , ١٩٩٥ , ص ٣٢)

ـ بداية نظرية معالجة المعلومـــات :

برزت نظرية معالجة المعلومات كأحد الأبعاد الجديدة لتطور الاتجاه المعرفي في نظرته لعملية التعلم وتنطلق نظرية معالجة المعلومات من أن التعلم محكوم بالطريقة التي نستقبل فيها المعلومات وكيفية تخزين هذه المعلومات واسترجاعها مرة أخرى أن كل مرحلة من المراحل السابقة تعد ضرورية لعملية التعلم فإذا لم هناك أسلوب لتخزين المعلومات لن يحدث التعلم . واذا لم نتمكن من استدعاء المعلومات لكي نستخدمها لن يحدث تعلم فكيف يمكن أن نتعلم إذا لم نستقبل المعلومات بشكل منظم ..استوحت هذه النظرية فكرتها الأساسية من عمل الحاسب الآلي (الكمبيوتر) فنلاحظ أن للحاسب قابلية عالية علي معالجة المشكلات المعقدة ، والخروج بحلول لها في وقت قصير جدا ، كذلك أن وظيفة العقل الإنساني هو التعامل مع المواقف والمشكلات التي تواجه الإنسان ، ويخرج بحلول لها ، هذا بالإضافة إلى وظيفته في

استقاء المعلمات الخارجية وتوظيفها لخدمة الفرد ، وعلي الرغم من أن عقل الإنسان يختلف في تكوينه عن تكوين الحاسب الأ أن كلا منهما يشبه الأخر في وظيفته ، حيث يؤدي الحاسب وظيفته من خلال المرور بثلاث مراحل وهي :

١ـ **مرحلة إدخال المعلومات :** حيث يستقبل الحاسب المعلومات من الخارج .

٢ـ **مرحلة المعالجة وتنفيذ البرنامج :** وفيها يتعامل الحاسب مع المعلومات بلغته الخاصة ، ويعيد تنظيمها ، ثم يخزنها .

٣ـ **مرحلة إخراج المعلومات :** وفيها يقوم الحاسب بإخراج النتائج وهي المحصلة النهائية لعمله .

يشابه الإنسان في تعاملة مع المعلومات عمل الحاسب ، من حيث عدد المراحل التي تتم فيها معالجة المعلومات وهذه المراحل هي :

١ـ **مرحلة تسجيل المعلومات :** حيث يستقبل الإنسان المثيرات الخارجية من خلال الحواس الخمسة .

٢ـ **مرحلة التخزين :** حيث يقوم الإنسان بترميز المعلومات وتخزينها بطريقة منظمه .

٣ـ **مرحلة الاسترجاع :** حيث يسترجع الإنسان المعلومات من مكان التخزين.

النمط العام لأسلوب معالجة المعلومات يتم في المراحل التالية التي يطلق عليها

ـ (مراحل الذاكرة) :

أولا : استقبال المعلومات (التسجيل الحسي) :

يستقبل الإنسان عددا هائلا من المثيرات الحسية من خلال حواسه الخمس في الوقت الواحد

(وهي اللمس ، التذوق ، الشم ، السمع ، البصر) ولا توجد قيود محددة لهذه الحواس في استلامها الرسائل الخارجية ، فالعين تري كل ما في مجال البصر ، والأذن

تسمع كل الأصوات ذات الذبذبات القابلة للسمع ، والأنف يشم كل ما يعلق بالهواء من روائح ، والجلد يحس بجميع المثيرات التي تلامسه ، وهذا يؤدي إلى صعوبة الاحتفاظ بجميع الرسائل لذلك يختفي معظمها بعد مرور فترة بسيطة قد تستغرق ثانية واحده أو ثانيتين .

إن وظيفة التسجيل الحسي هو الاحتفاظ بالرسائل الحسية لبعض الوقت حتى يتمكن الفرد من أن ينتقي منها رسائل معينه ، ويرسلها إلى مرحلة المعالجة ، والمعروف إن عملية انتقاء بعض الرسائل دون بعضها الآخر عملية مقصودة حيث ينتقي الإنسان ما يريد من رسائل ويترك البقية منها ، وهناك عمليتان من وظيفتهما مساعدة الإنسان علي انتقاء الرسائل وهما الأنتباة والإدراك .

ـ ثانيا : تخزين المعلومات :

١- الذاكرة ذات المدى القصير : بعد أن ينتقي الشخص المعلومات التي يود علاجها يدخلها إلى ما يسمي بالذاكرة ذات المدى القصير ، وان وظيفة الذاكرة هو الاحتفاظ بالمعلومات لمدة قصيرة ، حتى يتم استخدامها مباشرة ، أن مدة احتفاظ الذاكرة ذات المدى القصير بالمعلومات قصيرة جدا تتروح بين ٢٠-٣٠ ثانية وبعدها تتلاشي المعلومات منها ، بالإضافة إلى عامل الزمن هناك عامل إضافي وهو دخول معلومات جديدة .

إن وظيفة ذاكرة ذات المدى القصير لا تتوقف عند معالجة المعلومات القادمة من ذاكرة التسجيل الحسي فقط ، بل إنها المحطة التي تقف عندها المعلومات القادمة من الذاكرة ذات المدى الطويل لاجل استخدامها ، فأي معلومات يتم استدعاؤها إلى الذاكرة ذات المدى الطويل في الذاكرة ذات المدى القصير قبل أن تخرج إلى حيز التنفيذ .

٢- الذاكرة ذات المدى الطويل : هي ذلك المخزن الكبير الذي يحتوي علي الخبرات

التي يحتفظ بها الإنسان طوال حياته ، فبعد أن تتم معالجة المعلومات في الذاكرة ذات المدى القصير تحول إلى الذاكرة ذات المدى الطويل حيث يتم تخزينها وبعكس الذاكرة الحسية أو ذات المدى القصير اللتين تم تحديد طاقتهما التخزين والمدة التي تختزن المعلومات بهما .

لقد تم تخزين الذاكرة ذات المدى الطويل إلى ثلاث أنواع وهي :

١ـ **الذاكرة الخاصة بالأحداث :** وفيها يتذكر الفرد الأحداث بتفاصيلها كما وقعت .

٢ـ **الذاكرة الخاصة بالإجراءات :** وتختص في تذكر كيفية الأداء

.٣ـ **الذاكرة الخاصة بالمعاني :** وفيها يتذكر الفرد الصورة العامة للموضوع وليس كما حدث

تختلف طريقة تخزين كل نوع من الأنواع الثلاثة من الذاكرة فتختزن الذاكرة الخاصة بالأحداث بشكل صور ذهنية . أما ذاكرة المعاني تختزن بشكل شبكة مترابطة من المعاني والمفاهيم والمبادئ المختلفة .أما الذاكرة الخاصة بالإجراءات تحتفظ عن طريق ربط مجموعة من المثيرات والاستجابات

.

تعتمد نظرية مستوي معالجة المعلومات علي اختلاف المعالجة العقلية للمثيرات الخارجية فبعض المثيرات تحظى بمعالجة سطحية أما بعضها الأخر فيحظي علي معالجة عميقة ، وكلما زاد عمق المعالجة العقلية للمثير أدي ذلك إلى زيادة حفظه في الذاكرة ذات المدى الطويل .

ــ **قام كل (باور ، كارلين) في عام (١٩٧٤)** بتجربة علي الطلبة لاثبات دور (مستوي المعالجة) فعرضوا عليهم عددا من الصور وطلبوا من المجموعة الأولي عزل صور الرجال عن النساء ومن المجموعة الثانية فصل الصور التي تبدو علي أوجه أصحابها الأمانة والتي لا يبدو عليها الأمانة وعند قياس مدة تذكر كل مجموعة تبين أن المجموعة

الثانية تذكرت عددا من الصور أكثر من الأولي ويفسر (باور ، كارلين) الفرق بأنه نتيجة عمق مستوي المعالجة التي قامت بها المجموعة الثانية مقارنة بسطحية المعالجة التي قامت بها المجموعة الأولي .

وتنطبق هذه النظرية علي مواقف التعلم فإذا تعلم عن طريق استعراض المفاهيم المختلفة لنظريات التعلم فقط ، فسوف تكون معالجتنا سطحية ، بينما إذا استعرضنا معني كل نظرية إضافة إلى الإيجابيات والسلبيات في كل منها فسيكون لدينا مستوي أعمق من المعالجة .

ـ طرح (بافيو) (١٩٧١) فهما أخر للعوامل المساعدة علي الاحتفاظ بالمعلومات فقدم تصورا للذاكرة وأطلق علية (نظرية الرمز الزوجي للذاكرة) وتتضمن هذه النظرية نوعين من الذاكرة وهما الذاكرة اللفظية والبصرية ، ويمكن الاحتفاظ بالمعلومات من خلال الذاكرة اللفظية أو الزوجية أو الاثنين معا ، ويقول (بافيو) أنه كلما أستخدم الأسلوبين كان ذلك أجدي في الاحتفاظ بالمعلومات .

ثالثا : استرجاع المعلومات : بعد أن يتم تخزين المعلومات يتطلب من الشخص استرجاعها وجعلها جاهزة للاستعمال ، وهذا ما يطلق علية التذكر وتنقسم عملية التذكر إلى نوعين : الأول التعرف والاستدعاء وهذا ما يهم المشتغلين بموضوع الذاكرة فلا يمكن استرجاعما في الذاكرة من معلومات باستخدام أقل عدد ممكن من الشواهد والمثيرات الأصلية وفي كثير من الحالات يتم استدعاء بعيدا كليا عن المثيرات الأصلية

ومن العوامل المساعدة علي الاستدعاء الكيفية التي يتم فيها إدخال المعلومات إلى الذاكرة ذات المدى الطويل :

١- السياق : ويقصد به مجموعة الظروف المحيطة بموقف التعلم لان التعلم هنا يحدث بشكل رزمه كاملة ، أي أن التلميذ يتعلم المعلومات والظروف المحيطة بها فإذا حدث

أن أكتسب التلميذ معلومات في مكان معين فستصبح قدرته علي استدعاء للمعلومات بالمكان نفسه استجابي من استدعائه لها في أخر .

٢- **الاستطراد :** وهو قدرة الفرد علي خلق موقف معين يحتوي موضوع التعلم ثم يضيف إليه ليكون صورة بصرية يمكن استدعاؤها بسهولة .

٣- **التنظيم :** ويفيد في تخزين المسائل المعقدة حيث يمكن تنظيمها بشكل متدرج تبدأ بالمكونات البسيطة حتى الوصول إلى المفهوم النهائي المعقد منه .

وسنتكلم عن مرحل معالجة المعلومات علي النحو التالي :

١ـ استقبال وتجهيز المعلومات : Information Processing & Receiving

يمثل الاستقبال المرحلة الأولى من مراحل تجهيز ، ومعالجة المعلومات ، ويتم ذلك من خلال المسجلات الحاسية ، هذه المعلومات في صيغة من الإدراك الخام ، وتتراوح فترة استقبالها من ٥ـ١٠ ثانية ، وخلال هذه الفترة تتحول بعض المعلومات إلي الذاكرة قصيرة المدى ٠ ويرى (عماد الزغول ، ٢٠٠٣ ، ص ٦٨) إن هذه المرحلة تمثل أهم مراحل بالمدخلات التي تشكل الوقود له النظام المعلوماتي ، نظرا لأنها تزود هذا النظام المعرفي

٢ـ الانتباة الانتقائى :selectve attention

إن نظام معالجة المعلومات لا يستطيع تناول جميع المدخلات الحسية التي يستقبلها الفرد في الوقت وقد يرجع ذلك ، إما إلى كبر حجم المدخلات الحسية المستقبلة عبر الأجهزة الحسية ، مما يتسبب في نسيان الكثير منها ، أو قد يرجع ذلك إلى محدودية سعة الذاكرة العاملة ؛ ولذا فإن النظام المعرفي يعمل على نحو انتقائي ٠

ويرى (عماد الزغول ، ٢٠٠٣ ، ص ٦٩) أن الانتباه الانتقائي يعنى قدرة الفرد على اختيار المعلومات ذات الصلة الوثيقة ، وتركيز عمليات المعالجة لها ، وتجاهل المعلومات غير ذات الصلة .

٣ـ الترميزencoding:

عقب تسجيل المعلومات عن طريق المسجلات الحسية ، فإنها تحل في الذاكرة العاملة ، أو الذاكرة قصيرة المدى ، وفى بعض الحالات في الذاكرة طويلة المدى ، وتخضع المعلومات خلال انتقالها ، أو تحويلها إلى ما يسمى بترميز المعلومات ، فيرى (فتحي الزيات، ١٩٩٥ :٣٠٩-٣١١) أنه عندما يقابل الفرد مثير معين ، فإنه لا يستطيع الاحتفاظ بنسخة ، أو صورة حرفية للمثير ؛ ولذا فإنه يرمز له ، وتأخذ عملية الترميز أنماطا متعددة ومتنوعة ، فربما يكون التركيز على لون المثير ، أو شكله ، أو حجمه ، أو تكوينه ، أو السمة ، أو غيرها من الخصائص المميزة ٠ وتخضع عملية الترميز لعدة عمليات .

٤ـ التسميع : reheorsol

يتوقف معدل تذكر الفرد ,او استرجاعة للفقرات المعروضة على انشطة التسميع ,واستراتيجياتة ,فاذا كان هناك ما يقف حائلا دون القيام بمثل هذة الانشطة ,فات معدل استرجاع المعلومات المراد اى اولوية عرض فقرات,حيث يتاح تذكرها يقل.فى ضوء اثر الاولوية للفقرات الاولى فرصة اكبر للتسميع ,او الترديد عن تلك التى يراد ترتيبها فى الوسط,يكون معدل تذكر تلك المعلومات اكبر .وانة يوجد نوعان من التسميع :تسميع الاحتفاظ او الصيانة ,ويتم اللجوء الى النوع الاول والتسميع المكثف,او المفصل عندما يكون الهدف هو الاستخدام الفورى ,او الانى للمعلومات ,اما النوع الثانى فيلجأ الية الفرد عندما يكون الهدف من الاحتفاظ بالمعلومات لمدة

طويلة ,ففى هذة الحالة لا يلجأ الفرد الى تسميع المعلومات ,او ترديدها فحسب,بل يحاول ربطها ببعض الاشياء المألوفة بالنسبة لة كى تساعدة على تذكرها لاحقا.

٥ـ التنظيم :organisation

تعد استراتيجيات التنظيم من العوامل التى تؤثر على فاعلية نشاط الذاكرة, وتبدو هذة الاستراتيجيات فى ايجاد علاقات ارتباطية بين المثيرات موضوع الحفظ ,والتذكر ,ببعضها البعض من ناحية ,وبينها وبين مختلف الوقائع البيئية من ناحية اخرى .

وأنة تتوقف عملية التنظيم على عدة عوامل منها:

قابلية المادة موضوع الحفظ .التذكرللتنظيم .او تصنيف ,او الروبطة , ودرجة مألوفية هذة المادة ,وطريقة عرض المادة,او تنظيمها , والنشاط الذاتى الذى يبذله الفرد فى حفظه , وتجهيزة , واسترجاعة لها .

٦-الاستعادة او الاسترجاع : reteriva-

وتتمثل فى البحث على المعلومات وتحصيلها من الذاكرة , و استعادتها , وتتوقف فاعلية هذة العملية على طريقة عرض المادة موضوع الاستعادة وتميزها , ومستوى التجهيز الذى تعالج عندة هذة المادة ,ان عملية استرجاع المعلومات تمر بثلاث مراحل,وهى :مرحلة البحث على المعلومات , حيث يتم فحص جميع محتويات الذاكرة لاصدار حكم , او اتخاذ قرار حول مدى توفر المعلومات المطلوب تذكرها , ومرحلة تجميع وتنظيم المعلومات ,حيث يقوم الفرد بالبحث عن اجزاء المعلومات المطلوبة وربطها معا لتنطيم الاستجابة المطلوبة,ومرحلة الاداء الذاكرى , وتعنى تنفيذ الاستجابة المطلوبة ,وقد تؤخذ هذة الاستجابة شكلا ضمنيا , كما يحدث فى حالات التفكيلر

الداخلى بالاشـياء ,او ظاهريـا كـاداء الحركـات , والاقـوال والكتابـة. (صـفاء محمـد على,٢٠٠٧, ١,٢)

ـ نظام معالجة المعلوماتInformation Process System

وهو المنحى الذي نتج عنه البحث في الأداء العقلي ، العمليات التي تزيد من معرفة الإنسان تسمى العمليات المعرفية و تحدث المعرفة عند الفرد بطريقـة تراكميـة وذلـك بـربط المعلومـات الجديـدة بالمعلومـات القديمـة الموجـودة في الـذاكرة مـما يـؤثر عـلى معلوماته في المستقبل ومن خلال القصور المعرفي للسلوك اتجه علماء الـنفس المعرفيـون اتجاها مختلفا في دراسة الذاكرة البشرية يتفق بشكل عام مـع التـصور المعـرفي للـسلوك ويعرف بمنحى معالجة المعلوماتApproach Information Processing .

ولفهم نظام معالجة المعلومات ، ولتوضيح كيفية اكتساب معرفة مهمة تتعلق بالتعليم و المعالجة داخل العقل و كيف يحدث التذكر و النسيان ، يجب دراسة نظام تجهيز و معالجة المعلومات .

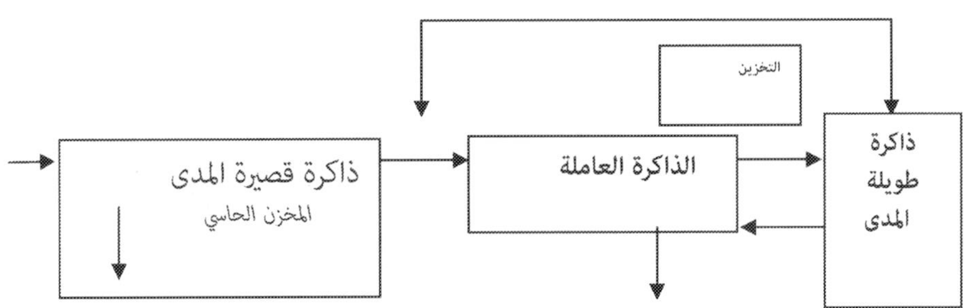

استرجاع ما يفقد من الذاكرة

إن نظام معالجة المعلومات يتوفر لـدى جميـع الأفـراد سـواء أكـانوا ذوي صـعوبات الـتعلم أو العـاديين أو المتفـوقين عقليـا ولكـن الاخـتلاف يكـون في مـستويات المعالجـة

للمعلومات عند كل منهم ، فهناك المستوى السطحى الهامشي وله نتائج معينة ومستوى المعالجة المتوسطة و المستوى العميق ولكل نتائجه أيضا و تؤثر هذه النتائج على نوعية التمثيل المعرفي والبنية المعرفية للفرد .

وهناك العديد من النظريات التي توضح كيف يتعلم الأفراد والتي تؤكد أن إحدى طرق فهم كيفية اكتساب أو فقدان المعلومات هي فهم نظام معالجة المعلومات .

من الشكل السابق نستطيع أن نستوضح كيف يستطيع الفرد أن يخزن و يرمز ويسترجع المعلومات ، إن عملية التخزين هي إدخال ووضع المعلومات في الذاكرة ، أما الترميز فهو العملية المستخدمة لتغيير شكل المعلومات بطريقة معينة وذلك قبل تخزينها فالمعلومات لا يمكن تخزينها كما هي بالضبط ، مثلا : عندما يقرأ فرد كتابا ما فإنه يشتق المعنى من الكلمات التي قرأها فيخزن المعاني بدلا من الكلمات المحددة على الصفحة .

أما الإسترجاع فهي عملية التذكر أو اكتشاف المعلومات التي خزنت سابقا و أحيانا تكون عملية الإسترجاع سهلة وبسيطة و أحيانا أخرى فإن عملية الإسترجاع تتطلب تفكيرا عميقا وجهدا لكي يتم تذكرها ، وفي هذه المرحلة يجب توضيح ثلاثة نقاط هامة :

١- إن التعليم يتطلب إدخال المعلومات إلى الذاكرة طويلة المدى وهي عنصر من عناصر الذاكرة التي تحتفظ بالمعرفة والمهارات لمدد وفترات طويلة .

٢- إن المعلومات والمعرفة التي تنسي سريعا تعنى أنها معلومات لم بتم تعلمها بشكل صحيح أو إننا لم نتعلمها حقا .

٣- إن ما يحدد تذكرنا للمعلومات نوعية الإستراتيجيات المستخدمة لتخزين المعلومات بمعنى كيف نتعلم وما هي استراتيجيات تعلمنا المستخدمة ومدى فعاليتها .

ففي الشكل السابق يبدأ تدفق المعلومات و إدخالها من البيئة مثل الإدراك النظري لكلمات موجودة ، فتدخل هذه المعلومات إلى المخزن الحاسي قصير المدى وتخزن تلك المعلومات باختصار حتى يتم الإهتمام بها من قبل الذاكرة العاملة .

وكثير من المؤثرات التي تمر على الأفراد لا تدخل في الذاكرة العاملة عندما لا نقيم لها وزنا أو نوليها اهتماما ، لذا فإنه إذا لم تكن قد ركزت على معلومات معينة فسوف يكون هناك اهتمام قليل بالاحتفاظ ومن ثم صعوبة في استرجاع تلك المعلومات وذلك لأن اكتشافها أصلا لم يتم . وباختصار فإنه ما لم تكن هناك محاولات قصريه للاحتفاظ بالمعلومات فإن معظم مواد الكتب و الدروس في المدرسة لتُسجل داخل الذاكرة أو لن تتم معالجتها في الذاكرة .

ولأن خاصية الذاكرة العاملة ذات سعة محددة يكون كمية قليلة جدا من المعلومات في المخزن الحاسي والتي من الممكن معالجتها في الذاكرة العاملة ، و باعتبار نظرية معالجة المعلومات ، فإنها أي المعلومات تتم معالجتها قبل انتقالها إلى الذاكرة بعيدة المدى ، بمعنى أنه يجب أن يعمل المتعلم شيئا ما للمعلومات حتى يتم تخزينها في الذاكرة بعيدة المدى كأن يرمز المعلومات أو يفهم المعنى منها أو يربطها بمعلومات سابقة و ينظمها ، ونظرا للسعة المحدودة للذاكرة العاملة (٥ - ٢٠ ثانية) فإن المعالجة يجب أن تتم بسرعة كبيرة .

ويعتبر مفهوم التعلم المعرفي كتجهيز و معالجة المعلومات هو طريقة الفرد المميزة و مستوى استقباله و استيعابه و معالجته للمادة المتعلمة أو المكتسبة و كيفية تعميمية و تمييزه و تحويله لها و كم الترابطات القصدية التي يستحدثها أو يشتقها أو ينتجها من المعلومات الجديدة المستدخلة و المعلومات القائمة في البناء المعرفي للفرد .

والإستيعاب هنا هو قدرة الفرد فهم العلاقات بين أنواع المعرفة ، والقدرة على تحليل و تفسير المواد المقروءة و تجزئتها إلى عناصرها ، وهو أيضا القدرة على قراءة النصوص بهدف استخلاص التفاصيل الهامة و الوصول إلى الأسباب والنتائج

(فهيم مصطفى ، ٢٠٠٢) .

ويتوقف تذكرنا للمفاهيم التي نتعلمها أو الخبرات التي تمر بنا على خبرتنا الأصلية و على البناء المعرفي لدينا و على اتجاهاتنا و ميولنا وقت عملية التفكير . (عبدالقادر كراجة ، ١٩٩٧)

وتمثل الذاكرة بنوعيها أهم مكونات نظام تجهيز و معالجة المعلومات ، كالذاكرة العاملة و الذاكرة بعيدة المدى .

ـ استراتيجيات تحسين التذكر:

١ـ استراتيجية الكلمة المفتاحية :ACRONYMS

هى كلمة مالوفة تشلبة الكلمة الجديدة المرغوب تعلمها فى الصوت ,ويتم هنا الربط بين الكلمات غير المالوفة المراد تعلمها وبين الكلمات المالوفة السابق تعلمها من خلال خلق صورة عقلية تربط بين الكلمتين حيث يتم كتابتها معا .

مثال :- لتذكر ان عاصمة مصر هى القاهرة لابد من التفكير بصورة عقلية ان القاهرة تشابة القاهر فى الصوت ,ومصر تشابة نصر فى الصوت ثم يتم الربط من خلال النصر يحققة القاهر .

٢ـ استراتيجية الكلمة الوتدية : THE BIG WORD STRATEGy

يتم استخدامها عندما يراد تذكر معلومات مرتبة او مرقمة ,وتقوم هذة الاستراتيجية على تعلم المتعلم مجموعة من الكلمات والتى تكون بمثابة اوتاد تتعلق بها المفردات التى يراد تذكرها وبعد ان يتقن المتعلم القائمه الوتدية عليه ان يربطاو يثبت مجموعه

المفردات المراد حفظها وتذكرها بهذاالاوتاد وبعد ذلك كون صورة عقلية بصرية تربط كل مفردة مطلوب استدعاؤها مع كلمتها الوتدية وكلما كان التصور شاذا او on line غريبا كان التاثير افضل مما اذا اكن مالوفا.(صفاء محمد على , ٢٠٠٨, ٣)

٣ـ استراتيجية الربط بالتسلسل : تساعد على تذكر الامور التى تأتى فى تتابع سواء كان فى ترابط بين تاريخ وحدث معين او مصطلح علمى وما يحملة من معنى او اشاء او حقائق اخرى يفترض اان تتلائم مع بعضها البعض .

أن اساس نظام الربط بالتسلسل هو ان الذاكرة تعمل بشكل افضل عندما تربط ما بين المألوف وغيرالمألوف على الرغم من الترابط يكون غريبا ولاكن يكون اكثر فاعلية فكلما زادت الغرابة كلما كان ذلك افضل.(رون فراى,٢٠٠٤, ٨١)

٤ـ استراتيجية الصورة(اللون) image(color :

تعتمد هذة الاستراتيجية على قيام بعض المتعلم بتصور الشئ,او المعلومة المراد حفظها وتذكرها فيما بعد كما لو كان مصطبغا بلون معين بيرز فوق خلفية من لون اخر,

٥ـ استراتيجية التصور عير المألوف: bizarre imagery

تعتمد هذة النظرية على تكوين صورة عقلية غير مألوفة للمفاهيم ,والمعلومات المطلوب تذكرها ,فمثلا لتذكر ان شمال سيناء من المناطق التى تعانى من خطر السيول ,يمكن تصور رجل يصب قارورة مياة على موقع شمال سيناء على الخريطة . فكلما كانت الصورة العقلية فكهة ,وغير منطقية ,ومبالغ فيها ,ودرامية ,وفريدة ,كتصور قرد يقرأ جريدة ,او دجاجة تدخن سيجار ,او سمكة تتحدث فى

التليفون,كلما كان ذلك اكثر تأثير على سرعة الاسترجاع.

story strategy ٦ـ استراتيجية التوليف القصصى:

تعد احد الطرق الفاعلة المساعدة على التذكر ,وتقوم هذة الطريقة على ان يقوم المتعلم بالربط بين الكلمات , والمفاهيم,والمفردات المراد تذكرها بحيث تؤلف فى مجملها قصة متكاملة ذات معنى , ويمكن ان تشمل ربط الصور فى قضة ,مما يساعد على تذكر الاحداث فى ترتيب منطقى . فمثلا لكى يتذكر المتعلم قائمة الصادرات الرئيسية لمدينة بيرو يمكن ان يكون قصة على النسق التالى (ذات يوم حدث خلاف بين خروف وغلاية نحاسية ,فما كان من الخروف الا ان التقط ماسورة حديدية ,وألقاها فى وجة الغلاية , والتى قامت بصد الماسورة من خلال قلم رصاص,فوقعت فى الطبق الفضى) وتحتاج هذة الطريقة الى وقت أطول ومزيد من القدرة على الابداع للربط بين كل المفردات فى صياغ رواية واحدة ,كما تتسم بكفاءة عالية فى تذكر كلمات محددة.

٧the gourney method ـ استراتيجية الرحلة :

تعتمد على فكرة تذكر العلاقات فى رحلة معروفة ,حيث يتم ربط المعلومات مع علامات , او وقفات فى الرحلة لتذكر قائمة عبارات سواءعن اشياء ,او اشخاص , او احداث ,ويمكن بناء صورة مرمزة معقدة فى الوقفات خلال الرحلة ,تستخدم لتخزين المعلومات المرتبة.

(صفاء محمد على ,٢٠٠٧, ٣،٢)

٨ـ **استراتيجية الارتباط :** تشير قاعدة الذاكرة الاساسية الى ان التذكر يمكن يتم للمادة الجديدة اذا ارتبطت بشئ مألوف، فالتلميحات المعطاة تلعب دورا فى عملية التذكر وكذلك التكرار بعد ذلك .مثال :ارتباط الاسم بالرمز بغير عامل مؤثر فى

تذكر المفهوم .

يعنى الصوديوم(natriam) (NA)، يمكن الاشارة الية على سبيل المثال بالرمز (فؤاد سليمان قلادة،١٩٩٧،٣٥٧)

ان تجهيز ومعالجة المعلومات يسهم فى تيسير عملية التعلم , والتذكر الاسرع للمعلومات المتعلمة ,كذلك فان اشتقاق روابط بين اجزاء المادة المتعلمة , وبينها وبين المعلومات الماثلة فى الذاكرة , والخبرات الجديدة , كل هذا يجعل عملية التعلم ذات معنى , ويزيد من التذكر الاحق للمعلومات و كما ان ان استخدام استراتيجيات تقوية الذاكرة يحقق ما يلى :

- يمكن ان تعزز نجاح المدرسى, خاصة بالنسبة للمتعلمين ذو صعوبات التعلم ,والذين يعانون من الفشل التعليمى فى تذكر المواد الدراسية , وذلك من خلال تحسين ذاكراتهم للمحتوى الدراسى.

-يسهل تعلم الطلاب ذوى صعوبات التعلم ,والاحتياجات الخاصة

- يصلح استخدامها مع مختلف التخصصات الدراسية ,خاصة مادة الدراسات الاجتماعية,كما تعد مفيدة للمتعلمين المعاقين تعليميا

- تعالج الفشل التعليمى الذى يعانى منة بعض الطلاب فى تعلم بعض المواد الدراسية .

- تعمل على خلق ارتباطات بين المعلومات , والتى قد لا تشمل ارتباطات واضحة لدى المتعلم , كما يكون استخدامها مع المتعلمين الفائقين.

- ان استخدام استراتيجيات التذكر وما تشملة من تنظيم للمعلومات الى مجموعات ذات معنى ، واستخدام التمارين والتدريبات , والتصوير الحيوى , كل هذا يسهم فى تدريب المتعلمين على مهارات ما وراء الذاكرة .

- تستخدم لتعزيز الاستدعاء للمحتوى الاكاديمى , وتدعيم اتجاهات المتعلمين.

- يساعد استخدامها على تشجشع السلوك الاجتماعى , وحل المشاكل السلوكية- ان استخدام استراتيجيات التذكر , ولاطرق الملموسة مهم , خاصة مع المتعلمين الذين لديهم قصور فى الكلام والكتابة , ولديهم قدرة على التذكر البصرى .

(صفاء محمد على , ٢٠٠٨، ٣,٤)

- تساعد على ربط المعلومات الجديدة بالمعلومات القائمة او المماثلة فى الذاكرة

(فتحى مصطفى الزيات، ١٩٩٨، ٣٧٨)

ـ تعريف تحليل المهمة: (Task Analysis)

هو نظام لتجزئة مهمة تنازلياً إلى المهارات الفرعية التي تتكون منها. الخطوة الأولى: هي تعريف هدف الأداء النهائي، ثم تحديد المهارات الضرورية لتحقيق ذلك الهدف . هذه المهارات تجزأ أيضاً إلى المهارات الفرعية حتى يتم الحصول على صورة متكاملة لكل القدرات المطلوبة لتعلم المهمة في التسلسل المناسب والضروري لتحقيق الهدف النهائي .

وتستخدم مصطلحات أخرى لوصف هذه العملية مثل: تحليل الوظيفة (Goal Analysis) وتحليل المهارة (Skill Analysis) وتحليل الوظيفة(Job Analysis)

ومن الممكن أن يطبق هذا الأسلوب في الموضوعات الأكاديمية مثل: القراءة والرياضيات أو الكتابة حيث يتم تبسيط تلك المهمات المعقدة مما يساعد علي إتقان مكوناتها بشكل مقبول

(السرطاوي،١٩٩٠).

ـ عملية تحليل المهمة في تصميم التعليم:

يساعدنا تحليل المهمة على تحديد العناصر المكونة للمهمة والعلاقات القائمة بين هذه العناصر وتوضح العناصر المكونة ما يجب على الفرد أن يتعلمه حتى يؤدي المهمة . وتوضح العلاقات النظام الذي يُدَّرس وفقاً لهذه الأجزاء

ـ تحليل المهمة الهرمي : وضع روبرت جانييه مبادئ لنظرية في التعلم تعد نموذجاً للتعليم؛ حيث افترض " جانييه " أن كل مادة أكاديمية أو كل موضوع في هذه المادة أو كل جزء من هذا الموضوع له بنية هرمية Hierarchy تشمل قمتها أكثر الموضوعات أو الأجزاء تركيباً وتليها الأقل تركيباً حتى الأبسط في قاعدة البنية الهرمية. وتعتبر موضوعات كل مستوى متطلب قبلي Prerequisite لتعلم الموضوعات الأكثر تركيباً منها في البنية المعرفية الهرمية. وفي ضوء هذا الافتراض ، يرى " جانييه " أن المتعلم يكون مستعداً لتعلم موضوع جديد عندما يتمكن من المتطلبات القبلية اللازمة لتعلم هذا الموضوع . وبذلك فإن التخطيط للتعليم ينبغي أن يهتم بتحديد وترتيب المتطلبات القبلية اللازمة لتعلم كل موضوع داخل المادة الدراسية وأيضاً تلك التي تلزم لتعلم المادة الدراسية ككل ، ويعتمد في ذلك على تحليل المهام.

ـ التدريس عند جانييه :

عند التخطيط لتدريس موضوع ما وفقاً لنظرية جانييه فإنه يتم تحليل الموضوع المراد تعليمه إلى مهام متدرجة من المركب للبسيط وفقاً لتنظيم هرمي قمته أكثر المهام تركيباً وقاعدته أكثرها بساطة ، وعند كل مستوى من مستويات التنظيم الهرمي يحدد الأداء المتوقع من المتعلم في صورة سلوك مستهدف وعند تنفيذ الدرس يتم البدء بقاعدة الهرم أي أكثر المهام بساطة وتعليمها للمتعلم وعندما يستوعب المتعلم

المستوى الأكثر بساطة ينتقل للمستوى الأرقى تركيباً وهو ما يسميه " جانييه " الانتقال الرأسي للتعلم . وهكذا يرى جانييه استخدام الأسلوب التحليلي في تنظيم المحتوى وتخطيط الدرس حيث يبدأ من المركب وينتهي بالبسيط ، بينما يقترح الأسلوب التركيبي في تنفيذ الدرس حيث يوصي بتدريس أبسط المهام ثم التدرج حتى الوصول إلى الأكثر تركيباً وهو المهمة الرئيسية.

ـ **نموذج جانييه الهرمي:** في كثير من نظريات التعلم والنماذج المختلفة محاولة لتوضيح الطريقة التي من خلالها يحدث التعلم ، وهو محاولة ايضا لتحديد دور المعلم في مهمة التعليم ، وقد حدد جانييه في نموذجه الطريقة التي يحدث فيها التعلم ، وقد صور أن التعلم يحدث متدرجا من البسيط الى المعقد ، وهو بهذا يصور اهمية التدرج والتجزيئ للتعلم من جهة ومن جهة اخرى اهمية انتباه المعلم الى التعلم السابق الذي قد يكون من الضروري تقيمه للطالب لتحديد اين يكمن الخلل في عدم مقدرته على تعلم ما هو ارقى واعقد.

ـ **نستعرض نموذج جانييه الهرمي للتعلم:**

١- **تعلم الإشارة :** سلوك لا إرادي مشروط مثل سحب اليد عند ملامسة الأجسام الساخنة.

٢- **تعلم المثير والاستجابة :** الاستجابة لمثيرات إرادية انتقائية مثل عمل علامات على الورق ، أو نطق كلمة جديدة.

٣- **تعلم سلسلة حركية :** تتابع حركات بدنية تتم وفق نظام معين مثل ربط الحذاء، الكتابة التعلم، ... الخ.

٤- **الربط اللفظي :** استجابة لفظية تنفع في تعلم أكثر تعقيدا مثل قراءة حروف الأبجدية ، تسمية شيء ، ...

٥- التمييز : قدرة الفرد على التمييز بين أشياء أو رموز مختلفة . مثل التمييز بين حروف متشابهة الشكل(q , P) أو بين الحروف المتشابهة في النطق (e , c) يعتمد هذا النوع من التعلم على المهارات الأساسية (الأنماط الأساسية للتعلم) . تعلم التمييز هو متطلب سابق لتعلم المفهوم .

٦- تعلم المفهوم : قدرة الفرد على تصنيف مثير ما كعضو في مجموعة بناء على الخصائص أو المميزات المشتركة أو قدرة الفرد على تحديد السمات المتشابهة بين الأشياء ووضعها في مجموعات أو فئات تبعا لتلك السمات ، إضافة إلى قدرة الفرد على إعطاء أمثلة لفئة أو مجموعة معينة . المفهوم :"تجميع أو تصنيف الخبرات أو الأفكار في فئات معينة بناء على خصائص مشتركة "

أ- تعلم المفهوم المجرد : قدرة الفرد على تحديد صفات مجموعة من الأشياء تشترك في خصائص أو سمات لا يمكن إدراكها حسيا ، ولكنها تعتمد على تعريفاتها اللفظية ، أي قدرة الفرد على تحديد المعنى أو التعريف اللفظي لشيء أو حدث أو علاقة ما مثل ممر المشاة هو طريق المشي بجانب الشارع . في هذه الحالة يعد المفهوم اللفظي قاعدة . تعلم المفهوم المحسوس يعد متطلبا سابقا لتعلم المفهوم المجرد.

ب- تعلم المفهوم المحسوس : قدرة الفرد على تحديد أو تمييز المثير تبعا لخواصه أو صفاته كعضو في مجموعة أو فئة تشترك فيها مع مثيرات سابقة معروفة . المفهوم المحسوس يعتمد على خصائص حسية يمكن إدراكها . من أمثلة الخصائص المحسوسة الدائرة ، المربع ، منحنى ، ازرق ، مسطح ... الخ .

٧- تعلم الأسس / القواعد : " قدرة تمكن الفرد من انجاز عمل ما باستخدام الرموز " . هذه القدرة تشير إلى قدرة الفرد على وضع مفهومين أو أكثر معا في علاقة ما مثل استعمال القاعدة أو القانون بغير ضرورة لصياغتها . كتابة جمل أو حل

مشكلات رياضية وغيرها مبنية على قواعد تعبر عن علامة بين مفاهيم . فمثلا مساحة المستطيل = الطول ×العرض يشير إلى علامة بين عدة مفاهيم : المساحة ، الطول ، العرض. لكي يفهم الفرد هذه القاعدة ويطبقها ، يحتاج إلى معرفة معاني مفاهيم المساحة والطول والعرض ، لذا فالمفاهيم هي متطلبات سابقة لتعلم الأسس / القواعد.

٨- **حل المشكلات** : استرجاع أسس أو قواعد سابقة ودمجها لتوليد أسس أو قواعد أعلى ، لتحقيق هدف ما مثل كتابة مقال ، عمل تشخيص طبي ، ... الخ. لكي يتمكن الفرد من دمج الأسس الأعلى ينبغي عليه معرفة الأسس الأبسط ، لذلك فإن تعلم الأسس يعد متطلبات سابقة لحل المشكلات (أي توليد أسس أو قواعد أعلى).

وهذا يعني إننا لا بد من الاهتمام بالمفهوم ومدى وضوحه للطالب قبل تعليمه القاعدة ، وهو يعني أيضا أن الطالب يصعب عليه حل المشكلات والمسائل العلمية رياضية أو لغوية مالم يتعلم القواعد المعتمدة على المفهوم

كيف يعالج العقل المعلومات؟

تزايد الاهتمام في السنوات الاخيرة بدراسة العمليات العقلية المعرفية وهي متغيرات تتأثر وتؤثر بالاداء البشري، هذه العمليات العقلية المعرفية تضم :

(الذاكرة - والانتباه - والتفكير - والتذكر - والاحساس) وكيفية استخدام الرموز اللغوية التي هي اشكال مختلفة لمعالجة المعلومات، ومنها ظهرت في السنوات الاخيرة ما يسمى البرمجة اللغوية (Neuro Lingustic program) والذي يرمز له بـ(NLP) العصبية ، وحديثنا الان عن العمليات العقلية المعرفية والتي ينصب معظمها على معالجة المعلومات ومنها اللغة والعلوم البحتة والاداب والفنون .

إن مسألة كيفية معالجة الدماغ البشري للمعلومات الداخلة اليه هي المسألة الاساسية الموضوعة على المحك في معظم الدراسات النفسية وفروع علم النفس المعاصر، ذلك لان

اساليب معالجة المعلومات هي من اهم ما يشغل بال الباحثين عموما وليس فقط المختصين منهم في علم النفس، فالباحثين في مجال البرمجة اللغوية العصبية "علم اللغة العصبي"يهمهم أمر عمل الدماغ، ليس بطريقة علم وظائف الاعضاء الطبي البحت، بل في طريقة واسلوب آخر، كما يختلف عمل الدماغ عما وصفه الفلاسفة منذ قرون مضت وصفاً نظريا ليس الإ، والان نحاول في هذه المقالة إن نطرح الخلفية العلمية لعمل الدماغ كوسيلة لخزن ومعالجة المعلومات .

اهتم الانسان منذ القدم بكيفية تنظيم قدراته للسيطرة على البيئة من حوله، ومن الطبيعي ان يتركز اهتمامه على العناصر البيئية الخارجية (اي التي تقع خارج الدماغ) وذلك لسهولة الملاحظة والاستدلال على العلاقات بين هذه العناصر . ويمكن اعتبار حكمة سقراط "اعرف نفسك" محاولة اولية للتعرف على ما يجري "داخل" الدماغ من عمليات، ولكن الشئ المثير للاهتمام ان الفلاسفة في تلك الحقب التاريخية لم يكن يعنيهم امر التعمق "بالداخل" بقدر ما تعنيهم استجابات الفرد الخارجية، بمفهوم أخر وجود عوامل خارجية ترتبط بها استجابات معينة، وهذه الفكرة تستدعي للذهن حالا جملة المفاهيم التي يستند اليها علماء النفس المختصون بعمليات التفكير واستخدام اللغة كرموز وعمليات التعلم في ابحاثهم.

فاننا سنتطرق لما يحدث داخل الدماغ من عمليات معالجة المعلومات Information processing خلال عقد الستينات من القرن الماضي بدأ علماء النفس التعمق في كيفية معالجة الدماغ للمعلومات، هذه الاداة هي الذاكرة، ولعل مفاهيم الذاكرة (طويلة المدي والذاكرة قصيرة المدي)

الايقونية* Iconic Memoryأوضحت لاول مرة طبيعة معالجة المعلومات داخل الدماغ، فضلا عن ان اهتمام بعض علماء النفس انصب على اللغة كاحدى الادوات

الرئيسة لتلك المعالجة كما يقول عالم النفس المختص في مجال البرمجة اللغوية العصبية اوسجود Osgood مما اسهم اكثر في صقل محاولات فهم العمليات المعرفية للدماغ، وهكذا نتيجة للتزايد الهائل في الدراسات التي ركزت على تلك العمليات مثل الذاكرة، الانتباه، الابداع، تكوين المفاهيم، كيفية تعلم اللغة، التفكير - الاستدلال وحل المسائل وتكوين الفرضيات.

فعندما نتحدث عن تعلم او استخدام اللغة او اية عمليات معرفية اخرى لابد ان نتطرق لما يجري داخل الدماغ من معالجة للمعلومات، فاللغة مثلا تعتمد على التفكير، والتفكير يعتمد الى حد ما على اللغة، حيث ان التمكن من اللغة يتطلب ان يتصور الفرد شيئاً ما عقلياً - فليكن مثلا كرسياً او شخصاً ما، بالصورة، الصوت او الاشارة، يجب ان يفهم من يستعمل اللغة (قواعدها) مثلا يجب ان تنتظم الكلمات معاً على نحو متسلسل مرتب، حيث يجب ادراك المفاهيم وفهمها مثل مفاهيم التشابه " الكم " و "الحرية" "الاستبداد" "النوعية" وذلك قبل استعمال الكلمات على نحو له معنى، ويدعم حديثنا هذا مجال علم النفس الفسيولوجي والذي يمكن ان نسميه ايضاً علم النفس البيولوجي، فعلماء النفس الفسيولوجيون يتولون دراسة الاسس البيولوجية للاحساس والادراك والوعي والتعلم والذاكرة واللغة والدوافع والانفعالات والسلوك غير العادي، وهم ايضا يجرون ابحاثهم لتحديد الاثر المتبادل بين الوراثة والهرمونات والعقاقير وتلف انسجة المخ والسلوك في الانسان، ولو القينا نظرة عامة مبسطة على الجهاز العصبي لوجدنا ان هناك اجهزة الاحساس الخاصة لجمع المعلومات من البيئة الخارجية، وكذلك من الاجزاء الداخلية الناقلة لها، فضلا عن وجود جهاز حاسب آلي لا يمكن وصفه من حيث التطور داخل الانسان يفسر المعلومات التي تحصل عليها اجهزة الاحساس وبنفس الوقت واللحظة، يخطط لافعال معينة، ويشرف على الوظائف

الحيوية ويتولى توزيع الطاقة بحيث يتوافر وقود كاف اثناء الظروف العادية وخلال الازمات . ايضا وجود اعضاء استجابة تنتج لاي انسان ان يترك ويفكر وينتقل ويغير من وضعه اذا تضايق من البيئة الخارجية مثل مؤثرات الحرارة، البرودة، الخوف، التفكير العميق ..الخ

نحن البشر نمتلك اجهزة الاحساس الفائقة والعالية جداً والتي تنتقل بما يسمى ب"المستقبلات receptors " وهي تستجيب للصوت والضوء والحرارة واللمس وحركة العضلات والعديد من المثيرات الاخرى داخل الجسم وخارجه ويوجد لدى الانسان جهاز عصبي مركزي كما يقول علماء النفس الفسيولوجيين وهو بديل عن الحاسب الاليكتروني، وهو اعقد منه بكثير من نواحي متعددة، ويعد المخBrain هو العضو الذي يسيطر على عمليات تجهيز المعلومات واتخاذ القرارات، فهو يتلقى الرسائل من المستقبلات ويستكمل هذه المعلومات بالخبرات السابقة ثم يقوّم كل المعلومات المعطاة ويخطط للافعال ويتولى توجيه الوظائف الحيوية في اجهزة الجسم مثل الدورة الدموية والتنفس وعمل الاجهزة الاخرى ويعمل على سد حاجات الجسم .

اما الجهاز العصبي في الانسان فهو عبارة عن ماكينة معقدة للغاية فهو يتكون من بلايين الخلايا العصبية تقدر ما بين ١٢- ٢٠٠ بليون خلية، والخلية العصبية او النيورون تعد الوحدة الوظيفية الاساسية لكل من الجهاز العصبي المركزي والطرفي . ومن المعلومات المثيرة فعلا فقد وجد ان هذه الخلايا اللاصقة، لها دوراً في عملية الالتئام عندما يصاب الجهاز العصبي المركزي بأي تلف، وظهر ايضاً ان لها دوراً مهما في التحكم في نشاط النيورون، ولها دور ايضا في الادراك والذاكرة .

يحق لنا ان نسترسل بما يجري داخل الدماغ ومعرفته من خلال التغيرات والتعديلات التي تطرأ على المعلومات عندما يستلمها الدماغ وهي تمثل الخطوة الاولى نحو

الاستغلال الامثل لهذه المعلومات ولعل هذا بالضبط ما يفعله الحاسب الآلي، ولكن عمل الحاسب الآلي لا يختلف في واقعه من ناحية معالجة المعلومات عن عمل الدماغ، الا انه بصورته المبسطة ولتوضيح العلاقات ابتداءاً من تسلم المعلومات حتى المعالجات في الدماغ ودور الذاكرة، نورد بعض الحقائق العلمية حول المعالجة وهي ان المعلومات الواردة الى الدماغ تدخل بوساطة الاجهزة الحسية، فأن لم يعرها الشخص اي اهتمام، تنسى تلك المعلومات بعد جزء من الثانية، اما اذا اعارها الاهتمام وتقبلها فأنه يحدث تذكر ذو مدى قصير، وهنا يثار تساؤل : كيف تتم معاملة المعلومات، فاذا كان تعامل، فأنها تنسى بعد حوالي ١٥ ثانية . اما اذا حدث تعامل عميق، فأنه يحدث لها تذكر ذو مدى طويل، وبالتالي تتحول الى الذاكرة ذات المدى القصير اذا احتجنا للمعلومات فيما بعد، لذا يمكن القول ان الذاكرة هي واحدة من المئات من العمليات التي يستخدمها الانسان في حياته اليومية، وهي عملية ليست بسيطة ومباشرة كما يتوقعها البعض، وانما تتضمن العديد من المعالجات المعلوماتية، فهي عملية فعالة ودينامية متشابكة الجوانب.

ـ تطبيقات تربوية لنظرية معالجة المعلومات :

يمكن للمدرس أن يتبع الخطوات التالية :

١- **جذب أنتباة التلاميذ:** أن يطلب المدارس من التلاميذ ترك الأشياء التي في أيديهم والانتباه إليه جيدا كما يمكن أن للمدرس أن يجذب انتباه التلاميذ من خلال تجواله في الصف في أثناء الحصة كما يمكنه من مناده بعض التلاميذ بأسمائهم للمشاركة في موضوع الدرس.

٢- مساعده التلميذ في الربط بين المعلومات الجديدة ومعلوماته السابقة.

٣- أعاده موضوع الدرس بصوره جديده.

٤- تقديم المعلومات بشكل منظم.

٥- التأكيد على الفهم وليس على الحفظ الصم.

قائمة المراجع

أولا:المراجع العربية :

١ـ جابر عبد الحميد(١٩٩٩): استراتيجيات التريس والتعلم ، القاهرة: دار الفكر العربي .

٢ـ فتحى مصطفى الزيات (١٩٩٥): سلسلة علم النفس المعرفى (١)، الأسس المعرفية للتكوين العقلى وتجهيز المعلومات، المنصورة، دار الوفاء للطباعة والنشر والتوزيع.

٣ـ فتحى مصطفى الزيات (١٩٩٦): سلسلة علم النفس المعرفى (٢)، سيكلوجية التعلم بين المنظور الارتباطى والمنظور المعرفى، القاهرة، دار النشر للجامعات.

٤ـ فتحي مصطفى الزيات (أ١٩٩٨) الأسس البيولوجية والنفسية للنشاط العقلي المعرفي. دار النشر للجامعات. القاهرة.

٥ـ فتحى الزيات (ب١٩٩٨) : صعوبات التعم الاسس النظرية والتشخيصية والعلاجية,مكتبة عامر ، المنصورة .

ثانيا : المراجع الأجنبية :

6-Gordon, Judith R. & Gordon, Steven R.,(1999): "Information Systems: A Management Approach", 2nd ed., New York: Harcourt Brace College publishers, The Dryden Press.

7-Shio, Martin J., "(1983):An Approach to Design of National Information Systems for Developing Countries", Information Systems in the Public Administration, North-Holland Pub. Co., Amsterdam.

8-Abo jyado, Saleh. (1998) Educational Psychology, Dar Al Maseerah Publishers: Amman.

9-AL- Harithi, Ibrahim. (2001) Thinking, Learning and Memory in The Light of Brain Research. Al- Shargi Bookstore: Riyad.

10-Eckman, F. (1996) On Evaluating Arguments for Special Nativism IN Second Language Acquisition Theory, Second Language Research, 12.

11-Jansen, E,(1998) Teaching With Brain In Mind. Alexandria, Virginia: ASCD.

Webograpgie:

http:\\www.almualem.net/saboora/showthreoad.php

http:\\www.social- studies74.ahlamontada.com-

http://www.khayma.com/almoudaress/educ/adimagh.html-

الفصل التاسع

نظرية أوزوبل (نظرية التعلم ذو المعنيAusubel)

عناصر الفصل التاسع :

- مقدمة
- تاريخ نظرية التعلم ذو المعني
- أنواع التعلم عند أوزوبل
- أنماط التعلم في نظرية أوزوبل
- المفاهيم المتضمنة في نظرية أوزوبل
- حوافز أو دوافع التحصيل كما يراها أوزوبل
- التطبيقات التربوية لنظرية أوزوبل

الفصل التاسع

نظرية التعلم ذو المعني(**نظرية أوزوبلAusubel**)

ـ مقدمة : ترجع نظرية " أوزوبل " للتعلم القائم على المعني إلى عالم علم النفس المعرفي دافيد أوزوبل الذي حاول من خلال هذه النظرية تفسير كيف يتعلم الأفراد المادة اللفظية المنطوقة والمقروءة .

يرى " أوزوبل " أن كل مادة أكاديمية لها بنية تنظيمية تتميز بها عن المواد الأخرى وفي كل بنية تشغل الأفكار والمفاهيم الأكثر شمولاً وعمومية موضع القمة ثم تتدرج تحتها الأفكار والمفاهيم الأقل شمولية وعمومية ثم المعلومات التفصيلية الدقيقة .

وأن البنية المعرفية لأي مادة دراسية تتكون في عقل المتعلم بنفس الترتيب من الأكثر شمولاً إلى الأقل شمولاً ، ومن ثم يرى " أوزوبل " أن هناك تشابه بين بنية معالجة المعلومات في كل مادة وبين البنية المعرفية التي تتكون في عقل المتعلم من هذه المادة، وذلك وفق الشكل التالي:

وجه المقارنة		تقديم المعرفة	
		الاستقبال	الاكتشاف
نمط المتعلم في ربط المعرفة	الفهم وإدراك المعنى	* تعلم بالاستقبال قائم على المعنى : Meaningful Perception Learning عندما تقدم المعرفة في صورة كاملة للمتعلم فيقوم بربط بنيته المعرفية بطريقة منظمة	* تعلم بالاكتشاف قائم على المعنى : Meaningful Discovery Learning يحدث عندما يصل المتعلم للمعرفة بنفسه ويعمل على ربط بنيته المعرفية بطريقة منظمة
	الحفظ	* تعلم بالاستقبال قائم على الحفظ: Rote Perceptional Learning ويحدث عندما تقدم المعرفة في صورة كلية للمتعلم فيحفظها دون ربط ببنيته المعرفية	* تعلم بالاكتشاف قائم على الحفظ: Rote Discovery Learning يحدث عندما يصل المتعلم بنفسه ولكن لا يربطها ببنيته وإنما يحفظها

ويفترض أوزوبل أن التعلم يحدث إذا نظمت المادة الدراسية في خطوط مشابهة لتلك التي تنظم بها المعرفة في عقل المتعلم .

حيث يرى أن المتعلم يستقبل المعلومات اللفظية ويربطه بالمعرفة والخبرات السابق اكتسابها وبهذه الطريقة تأخذ المعرفة الجديدة بالإضافة للمعلومات السابقة معنى خاص لديه.

وقدم " أوزوبل " تصنيفاً للتعلم إلى أربعة أنماط على أساس بعدين :

البعد الأول : طريقة تقديم المعلومات بالاستقبال أو الاكتشاف .

البعد الثاني : طريقة المتعلم في ربط المعرفة الجديدة ببنيته المعرفية بالفهم أو الحفظ.

وضع ديفيد أوزوبل نظريته التي تبحث في التعليم اللفظي ذي المعنى والتي شكلت اهتمام الباحثين في ميدان المناهج وطرق التدريس على مدار أكثر من عشرين عاماً ولا تزال وكانت الفكرة الرئيسية في نظريته هي مفهوم التعلم ذا المعنى والذي يتحقق عندما ترتبط المعلومات الجديدة بوعي وإدراك من المتعلم بالمفاهيم والمعرفة الموجودة لديه قبلاً وذلك بناء على مبدأ أوزوبل الموحد للتعليم .

ففي هذا الإطار فإن أوزوبل يعتقد أن إدراك المفاهيم والعلاقات المرتبطة بالمادة المتعلمة من قبل المتعلم والمتصلة ببنيته المعرفية من أكثر العوامل أهمية وتأثيراً في عملية التعلم كما أنه يجعل التعلم ذا معنى .

وقد طور أوزوبل هذه النظرية ونشرها في مجموعة من الدراسات والبحوث العلمية فنشر في عام 1959 كتاباً بعنوان \" قراءات في التعلم المدرسي \" ثم نشر في عام ١٩٦٣ كتاباً بعنوان \" سيكولوجية التعلم اللفظي ذي المعنى \" وهو تنظيم جديد لأفكاره كما نشر في عام ١٩٦٨ كتاب بعنوان \" علم النفس التربوي وجهة نظر معرفية \" وفي

عام ١٩٦٩ نشر أوزوبل بالاشتراك مع روبنسون كتاباً يوضح طبيعة هذه النظرية بعنوان \" التعلم المدرسي \" وفيه أوضحا نوعين من التعلم هما التعلم الاستقبالي ذي المعنى والتعلم بالاكتشاف ذي المعنى ومع ذلك فقد شاعت هذه النظرية بين الباحثين ورجال التربية في أواخر السبعينات من هذا القرن .

ـ تاريخ نظرية التعلم ذو المعني :

يعد عالم النفس الأمريكي ديفيد أوزوبل Ausuble من أقطاب المدرسة المعرفية والتي أهتم منظروها بالتعلم المعرفي (Cognitive Learning) وقد قدم أوزوبل من عام ١٩٦٣م إلى عام ١٩٦٩م نظريته في التعلم اللفظي ذي المعنى . حيث أسهمت في التوصل إلى حلول للمشكلات التعليمية ومعرفة الأسس السليمة لبناء المناهج والتخطيط للتعلم، وقد حصل أوزوبل عام ١٩٧٦ م على أعلى جائزة في علم النفس في أمريكا تقديرا لتلك الإسهامات (الخميسي، ١٩٩٤م، ١٦)

. بياجيه Biaget وبرونر Bruner وجانييه Gagne وقد مهد لهذه النظرية أبحاث كل من والذين هم من منظري الاتجاه المعرفي ، و تمثل هذه النظرية رد فعل لنموذج بياجيه عن مراحل النمو العقلي الأربع من ناحية ، وتعميق لفكر برونر على أسس منهجية من ناحية أخرى ، وكتعبير عن الاتجاهات التجريبية المعاصرة التي تقابل مذهب كانت Kant من ناحية ثالثة حيث يرى أن المعرفة قبلية أي أن الإنسان يحكم على الأشياء الموجودة في الطبيعة ويصنفها في ضوء التصورات الموجودة لديه سابقا ، كما أن المعرفة التي يتم اكتسابها يقوم العقل بصياغتها وفقا لهذه التصورات (قلادة، ١٩٩٧، ٢٨٩).

ويتفق أوزوبل مع بياجيه على أن أهم العوامل المسئولة عـن الـتعلم المعـرفي والـذي مـا هـو إلا عبارة عن نمو وتعديل في التراكيب المعرفية ـ هي عملية التنظـيم الـذاتي أو الموازنـة والتـي تـضمن عمليتين عقليتين أساسيتين هما :

١- التمثيل: **Assimilation**

ويتم من خلالها استقبال المعلومات من البيئة ووضعها في تراكيب معرفية موجودة لدى المـتعلم .

٢- الموائمة : **Accomodation**

ويتم من خلالها تعديل هذه التراكيب المعرفية لتتناسب مع المعلومات والخبرات الجديدة (قلادة ، ١٩٩٧م ، ٢٩١) .

ويختلف أوزوبل Ausuble

مع بياجيه في كون التعلم ذي المعنى لا يحدث نتيجة تراكم المعلومات الجديدة لكنه يحدث نتيجة لدمج أو ربط المتعلم للمعلومات الجديدة مع ما يمتلكه من معلومـات مختزنـة في بنـاءه المعرفي وبالتالي يحدث التغير في شكل المعرفة الجديدة .

ويوضح أوزوبل Ausuble كما في

(رزق ، ١٩٨٨م ، ١٦) أن هذا يختلف عن عملية التمثيل والموائمة عند بياجيـه حيـث يـرى أن المعرفة الجديدة ترتبط بالمفاهيم الخاصـة ذات الـصلة والموجـودة في البنيـة المعرفيـة ، كـما يـرى أن التغير الذي يحدث في عملية التعلم ذي المعنى ناتج من تمايز وتكامل المفاهيم ذات الـصلة في البنيـة المعرفية للفرد لا كونه ناتج عن مرحلة محددة من النمو المعرفي .

أما برونر Bruner فقد قدم نموذجا اكتسب أهميته لكونه يصف طبيعة اكتساب المفاهيم ويوضح أيضا استراتيجيات تدريسها ونوع التعلم الذي يتعلمه الطفل في مراحل معينة وأنه يتضمن وسائل لقياس نواتج التعلم ويحدد الأهداف التعليمية والتربوية لكل مفهوم يتم تعلمه . ويشترط أن يقوم المتعلم بنفسه باكتساب المعرفة ، واعتبر أن نماذج اكتساب وتحصيل المفاهيم تسهل نوع التعلم المفاهيمي في مقابل التعلم بالحفظ .

ويتضمن نموذج برونر ثلاث مستويات للنمو المعرفي كما في (قلادة ، ١٩٩٧ م، ٢٩٣) :

١- **مستوى الوصف :** ويتم فيه التعلم عن طريق الأشياء الواقعية الحسية .

٢- **مستوى التصور :** ويتم فيه تعلم التفكير بالأشياء دون التعامل معها .

Bruner٣- **المستوى الرمزي :** ويتم فيه التعلم بالرموز المجردة دون التفكير بالصورة الفعلية .

ويشير (رزق ، ١٩٨٨م ، ١٦) إلى أن نموذج برونر

كان بمثابة رد فعل لنموذج : بياجيه " حيث يؤكد برونر أن أي مفهوم من المفاهيم المجردة يمكن تدريسه وتعليمه للطفل إذا ما تم التعرف على قدراته واستعداداته القبلية وبناء مادة دراسية تناسب هذه الاستعدادات

والقدرات، وتوفر له المعلم الذي يساعده على إدراك التمثلات الرمزية (شاهين ، ٢٠٠٤ م، ١٧)

ويتفق " أوزوبل " مع " برونر " في التأكيد على أن التعلم المرغوب فيه يكون من العام إلى الخاص ويكون في سياق حل المشكلات المستقلة حتى يتعلم التلميذ اكتشاف علاقات جديدة إلا أنه يشكك في جدوى طريقة حل المشكلات في التعلم المدرسي باعتبار ما ينتج عنها من هدر الوقت والجهد واستنزاف الموارد ، وتشير دراسة (

سليمان ، ١٩٩٠ م ، ٢١٤) إلى أن إلحاح أوزوبل على طريقة الشرح (التلقي) في مقابل الاكتشاف راجع إلى اعتقاد أن التعلم المطلوب يجب أن يعتمد على المعنى أكثر من اعتماده على الاستظهار أو الكم ، وإعطاء المادة المتعلمة معنى من خلال إيجاد علاقة بين التعلم الجديد والبناء المعرفي القائم .

ويؤكد (سليمان ، ١٩٩٠م، ٢١٥) على أن طريقة الاكتشاف التي نادى بها برونر تعتمد هي الأخرى على المعنى ، وأن الفرق بين الطريقتين هو في الجانب الذي تركز عليه ، ولا تستبعد Ausubl أحدهما الأخرى فقد أوضح أوزوبل

أن هناك حالات يكون للتعلم الاستكشافي فيها فائدة أكبر . ويفضل أن تكون طريقة الاكتشاف تحت إشراف المعلم وتوجيهه بحيث يمكن تحقيق الفعالية المنشودة . ويطلق أوزوبل على ذلك " الاكتشاف الموجه " .

والخلاصة : " أن نظرية برونر وأوزوبل تتشابهان في بعض النواحي كما أنهما تختلفان اختلافا كبيرا في نواحي أخرى . فكل منهما تدور حول تنظيم المادة المعروفة ، كما أنهما يرفضان السلوكية ، ولكل منهما تطبيقات تربوية محدودة والفارق الرئيس بين النظريتين هو أن برونر يدعو إلى أن ينظم المتعلمون مادتهم التعليمية بأنفسهم نتيجة لإتاحة الفرصة لهم لاكتشاف العلاقة الكامنة بين أجزاء تلك المادة ، أما أوزوبل فيقول بأنه في معظم الحالات يكون من الأفضل أن يقوم المدرس بتنظيم تلك المادة وتقديمها للطلاب في شكلها المكتمل نسبياً " (سليمان ، ١٩٩٠ م ، ٢٠٥) ، كما أن نظرية أوزوبل تعتبر تعميقا لفكر برونر حيث تركزت دراسات أوزوبل على البحث في العلاقة الرابطة بين مستويات النمو المعرفي الثلاثة التي أشار إليها برونر في نظريته ولم يحدد شكل العلاقة بينها .

(رزق ، ١٩٨٨م ، ١٧)

ـ أنواع التعلم عند أوزوبل :

أنني إذا أردت أن اختصر كل علم النفس المعرفي في مبدأ واحد فأقول :

" إن أعظم عامل مؤثر في التعلم هو ما يعرفه المتعلم بالفعل فلنتحقق منه ولندرس له بناءاً على ذلك . "

ومن خلال ما سبق يمكن أن نقول: أن هذه النظرية في التعلم تعتمد على أن للفرد تركيب عقلي من نوع ما للخبرات التعليمية وعندما يمر في خبرة جديدة فإن ذلك يساعد على دخول معلومات جديدة إلى الترتيب سالف الذكر ونتيجة ذلك فإن هذا التركيب يعاد تشكيله من جديد من خلال دمج المعلومات الجديدة لتصبح جزءاً لا يتجزأ منه وهكذا يكون التعلم سلسلة من إعادة التركيب العقلي ، يتغير مع كل تعلم جديد.

يعد المعلم أهم عناصر التدريس الفعالة في نظرية أوزبل وهي : المعلم ، الطالب ، والمنهج كما تعد المقدرة على تدريس المفاهيم حجر الأساس لذلك المعلم الذي يهدف إلى تقدم الطلبة العلمي . لذلك كان عليه الابتعاد عن الطرق التقليدية الآلية لما تحدثه من أثر سلبي على التعليم حيث تقدم المعرفة للمتعلم جاهزة دون عناء ويقتصر دوره على حفظها وتكرارها ومن ثم سرعان ما تتعرض للنسيان . وكلما ارتبطت طريقة المعلم في تدريسه للمفاهيم بالبنية المفاهيمية للمتعلم كلما تحقق له تعلما ذا معنى (الشملتي ، ٢٠٠٤م ، ١٠) .

ولقد أدى الاهتمام بنمو المفاهيم واكتسابها في العملية التعليمية إلى زيادة وعي التربويين لفهم كيفية مساعدة الطلبة على تعلمها مما أدى إلى طرح العديد من النماذج والاستراتيجيات الفوق معرفية على يد عدد من المختصين في التربية وعلم النفس .وهذه الاستراتيجيات فوق المعرفية كما أوضحها نوفاك (NOVAK ,1987)

هي الاستراتيجيات التي تمد المتعلم بالكفاية اللازمة والقدرة لكي يقوم بالتعليم ذاتيا للوصول للتعلم ذي المعنى ، ومن هذه الاستراتيجيات استراتيجية خرائط المفاهيم والتي قامت بناء على نظرية أوزوبل في التعلم ذي المعنى .

وفي هذا الجزء من الفصل سيتم عرض أهم الأفكار والمقترحات التي طرحها أوزوبل .

منظومة التعلم عند أوزوبل تعتمد على مستويين رئيسين هما :

المستوى الأول : يرتبط بأساليب تعلم الفرد وبالتحديد الأساليب أو الطرق التي يتم من خلالها تهيئة وإعداد المادة التعليمية المراد تعلماه أو عرضها على المتعلم في الموقف التعليمي وتتخذ هذه الأساليب شكلين الأول هو(أسلوب التعلم الاستقبالي)والثاني هو (التعلم الاكتشافي)

والمستوى الثاني : يرتبط بكيفية تناول المتعلم ومعالجته للمادة التعليمية المعروضة عليه حتى تصبح مهيأة ومعدة للاستخدام أو الاستدعاء في الموقف التعليمي التالي فإذا قام المتعلم بالاحتفاظ بالمعلومات الجديدة للمادة التعليمية بواسطة دمجها أو ربطها ببنيته المعرفية وهي مجموعة من الحقائق والمعلومات والمعارف المنظمة التي تم تعلمها في مواقف تعليمية سابقة كما يعني اندماج وتكامل المعلومات الجديدة مع البيئة المعرفية للمتعلم وتكوين بنية معرفية جديدة فإن التعلم في هذه الحالة يعرف بالتعلم ذي المعنى أما إذا قام المتعلم باستظهار المادة التعليمية وتكرارها بدون فهم حتى يتم حفظها دون الاهتمام بإيجاد رابطة بينها وبين بنيته المعرفية فإن التعلم في هذه الحالة يعرف بالتعلم الصم وهنا لا يحدث أي تغيير في البنية المعرفية للمتعلم.

ويوجد تقسيم أخر لأنواع التعليم عند أوزبل نعرضه علي النحو التالي :

ـ أنواع التعليم عند أوزوبل :

التعليم عند أوزوبل مرتبة ترتيباً هرمياً من الأدنى إلى الأعلى على :النحو التالي هناك أربعة أنواع من

١ـ التعلم التمثيلي : Representational

حيث تتخذ هذه الرموز في أول الأمر صورة للكلمات التي تظهر في تعلم معنى الرموز المنفصلة تشير إلى الأشياء التي ينتبه إليها الطفل وبعد ذلك تصبح المعاني التي يتحدث بها الآباء للأطفال ثم للكلمات يعطيها الطفل

٢ـ تعلم المفاهيم : Concept

المفهوم وهي عملية الاكتشاف الاستقرائي للخصائص المحكية لفئة المثيرات المرحلة الأولى : هو تكوين يستطيع الطفل تسمية المفهوم في هذه المرحلة بالرغم من انه قد تعلمه حيث لا

الكلمة الثانية : فه اسم المفهوم وهو نوع من التعلم التمثيلي حيث يتعلم الطفل أن لفظ المرحلة المفهوم فيكون لها المعنى يمثل المفهوم الذي اكتسبه في المرحلة الأولى وهنا تكتسب الكلمة خاصية الدلالي

٣ـ تعلم القضايا: Propositions Learning

المفيدة وقد تشتمل على يقصد بالقضية أنها قاعدة أو مبدأ أو قانون ومن أمثلتها في اللغة الجملة

: التالية تعاميم فمثلاً قد تكون القضية (الجملة) تعميماً كالجمل

(الأطفال يحبون الكلاب) وقد لا تكون تعميماً كالجملة التالية

(عض الكلب جارنا الطفل **حسام).**

٤ ـــ الـــتعلم بالاكتـــشاف: Discovery Learning

ويتطلب هذا النوع أن يمارس المتعلم نوعاً من النشاط العقـلي يتمثـل في إعـادة تنظـيم وترتيب مادة التعلم ويهدف هذا التعلم إلى حل المشكلة والابتكار.

وتشير هذه المنظومة إلى أن التعلم قد يكـون اسـتقبالياً أو اكتـشافياً وهـذا يعتمـد عـلى أسلوب تقديم أو عرض المعلومات على المـتعلم كـما يمكـن أن يكـون صـماً أو ذا معنـى حسب طريقة معالجة المعلومات مـن قبـل المـتعلم وبـذلك يتفاعـل المـستويان ليقـدما أربعة أنماط من التعلم :

ـ أنماط التعلم في نظرية أوزوبل :

ينظر أوزوبل إلى التعلم بأنة عملية إيجاد علاقات وروابط بـين المعلومـات الجديـدة التي تقدم للمتعلم وما يعرفه فعلا في بناءه المعرفي . بحيث تعتبر تلك البنية المعرفية بما تتضمنه من معلومات ومعارف بمثابة الأسس التي نعتمد عليها في إضافة ما نريد تقديمه للمتعلم من معلومات جديدة .

كما يرى أوزوبلAusuble

أن الشيء يكون له معنى عندما يكون في وعـي المـتعلم شيء يمكـن معادلتـه بـه ، وهذا الشيء هو ما نطلق عليه البنيـة المعرفيـة ويعتـبر أن مـا يتعلمـه الفـرد ويمكـن أن يضيفه إلى بنيته المعرفية يعتمد بدرجة كبيرة على ما يعرفه بالفعـل . (سـليمان ، ١٩٩٠ م ، ٢٠٧)

ويعتبر أوزوبل Ausuble

أن العامل الحاسم في عملية التعلم هو " ما يعرفه المتعلم من قبل " حيث يقول للمعلم " إذا كان هناك عامل واحد حاسم في التعليم فهو معرفة الطالب السابقة ، تأكد منها

وعلمه بموجبها " (الخليلي ، ١٩٩٦م ، ٣٢٣) ويشير(وخليل ، ١٩٩٦م ، ٩٠) إلى أن أوزوبل Ausuble

قدم أربعة أنماط للتعليم نشأت من تكامل بعدين رئيسيين هما :

أ - البعد الأول : تصنيف التعلم حسب طرائق المعلم في تقديم المعلومات ويتضمن نوعين من التعلم يستقل كل منهما عن الآخر وهما :

- الأسلوب الأول : أسلوب التعلم بالاستقبال Reception Learning

بحيث تقدم المعلومات المراد تعلمها في شكلها النهائي للمتعلم ولا يقوم بأي دور في اكتشاف هذه المعلومات مثلما يحدث في طريقة الإلقاء أو المحاضرات .

- الأسلوب الثاني : أسلوب التعلم بالاستكشاف(Discovery Learning) :

بحيث يقوم المتعلم باكتشاف المعلومات المطلوب منه تعلمها بنفسه وبشكل مستقل عما يعرض عليه . ويوضح الشكل رقم (١) تصنيف هذا البعد :

شكل رقم (١)

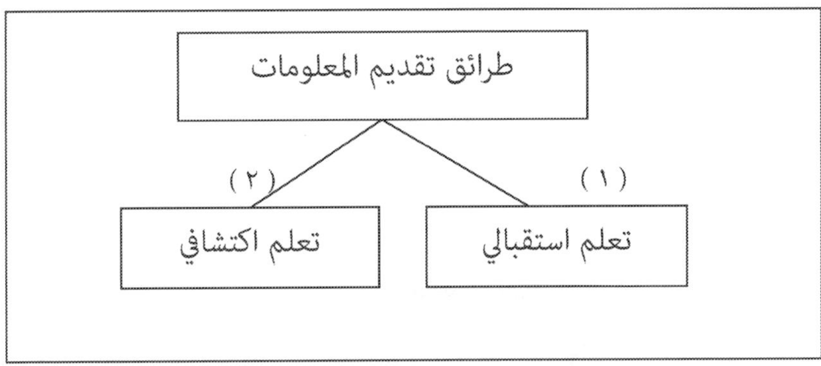

ب- البعد الثاني : تصنيف التعلم حسب طرائق استقبال المتعلم للمعلومات ويتضمن أسلوبين من التعلم :

الأسلوب الأول : التعلم الصم (الحفظ والاستظهار) : ويقوم المتعلم بمحاولة حفظ المعلومات حفظا صما من غير ربطها بما لديه من معلومات ومعارف سابقة (البنية المعرفية) وبالتالي تذكرها في الموقف التعليمي من غير تعديل أو تبديل في تلك البنية ولما كان دخول هذه المعلومات بشكل عشوائي فإن بقاؤها يكون مؤقتا ونسيانها سريعا .

الأسلوب الثاني : التعلم ذو المعنى : وفيه يقوم المتعلم باستيعاب المعلومات وحفظها من خلال ربطها ببنيته المعرفية وبالتالي يتكون لديه بنية معرفية جديدة أو تعديل البنية القائمة . ويوضح الشكل (٢) تصنيف هذا البعد :

شكل رقم (٢)

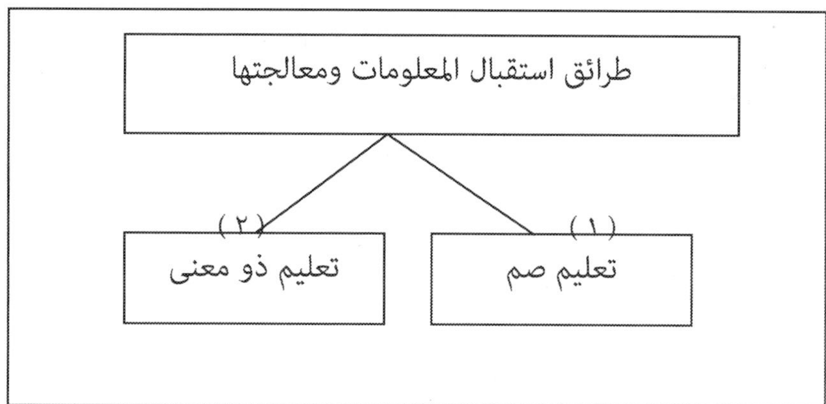

وعليه تصبح أنماط التعلم أربعة من البعدين السابقين وهي :

١- تعلم استقبالي صم قائم على الحفظ Rote Reception Learning

٢- تعلم اكتشافي صم قائم على الحفظ Rote Discovery Learning

٣- تعلم استقبالي ذو معنى قائم على الفهم Meaning Ful Reception

٤- تعلم اكتشافي ذو معنى قائم على الفهم Meaning Ful Discovery Learning

ويفضل أوزوبل التعلم بالاستقبال القائم على المعنى على التعلم بالاستكشاف

لأنه هو الأكثر حدوثا في الصفوف الدراسية ، كما أن ما يتعلمه الإنسان يكون غالبيته عن طريق معلومات جاهزة وليس عن طريق الاكتشاف . (قلادة ، ١٩٩٧ ، ٣٠٦)

ـ المفاهيم المتضمنة في نظرية أوزوبل :

١- التعلم ذو المعنى : Meaning Learning

يعتبر التعلم ذو المعنى جوهر نظرية أوزوبل ويقصد به: ذلك التعلم الذي يحدث نتيجة لدخول معلومات جديدة إلى المخ وارتباطها بجانب موجود أو قائم من التركيب المعرفي عند الفرد وثيق الصلة به "

ويرى أوزوبل أن المعلومات التي يتم اكتسابها بالتعلم ذي المعنى يتم بقاؤها والاحتفاظ بها مدة أطول . ويشير (خليل ، ١٩٩٦م ، ٨٧) إلى أنه ليس بالضرورة أن تكون المعلومات التي يتم تعلمها موجودة بالضبط في البنية المعرفية للمتعلم لكي يكون التعلم ذا معنى إذ يمكن أن يتكون المعنى عند المتعلم في حال وجود علاقة تشابه وارتباط بين ما يقدم للمتعلم من معلومات وما هو كائن لديه ويضرب أوزوبل لذلك مثالاً في تعلم مفهوم المثلث المتساوي الأضلاع في أن سهولة تعلمه راجعة إلى

اكتساب المتعلم سابقا للمفهوم العام لمثلث وتعتبر المادة التعليمية التي يتعرض لها الفرد مادة ذات معنى إذا ارتبطت ارتباطاً جوهرياً وغير عشوائياً ببنية الفرد المعرفية هـذه العلاقـة الارتباطيـة تـؤدي طبقاً لنظرية أوزوبل إلى تعلم ذات معنى \" وفي المقابل فـإن ارتبـاط المـادة التعليميـة ببنيـة الفـرد المعرفية على نحو غير جوهري وعشوائي يؤدي إلى "\ تعلم صم \" والقائم على الحفظ .

لذا نجد أن ارتباط المادة التعليمية بالمحتوى الفكر المعرفي للمتعلم ييسر ظهور معـاني أو مفـاهيم أو أفكار جديدة قد تستخدم في المواقف التعليمية الجديدة أو في حل المـشكلات وهـذا يحـدث في ظـل التعلم القائم على المعنى

إذ يعد المثلث المتساوي الأضلاع حالة خاصة من أحوال المثلث .

وعلى ذلك فالتعلم ذو المعنى يمتاز بعدة مزايا :

أ ـ يحتفظ به المخ لفترة طويلة.

ب ـ يزيد من كفاءة الفرد في تعلم المزيد مـن المعلومـات الجديـدة المرتبطـة بالمفـاهيم التـي تكـون البنية المعرفية للفرد .

ج ـ عند النسيان تفقد المفاهيم الأساسية بعض عناصرها الفرعية وتبقـى المفـاهيم محتفظـة بالمعـاني الجديدة التي اكتسبها وبذلك تستمر في أداء دورها الهام في تسهيل دخول معلومات جديدة

ـ شروط التعلم ذي المعنى عند أوزوبل :

يضع أوزوبل شروطاً للتعلم ذكرت (الخميسي ، ١٩٩٤، ٢١) منها شرطـان يتعلـق الأول بـالمتعلم والآخر بالمادة التعليمية وهما :

١- أن يكون المتعلم مهيئا لذلك ويبدي قصدا للتعلم أما إذا أجبر فـستكون المعلومـات الجديـدة عبارة عن كلمات لفظية خالية من المعنى .

٢- أن تكون المادة التعليمية ذات معنى كامن أي يمكن ربطها بالبناء المعرفي بعلاقة منطقية

٣- أن تتاح للمتعلم الفرصة لربط المعلومات الجديدة بما يلائمها من معلومات في البنية المعرفية ، ويضع أوزوبل لهذا الشرط خاصيتان ينبغي أن تتوافرا كي يصبح التعلم ذا معنى وهما :

أ- أن يكون الارتباط غير عشوائي .

ب- أن يكون الارتباط جوهريا أي أن لا يكون معتمدا على اللفظية أو بمعنى أن العلاقة لا تتغير إذا أعيد التعبير عنها بصيغ مختلفة عن البنية المعرفية للمتعلم

ـ العوامل التي تعوق التعلم ذي المعنى :

لخص بيل Bell كما في (الخميسي ، ١٩٩٤ ، ٢٢) العوامل التي تعوق التعلم ذي المعنى فيما يلي :

- قد لا يمتلك المتعلم المستوى العقلي المناسب لحدوث التعلم ذي المعنى لبعض المفاهيم وهؤلاء المتعلمون لا يمكنهم تعلم المفاهيم الشديدة التجريد دون أن يصاحب ذلك أمثلة ملموسة لتلك المفاهيم .

- قد لا يمتلك التلاميذ الدافعية اللازمة لتعلم المادة بطريقة ذات معنى ، وقد يلجأ مثل هؤلاء التلاميذ إلى الاستظهار عامدين .

- قد يخدع بعض المدرسين أنفسهم حين يعتقدون أن قوائم التعريفات وقوائم حل المسائل ذات معنى للتلاميذ .

٢- البنية المعرفية : Cognitive structure

هي إطار تنظيمي للمعرفة المتوفرة عند الفرد في الموقف الحالي وهذا الإطار يتألف من الحقائق والمفاهيم والمعلومات والتعميمات والنظريات والقضايا التي تعلمها الفرد

ويمكن استدعائها واستخدامها في الموقف التعليم المناسب وهذا يعني أن الإطار التنظيمي الجيد للبنية المعرفية يتميز بالثبات الوضوح واليسر في المعالجة والعكس من ذلك يدعو لعدم ثبات المعلومات وعدم القدرة على استدعاء ومعالجة المعلومات أو الاحتفاظ بها مما يؤدي لإعاقة وتعطيل التعلم .

كما يعرف أوزوبل كما في (قلادة ، ١٩٩٧ ، ٣٢٠) البنية المعرفية للمتعلم بأنها " إطار يتضمن مجموعة منظمة من الحقائق والقضايا والتعميمات والنظريات ذات تنظيم هرمي تحتل فيه المفاهيم والأفكار العامة المجردة قمة هذا التنظيم وتندرج تحتها المفاهيم الأقل عمومية وشمولا إلى أن تحتل المفاهيم والتفصيلات البسيطة قاعدة هذا التنظيم " .

ويؤكد أوزوبل على أهميتها بقوله " إذا كان لي أن ألخص علم النفس التعليمي في مبدأ واحد فهو : أن العامل الوحيد الأشد أهمية والمؤثر في التعلم هو ما يعرفه المتعلم ، تحقق منه وعلمه في ضوئه .

ويرى أوزوبل أن هناك تشابها بين البنية المعرفية للمتعلم وطريقة تنظيمها في العقل والبنية المعرفية للمادة الدراسية . وتدور نظريته حول محتوى بنية المتعلم المعرفية وكيفية استثمارها في عملية التعليم والتعلم (وخليل ، ١٩٩٦م ، ٨٥) . ويعبر عن وجهة نظره هذه بأن كل مادة دراسية لها بنية مفاهيم منظمة تنظيما هرميا ، تحتل فيه المفاهيم الواسعة المجردة قمة الهرم وتتضمن في المراحل الدونية المفاهيم الأكثر محسوسية ، وهذا يشابه العقل في تنظيمه للمعلومات ونظام خزنها فيه ، فالعقل منظم تنظيما هرميا من مجموعة من الأفكار والمفاهيم الرئيسية كدعامات ترسو عليها المفاهيم الأقل والأقل عمومية

(قلادة ، ١٩٩٧ م ، ٣١٨) ، وتختلف البنية المعرفية من شخص لآخر اعتمادا على ما يعرفه كل فرد والكيفية التي تربط بها معارفه ومعلوماته في المخ . إلا أن هذا الاختلاف لا يحول دون مقدرتهم على التفاهم لوجود مفاهيم مشتركة بينهم (الخميسي ، ١٩٩٤م ، ١٨). ويقترح أوزوبل بعض العمليات الأساسية التي تساعد على تنظيم المعرفة في البيئة المعرفية : كالتوفيق التكاملي والتعلم الفوقي والتمايز التقدمي والاحتواء .

٣-التوفيق التكاملي : (integrative Reconciliation)

يعرفه (قلادة ، ١٩٩٧ ، ٣٢٥) بقوله : " هو العملية التي يرتبط فيها مفهومان أو أكثر من المفاهيم الموجودة في البنية المعرفية من خلال مفهوم عام أكثر شمولا ، بحيث ينتج من هذه العملية معان جديدة لهذه المفاهيم ، فالمفهوم الجديد لا يضاف جبريا إلى المفهوم القديم ، بل يحدث تحوير وتعديل ويتولد مفهوم مستحدث فيه من كل من القديم والجديد ولكنه يتميز عنهما .

ويتكون التوفيق التكاملي من عمليتين :

- **عملية التوفيق** : ويتم من خلالها تنسيق ما قد يبدوا ظاهريا أنه اختلاف أو عدم اتساق بين المفاهيم .

- **عملية التكامل** : ويستطيع المتعلم من خلالها إدراك العلاقات الموجودة بين المفاهيم والمقارنة وبيان أوجه الشبه والاختلاف فيما بينها ، وتسهم هذه العملية في تسهيل دمج المعلومات الجديدة في البنية المعرفية للمعلم وتسهم في بقائها وحفظها مدة أطول .

كما أن هذه العملية يدرك المتعلم من خلالها وحدة وتكامل المعرفة العلمية سواء كانت جديدة أم موجودة في بنائه المعرفي .

٤- **التعلم الفوقي : (Superotdinate Learning)**

وهي عملية ملازمة للتوفيق التكاملي وناتجة عنه كما أنها ناتجة من التمايز التدريجي للبنية المعرفية ، حيث ترتبط المعلومات والمعارف الجديدة التي يستقبلها المتعلم مع المفاهيم الموجودة سابقا مما يؤدي إلى نمو هذه المفاهيم ووضوحها وعندما يصل المفهوم إلى درجة عالية من الوضوح والفهم يكون مفهوما عاما ويحتل القمة في التنظيم الهرمي للبنية المعرفية لعدد آخر من المفاهيم الأقل عمومية . (قلادة ، ١٩٩٧م ، ٣٢٤)

٥- **التمايز التقدمي (progressive Differentiation)**

ويعرفه أوزوبل كما في بأنه " جزء من عملية التعلم ذي المعنى ، وهو ذلك التنظيم الذي ينشأ عنه نموا هرميا للمفاهيم أو القضايا في البناء المعرفي من القمة إلى القاعدة "

ويؤكد أوزوبل على أهمية مفهوم التمايز التقدمي حيث يشير إلى أنه أثناء اكتساب المعلومات الجديدة في التعلم ذي المعنى تصبح المفاهيم أكثر تفصيلا وتحدث روابط جديدة بين المفاهيم ، ويتم تعديل جزئي في كل المفاهيم المترابطة (قلادة ، ١٩٩٧ ، ٣٢٣) . وعليه فإن المفاهيم التي تعلمها المتعلم في السابق وكانت أقل شمولية تكتسب معاني أعم وأشمل كلما تعلم مفاهيم جديدة تندرج تحتها . وبذلك تصبح المعارف والمعلومات أكثر ترابطا .

٦ـ **الاحتواء أو البناء الثانوي (التضمين) :Subsumption**

ويعني استيعاب مفهوم أقل شمولية بواسطة مفهوم أكثر شمولية في معناه .

وترتبط المفاهيم الجديدة بالمفاهيم المعروفة من قبل بحيث تصبح هذه المفاهيم المعروفة من قبل والتي تعمل كمصنفات تصبح ذات معنى واضح ومحدد وذلك عن طريق الرابطة التي تربطها بالمفهوم الجديد .

ويؤكد أوزوبل كما في (رزق ، ١٩٨٨ ، ٢١) على أن التعلم ذي المعنى لا يؤدي إلى تراكم في المعلومات نتيجة المعرفة الجديدة التي تضاف للمعرفة السابقة ولكنها تتفاعل مع المفاهيم المناسبة وذات الصلة في البنية المعرفية ثم يتم استيعابها داخل هذه البنية . ويطبق أوزوبل على المفهوم الرابط (المصنف) كما أطلق على عملية ربط المعلومات الجديدة بالمفاهيم الحقيقية الملائمة في حالة التعلم ذي المعنى اسم عملية الاحتواء وهي عملية ملازمة للتمايز التقدمي .

وينظر أوزوبل إلى أن عملية الاحتواء تتم بفاعلية كلما كانت المفاهيم والمبادئ العامة واضحة وراسخة في بنية المتعلم المعرفية وكلما كانت متصلة بالموضوع الجديد .

٧- المنظم المتقدم : (Advance Organizers)

هو تلك المفاهيم أو التعميمات أو القواعد التي تخص أي مادة جديدة على أفكار الطلاب بحيث يزودهم بها المعلم في بداية الموقف التعليمي لتساعدهم على ربط المعلومات وتبويبها في بنيتهم المعرفية .

قد لا يتم التوافق التام بين الأفكار والمعلومات الجديدة مع الأفكار والمفاهيم السابقة ، وهذا ما يؤدي إلى عزل المفاهيم الجديدة عن القديمة فلا يحدث التكامل ، وهذا ما يؤكد ضرورة الاهتمام بالمعلومات والمفاهيم السابقة لدى المتعلم وبذل الجهد لربط المفاهيم الجديدة بالمفاهيم السابقة وذلك يسهم في تسهيل التعلم . وفي ذلك يقترح أوزوبل المنظم المتقدم ويعني به " ما يزود به المعلم طلابه من مقدمة أو مادة تمهيدية استهلالية مختصرة تقدم في بداية الموقف التعليمي حول بنية الموضوع المراد تعلمه وتكون على قدر عال من التجريد والشمول والعمومية " .

ـ أنواع المنظمات المتقدمة :

يصنف أوزوبل المنظمات المتقدمة إلى نوعين حسب ألفة المتعلم بالمادة الدراسية هما :

(خليل ، ١٩٩٦ ، ٩٥)

- منظم العرض :Expository organizer

ويستخدم عندما تكون المعلومات جديدة على المتعلمين وغير مألوفة لديهم ، وتكون مهمة المنظم المتقدم تزويد المتعلمين بالأفكار والمعلومات الفرعية التي يضمها المحتوى مما يعمل على إرساء التعلم الجديد والذي يعمل بالضرورة على تسهيل التعلم اللاحق .

ولذلك يوصي أوزوبل باستخدام منظم العرض لتثبيت المعرفة الجديدة وتدعيمها في البنية المعرفية للمتعلم . (السعدني ، ١٩٨٨ ، ٢٩) .

- المنظم المقارن : comparative organizer

يلجأ إليه المعلم عندما يكون موضوع الدرس غير جديد كلياً ي أن لديهم بعض الخبرات السابقة عن الموضوع أو بعض جوانبه فيسهم في دمج المعلومات الجديدة وتمييزها عن سابقتها وتثبيتها في نسق عقلي منظم من خلال توضيح أوجه الشبه والاختلاف بينها .

ويستخدم عندما تكون المعلومات الجديدة مألوفة نسبيا لدى المتعلم ولديه خبرات سابقة حول بعض جوانبها .وهنا يعمل المنظم المقارن على إيجاد التكامل بين الأفكار والمعلومات الجديدة وبين المفاهيم الأساسية المشابهة لها في البنية المعرفية للمتعلم والتي قد تختلف عنها بشكل جوهري ولكنها تبدو متشابهة مما يربك المتعلم . (قلادة ، ١٩٩٧م ، ٣٣٠)

فيكون عمل المنظم المقارن كجسر معرفي يتم من خلاله إظهار أوجه الشبه والاختلاف بينها.

وتقدم المنظمات المتقدمة في أشكال مختلفة منها خرائط المفاهيم .

ـ أهم وظائف المنظم المتقدم :

١ـ تعمل على زيادة فهم ما يتعلمه الطالب وتقليل عملية الفهم الخاطيء لمفاهيم وذلك عن طريق تديم تعميمات وإطارات للمفاهيم الصحيحة .

٢ـ تعمل على توجيه الانتباه وإثارة الاهتمام عند الطالب .

٣ـ تعمل على تذكير المتعلم بالعلاقات بين الأجزاء المختلفة للمواضيع التي درسها.

٤ـ توضح العلاقات بين المفاهيم والمبادئ العلمية .

٥ـ التضمين أو الدمج: Subsumption

(هو عملية تهتم بدمج المعلومات الجديدة بما هو موجود في البنية المعرفية لدى المتعلم بطريقة يتم بها تعديلها فينتج عنها مفاهيم وأفكار جديدة تهتم في نمو البنية المعرفية السابقة وتطويرها إن عملية التضمين تؤدي إلى تسهيل تعلم المادة الجديدة وتثبيتها وجعلها أكثر مقاومة للنسيان كما تزود المتعلم باستراتيجيات فاعلة تمكنه من استدعاء هذه المادة في المستقبل).

٦ـ التضمين الماحي : Obliterative Subsumption

هو مفهوم يدل على النسيان الذي يحدث بعد التعلم ذي المعنى وذلك لتمييزه عن النسيان الناتج عن التعلم الصم .

حيث يكون لبعض عناصر المفاهيم التي دخلت ضمن البنية المعرفية للفرد وهذا النسيان لا ينتج عنه عقبات عند تعلم معلومات جديدة فالمفاهيم المتبقية بعد نسيان المفاهيم الثانوية أو التفاصيل لا تزال تخدم تسهيل تعلم ذي معنى جديد على عكس النسيان الناتج عن التعلم الصم

٧ـ التمايز التقدمي (التدريجي): Progressive Differentiation

ويقصد بالتمايز التقدمي للمفاهيم أنه التعديل والتطوير المستمر للمفاهيم التي يملكها

الفرد بحيث تصبح أكثر اتساعاً وعمومية وشمولية وكلما استمر الفرد في عملية التعلم ذي المعنى فإن المفاهيم الموجودة في البنية المعرفية تزداد وضوحاً وثباتاً.

٨ ـ التعلم الفوقي: Super Ordinate Learning

يحدث التعلم الفوقي عندما يتعلم التلميذ أن الكلب والقط والإنسان كلهم من الثدييات كما ينتج التعلم الفوقي أيضاً من التمايز التدريجي لبنية المعرفية حيث تكتسب المفاهيم الفوقية معاني جديدة .

٩ ـ التوفيق التكاملي: Integrative Reconciliation

يقصد به أن المفهوم الجديد يضاف إلى المفهوم السابق بعد تحوره ويحدث بينهما عملية ربط وتكامل مما يؤدي إلى تكوين مفهوم جديد فيه الجديد والقديم وأن هذه العملية تحدث عندما يدرك المتعلم أنه أمام مصطلحات كثيرة ومتنوعة وتصف جميعها المفهوم نفسه فإذا ما أدرك الطالب تلك المصطلحات المختلفة التي يمكنها وصف نفس المفهوم يكون قد حصل على التكامل التوافقي .

١٠ ـ التنظيم المتسلسل : وقد نظمها نوفاك في صورة خطوات التعلم ذي المعنى بالاستقبال اللفظي كالتالي :

التعلم بالمعني ـ التضمين ـ التوفيق التكاملي ـ التعلم الفوقي ـ التمايز التدريجي ـ المنظم المتقدم ـ التعلم بالحفظ الصم .

٨ ـ التعلم بالاستقبال: Reception learning

هو التعلم الذي تكون فيه المادة التعليمية تعرض على المتعلم في صورتها النهائية بحيث يكون الدور الرئيسي في الموقف التعليمي للمعلم فهو يقوم بإعداد وتنظيم المادة ثم يقدمها للمتعلم ويقتصر دور المتعلم على استقبال هذه المادة

٩ـ التعلم بالاكتشاف: Discovery learning

المادة التعليمية التي تعرض على المتعلم تكون في صورتها الأولية بحيث يؤدي المتعلم دوراً رئيسياً في الموقف التعليمي فهو يقوم باكتشاف المادة التعليمية وتنظيمها وترتيبها وتمثلها ودمجها في بنيته المعرفية .

ـ حوافز أو دوافع التحصيل كما يراها أوزوبل :

أكد على أن هناك ثلاثة دوافع للتحصيل والتي ترتبط فيما بينها بروابط ويتم تغييرها بنمو الفرد وتشمل هذه المكونات :

١ ـ الدافع المعرفي :

هذا الدافع يعود لحاجة المتعلم ورغبته الأكيدة في حل المشاكل التي تقابله في حياته اليومية فإذا كان المتعلم يتصف بهذه الصفات فإن هذا الدافع قد يعمل على زيادة تحصيله التعليمي .

٢ ـ تحقيق الذات :

يتضمن الدوافع للحصول على مكانة مرموقة في المجتمع والنجاح المستمر.

٣ ـ الحاجة إلى الانتماء :

كل فرد يحس بحاجة إلى الانتماء إلى المجتمع الذي يعيش فيه وهذا قد يكون واضحاً عند الأفراد الفعالين في المجتمع فالأطفال يحتاجون إلى الاهتمام والرعاية والتشجيع من كبار السن في مجتمعهم ليحسوا أنهم جزء من هذا المجتمع.

ـ التطبيقات التربوية لنظرية أوزوبل :

يعتقد أوزوبل أن هدف التربية هو تعلم الطالب المحتوى وساهمت هذه النظرية بشكل كبير في التخطيط للدروس وتنفيذها وتقويمها وتطوير طرق التدريس فهي تركز على نتاج العلم وليس عمليات العلم والتركيز كان منصب على الحقائق والمفاهيم والمبادئ

العلمية والعلاقة بينها .

تركز على أهمية اهتمام معلم العلوم بالتعرف على المعلومات التي لدى المتعلم مسبقاً ثم العمل على ربط المعلومات الجديدة بتلك القديمة.

يهتم أوزوبل بالمنظمات المتقدمة وأن تكون عامة وشاملة ومشوقة وعلى المعلم أن يختم درسه بمراجعة سهلة للمفاهيم الرئيسية للتأكد من تحقيق أهداف الدرس وأن عملية التعلم تمت بربط المعلومات الجديدة بما يعرفه الطالب من قبل وإعطاء الطالب واجبات وأسئلة تطبيقية عملية مهمة لتسهيل عملية التعلم.

وقد كان لها دور واضح في ظهور استراتيجيات تدرس حديثة في تدريس العلوم وقد كانت مبنية على نظرية أوزوبل للتمثيل المعرفي :

وتعرف باستراتيجيات (المعرفة الخارقة Cognitive Strategies)

١ ـ خرائط المفاهيم.

٢ـ شبكات المفاهيم.

٣ ـ الرسوم التخطيطية ذات الشكل.

٤ـ الرسوم التخطيطية الدائرية للمفهوم .

وقد نأتي هنا على بعض من أوجه النقد التي توجه لها :

١ـ نجد أنها قسمت التعلم ذي المعنى إلى نوعين : تعلم بالاستقبال وتعلم بالاكتشاف ولكنها أعطت أهمية كبرى للتعلم بالاستقبال وأغفلت التعلم بالاستكشاف

٢ـ كما أنها ترفض مبدأ التعزيز على الرغم من أن رضا واستحسان الوالدين أو المعلمين أو الأفراد يشير إلى نوع من التعزيز كما أن حل المشكلة أو إتمام العمل التعليمي المطلوب تحقيقه والشعور بالرضا أو الاقتدار الذي يلي ذلك هو نوع من التعزيز

٣ـ تركيزها على الناحية اللغوية في عرض الأفكار يجعلها تناسب التعليم الثانوي

والجـــامعي أكـــثر مـــن تعلـــيم الأطفـــال لعـــدم وصـــولهم لمرحلـــة التجريـــد.

٤ـ تركزيها على المحتوى فالهدف من التربية عند أوزوبل كان هو تعليم المحتوى بما فيـه مـن حقـائق ومفاهيم ومعارف ··· الخ

ـ تنظيم المحتوى :

يقترح " أوزوبل " للوصول إلى تعلم قائم على المعنى مبدأين لتنظيم المحتوى :

١ـ التفاضل المتوالي : ويعني المبدأ الأول أن ينظم محتـوى المـادة الدراسـية مـن المفـاهيم الأكـثر شمولاً إلى المفاهيم الأكثر تفصيلاً وتخصصاً .

٢ـ التوفيق التكاملي :ويعني المبدأ الثاني أن تتكامل وتتوافق المعرفة الجديدة من محتـوى معـين مع المعرفة السابقة الموجودة في البنية المعرفية لعقل المتعلم .

ـ عملية التدريس :

يقترح أوزوبل وفقاً لنظريته إستراتيجية معينة تستخدم منظم الخبرة المتقدم

Advancement Experience Organizers

وهو كما يرى " أوزوبل " مقدمة شاملة تمهيديـة تقـدم للمـتعلم قبـل تعلـم المعرفـة الجديـدة وتكون على مستوى من التجريد والعمومية والشمول وبعبارات مألوفة لـدى المـتعلم . بحيـث تيـسر احتواء المادة الجديدة في البنية المعرفية للمتعلم عن طريق الربط بين الأفكار الجديدة المراد تعلمهـا وبين الأفكار الموجودة في البنية المعرفية للمتعلم .

وتنقسم المنظمات المتقدمة إلى نمطين :

١ـ المنظمات المتقدمة الشارحة Explanative Advanced Organizers :

ويستخدم هذا النمط حيث تكون المادة المراد تعلمها جديدة تماماً وغير مألوفة للمـتعلم حيـث تزود المتعلم ببناء تصوري عن موضوع التعلم بحيث يمكن ربطه بتفاصيل ذلك الموضوع .

٢ـ المنظمات المتقدمة المقارنة : Comparative Advanced Organizers

ويستخدم هذا النمط حيث تكون المادة موضوع التعلم مألوفة للمتعلم ومن خصائص هذا النمط من المنظمات المتقدمة أنه :

- يساعد المتعلم على إيجاد تكامل بين المفاهيم الجديدة والمفاهيم الموجودة في بنيته المعرفية .
- يساعد المتعلم على التمييز بين الأفكار الجديدة والأفكار الموجودة في بنيته المعرفية.

وهكذا يرى " أوزوبل " استخدام الأسلوب التركيبي في عملية تنظيم المحتوى وعملية التدريس حيث يبدأ من العام إلى الخاص (من البسيط إلى المركب) ، وهكذا يلاحظ أن أوزوبل يرى عكس ما يراه " جانييه " في تنظيم التعلم (كما هو موضح بالشكل) .

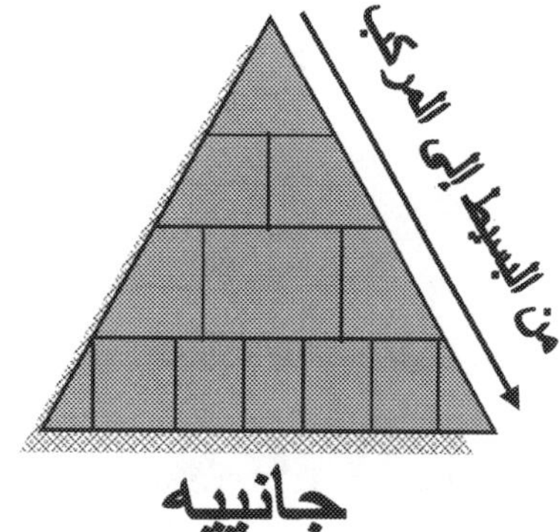

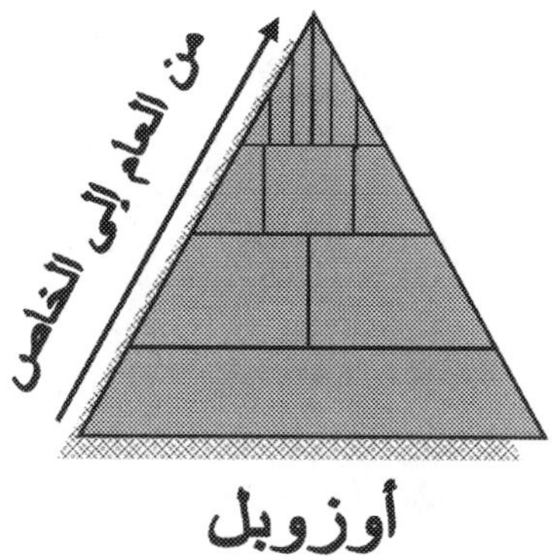

قائمة المراجع

أولا:المراجع العربية :

١- إبراهيم بسيونى عميرة (١٩٨٧) : المنهج وعناصره ، الطبعة الثانية ، دار المعارف.

٢- جابر عبد الحميد ، طاهر عبد الرازق (١٩٧٨) : أسلوب النظم بين التعليم والتعلم ، دار النهضة العربية.

٣- جابر عبد الحميد جابر(١٩٨٩) : سيكولوجية التعلم .. نظريات وتطبيقات ، دار الكتاب الحديث ، الكويت .

٤- حلمى أحمد الوكيل ، محمد أمين المفتى (١٩٨٩) : أسس بناء المناهج ، دار الكتاب الجامعي .

٥- رشدى لبيب (١٩٨٤): المنهج منظومة لمحتوى التعليم ، دار الثقافة للطباعة والنشر.

٦- فاروق فهمى (٢٠٠١): الاتجاه المنظومي في التدريس والتعليم ، المؤتمر العربي الأول حول الاتجاة المنظومي في التدريس والتعلم ، القاهرة ١٧-١٨فبراير ٢٠٠١ .

٧- يحيى حامد هندام ، جابر عبد الحميد (١٩٨٥) : المناهج ، أسهها ، تخطيطها ، تقويمها ، الطبعة السابعة ، دار النهضة العربية.

ثانيا : المراجع الأجنبية :

8-Bandura, A. (1977) ***Social learning theory***. Englewood Cliffs, N.J ; Prentice Hall.

9-Fahmy , A.F.M ; Arief M.H & Lagwoski , J (2000): Systemic Approach in Teaching and Learning Organic Chemistry for the 21st Century, 16the ICCE, p .45.

10-Novak, I & Gowin , d (1994): Learning How to Learn , New York , Cambridge University press.

11- Razek , I. & Swanson , A (1995) : Fundamental Concepts of Education Leadership and Management , Prentice Hall , New Jersey.

12- Tilburg University (2000) : Systemic and not Systemic welfare systemic Social Protection only? Paper Rc-19 Conference Tilburg University, August .

الفصل العاشر

نظرية انتقال أثر التعلم

عناصر الفصل العاشر:

- مقدمة
- مفهوم انتقال أثر التعلم
- أنواع انتقال أثر التعلم
- عوامل تؤثر في ربط المواد الدراسية بالحياة
- شروط انتقال أثر التدريب الايجابي
- شروط انتقال أثر التدريب السلبي
- مجالات انتقال أثر التعلم
- دور انتقال أثر التعلم في المدرسة
- تأثير انتقال أثر التعلم على الأطفال المعاقين عقلياً

الفصل العاشر

نظرية انتقال أثر التعلم

ـ **مقدمة :** نال موضوع انتقال اثر التعلم اهتمام واسع وكبير من قبل العلماء والمختصين في مجالات علم النفس والتعلم الحركي ، وانتقال اثر التعلم يظهر عندما يتعلم اللاعب حركة أو مهارة ما فان السلوك الحركي الذي ينتج من خلال هذا التعلم يترك أثرا يمكن أن يستغل في أحداث تعلم حركة أو عدة حركات جديدة أو حديثة على شرط أن تكون هذه الحركات مشابهة أو قريبة من الحركة السابقة المتعلمة ويعد انتقال اثر التعلم جزءاً مهماً وفعالاً في العملية التعليمية إذ يمثل جانباً في اقتصاديات التعلم وذلك من خلال مدى الاستفادة من التعلم السابق في التعلم الجديد.

ـ مفهوم انتقال أثر التعلم :

إن مفهوم انتقال اثر التعلم تعار يف عدة فقد عرف بأنه" استخدام تعلم أو معلومات سابقة في أداء وواجبات أو مهارات جديدة " ، أي انه يعني تأثير الممارسة السابقة لأداء حركي معين لمفاهيم مكتسبة على تعلم أداء حركي جديد

وفي تعريف أخر يوضح بأنه العملية التي يستخدم فيها المرء التعلم الذي اكتسبه في إحدى الحالات وتطبيقه على حالات جديدة أو مختلفة. ، ومن خلال هذه الاستفاضة في التعريفات السابقة نجد إن انتقال اثر التعلم هو عبارة عن مدى إمكانية اللاعب في استغلاله لحركة أو مهارة سبق وان تعلمها في تعلم حركة أو مهارة جديدة ، بحيث تكون مشابهة أو قريبة منها سواء كانت من الفعالية نفسها أو من فعالية أخرى .

إن المقصود بانتقال أثر التعلم هو أن يكون الفرد قادراً نتيجة لما يتعلمه في المدرسة على التصرف في مواقف أخرى في الحياة ذات صلة بالمواقف السابقة بحيث يكون

قادراً على الإفادة من معلوماته ومهاراته واتجاهاته في حياته سواء داخل المدرسة عن طريق توظيف التعليم السابق في اكتساب تعلم جديد .

ويحدث انتقال اثر التعلم بأسلوبين أساسين وهما : ـ

١ـ النقل العمودي:ـ ويقصد به نقل اثر تعلم مهارة معينة إلى مهارة أخرى في الفعالية نفسها ومن السهل إلى الصعب .

٢ـ النقل الأفقي:ـ ويقصد به نقل اثر مهارة سبق وان تعلمها في فعالية ما إلى مهارة جديدة في فعالية أخرى .

ولانتقال اثر التعلم هدفان هما :ـ

١ـ النقل البعيد .

٢ـ النقل القريب.

وتتأثر عملية انتقال اثر التعلم بعوامل عدة منها :-

١ـ عوامل تتعلق بمفهوم التعلم.

٢ـ عوامل تتعلق في ظروف التعلم.

٣ـ عوامل تتعلق بالمتعلم .

وتوجد أنواع عدة لانتقال اثر التعلم وهي:

١- انتقال اثر التعلم الايجابي.

٢ـ انتقال اثر التعلم السلبي .

٣ـ انتقال التعلم الصفري.

والمقصود هو أن يكون الفرد قادراً نتيجة لما يتعلمه في المدرسة على التصرف في مواقف أخرى في الحياة ذات صلة بمواقف سابقة بحيث يكون قادراً على الإفادة من معلوماته ومهاراته واتجاهاته في حياته سواء داخل المدرسة عن طريق توظيف التعلم

السابق في اكتساب تعلم جديد فمن يجيد قيادة سيارته الخاصة يسهل عليه قيادة سيارة أخرى مشابهة لأنه يستخدم مهاراته ومعرفته السابقة في تعلم جديد أو في حياته بعد المدرسة حيث أن التعليم المدرسي مازال قائماً على الافتراض بأن ما يتم تعلمه داخل الفصل يمكن نقله للاستفادة منه في أمور الحياة اليومية، فالناس يتعلمون مهارات لتساعدهم للتمكن من القيام بمهمة ما في المستقبل فيتعلموا اللغة ليستطيعوا الاتصال بالآخرين بشكل أفضل ويتعلمون قواعد اللغة لتساعدهم على الكتابة الصحيحة.

إن انتقال اثر التعلم هو أن يؤثر التعلم في موقف أدى في شكل من الأشكال النشاط في قدرة الفرد على التصرف في مواقف أخرى وفي قدرته على القيام بأنواع نشاط أخرى. مثال:حتى ينجح الفرد في قيادة محراث آلي مع معرفته السابقة لقيادة السيارة لا بد من أن يحدث انتقال أثر التعلم من الموقف السابق إلى الموقف اللاحق.

نحن نستخدم التعلم الماضي على أنحاء شتى لكي نواجه ما تقتضيه المواقف الجديدة، لكن نتائج التعلم الماضي كثيراً ما تتداخل في تعلم الجديد وتعوقه.

مثال :فصعوبة نطق لغة أجنبية بطريقة صحيحة بسبب الأسلوب الذي تعودناه في نطق الأصوات في لغتنا القومية.

ـ أنواع انتقال أثر التعلم:

١ـ قد يكون انتقال أثر تعلم إيجابياً وذلك حين يسهل التدريب على وظيفة معينة للتدريب على وظيفة أخرى أو حيث يسير تعلم مادة دراسية تعلم مادة أخرى فتعلم الجمع يسهل تعلم الضرب واستعمال اليد اليمنى في أداء عمل معين يؤدي إلى تحسين أداء اليد اليسرى للعمل نفسه ، دراسة الرياضيات تسهل دراسة مادة العلوم.

فهنا كانت الاستجابات والمثيرات في الموضوع الأول المثيرات والاستجابات في الموضوع الثاني ، حدث انتقال، فالتلميذ الذي تعود على الصلاة في سجد المدرسة فيسهل عليه

الـذهاب للـصلاة في المـساجد الأخـرى وبـذلك يـتربى روحيـاً وإيمانيـاً وخلقيـاً واجتماعيـاً.

٢ـ وقد يكون انتقال أثر التعلم سلبياً وذلك حينما يعوق التـدريب عـلى وظيفـة معينـة عـلى نـشاط معين التدريب على وظيفة معينه أو نشاط آخـر بـسبب تـداخل المهـارات مـما يـؤدي إلى الربكـة في السلوك، وإذا تعلم الفرد موضوعين فكانت المثيرات متـشابهة إلى اسـتجابات مختلفـة ولنفـرض أنـك تعلمت موضوع في السابق وليكن قيادة دراجة وتكون الآن تقود سيارة ركوب صغيرة فـالمثيرات هنـا تشابهت ولكن تؤدي إلى استجابات مختلفة وذلك أن الفرملة في الدراجة تستخدم اليد بينما الفرملـة في السيارة تستخدم الرجل وفي هذه الحالة انتقـال أثـر الـتعلم سـلبي مـن الموضـوع الأول إلى الثـاني وذلك بسبب تداخل المهارات مما يؤدي إلى الربكة في السلوك .

مثال آخر : عندما نبدأ في كتابـة لغتـين أجنبيتـين في وقـت آخـر فالتلميـذ الـذي تـربى عـلى المعاملـة القاسية والعقوبة القاسية الشديدة وفي ظل هذا الجو الذي يقوم على التربية الخاطئة يعيـق التلميـذ في أن يكون علاقات اجتماعية سليمة مع الآخرين أي ليصعب عليه التكيف الاجتماعي.

٣ـ الانتقال الصفري : وهو حينما لا يؤثر التدريب على عمـل معـين في أداء عمـل لاحـق وهـذا الأثـر الـصفري يحـدث نتيجـة لعـدم تـأثر العمـل الأول في العمـل الثـاني لأن المثـيرات والاسـتجابات بـين الموضوعين مختلفة فلا يحدث انتقال أثر التدريب مطلقا.

مثل : تعلم قيادة ركوب صغيرة ثم تعلم قصيدة شعرية.

ـ عوامل تؤثر في ربط المواد الدراسية بالحياة:

يساعد على انتقال أثر التعلم أو بتعبير آخر على الربط بين مواقف التعلم المـدرس ومواقـف الحيـاة عوامل من أهمها:

١ـــ تكـوين اتجـاه ايجـابي نحـو مـا يتعلمـه هـذا الاتجـاه الايجـابي ومـا يتعلـق بـه مـن الاعتقـاد

بمكانه انتقال أثر التعلم له أهمية ايجابية في العملية التعليمية.

مثال:قام باحثان بإخبار مجموعة من التلاميذ أن المادة التي سيدرسونها ستفيدهم في مواقف أخرى فحققت هذه المجموعة نجاحاً يزيد عن ١٦% عما حققته مجموعة أخرى لم تبلغ هذا القول .

٢ـ التركيز على نقاط الدرس التي يمكن تطبيقها في المجالات الأخرى مثال: في تدريس الهندسة مثلاً قد يرغب المدرس في تعليم التلاميذ الأسلوب المنطقي في معالجة مشكلة أخرى.

٣ـ وضع مايزيد انتقال أثر ه في صيغة قاعدة أو مبدأ أو قانون وإذا حدث هذا فمن الحكمة أن تتأكد من أن التلاميذ تعلموا هذه القاعدة أ المبدأ أو القانون وفهموها ووعوها في الاستخدام والتطوير.

٤ـ جعل مواقف التعلم شبيهه لمواقف الحياة الطبيعية قدر الإمكان.

٥ـ إبراز الفروق بين التعلم والتطبيق حتى لا يؤدي للخلط بينهما إلى انتقال أثر غير مناسب.

٦ـ ممارسة تطبيق الحقائق والمبادئ في ميادين أخرى.

٧ـ وضع المنهج بحيث يراعى في أهدافه أهمية انتقال أثر التعلم.

مثال : تعلم علم الأحياء في المدرسة الثانوية قد يكون له نقع كبير لطالب سوف يلتحق بكلية الطب.

ـ شروط انتقال أثر التدريب الايجابي:

إن انتقال أثر التدريب الايجابي يسهل التعليم ويقلل الأخطاء ويجعل التعلم أكثر ثباتا في الذهن ولكي يحدث ذلك لا بد من شروط:

١ـ وجود عوامل مشتركة يتوقف انتقال أثر التدريب الايجابي من موضوع إلى آخر: على

ما في الموضوعين من عناصر أو مكونات مشتركة أي ما فيها من تشابه في الاستجابة ويزداد انتقال أثر التدريب الايجابي كلما قل الاختلاف بين مثيرا هذين الموضوعين فالتدريب على الجمع يتقل أثره إلى تعلم عملية الضرب لأن التلميذ في عملية الضرب يستخدم كثير من حقائق الجمع.

٢ـ مبدأ التعميم:انتقال اثر التدريب الايجابي من موضوع إلى آخر يتم بمقدار مابين هذه الموضوعات من مبادئ عامة يمكن الاستعانة بها وفهمها لكي يسهل تطبيقها ونقلها إلى موضوعات أخرى.

مثال:التلميذ الذي يتربى على طاعة اللـه والقيام بحقه والشكر له والتزام منهجه فيكون الفرد مستقيم وينتقل ذلك إلى معاملته مع الآخرين فيكون القدوة الصالحة في سلوكه.

مثال آخر:التلميذ الذي يتعلم مبادئ الحساب يستطيع إتقان العمليات الحسابية وحل المسائل الرياضية.

٣ـ مبدأ الفهم: لكي يحدث انتقال أثر تدريب ايجابي من موضوع إلى آخر لابد من فهم ما بينهما من التشابه حتى يمكن أن يعمم الفرد المبادئ التي تعلمها في الموضوع الأول على الموضوع الآخر وبدون فهم ما بينها من علاقات تصبح كمية التعلم وانتقال أثر التدريب صعبة.

مثال :تعلم الكتابة على الآلة الكاتبة يسهل تعلم الكمبيوتر حيث يقوم على التوافق بين العين واليد.

٤ـ الطريقة التي تقدم بها المادة: لقد بينت التجارب أنه لكي يحدث انتقال أثر التدريب الايجابي بين الموضوع وآخر لابد من أن يترك للطالب أن يكتشف المبادئ بنفسه فإذا ما قدمت له هذه المبادئ جاهزة فإن هذا قد يساعده قليلاً ولكن الفائدة أكبر إذا

اكتشف المبادئ بنفسه وإدراك العلاقات بين المسائل المختلفة وما بينها من مبادئ عامة يمكن تطبيقها من مسألة إلى أخرى مشابهه لها، وهذا أفضل مما لو قدمت له المبادئ لكي يحفظها ثم يطبقها .

كما بينت التجارب أن طريقة الحفظ الآلي تؤدي إلى قدر ضئيل جداً من انتقال أثر التدريب الايجابي ، كما أن الحفظ الآلي يجعل المعلومات مشوشة لا رابط بينها مما يسهل عليه نسيانها،كما أن التجارب بينت خطا نظرية التدريب الشكلي (العقلي)والتي كانت تعتقد أنه بتقوية ملكات العقل بتمارين معينه فإن هذا ينتقل إلى كل جوانب الحياة، وإن انتقال أثر التدريب خاص وليس عام،وأنه لكي يتم انتقال أثر التدريب الايجابي لا بد من تشابه محتويات المادة التي تعلمها من قبل مع المواد مراد تعلمها الآن.

ـ شروط انتقال أثر التدريب السلبي:

لقد اتضح من التجارب العديدة التي أجريت في مجال علم النفس التربوي أنه يحدث انتقال أثر تدريب سلبي من موضوع لآخر إذا كانت الاستجابات بين الموضوعين مختلفة ويزداد انتقال أثر التدريب السلبي كلما زاد الاختلاف في الاستجابات بين الموضوع المتعلم سابقاً والموضوع المراد تعلمه الآن ،فإذا تعلم الفرد موضوعاً جديداً يتعارض ببعض تفصيلاته مع موضوع آخر بحدث تداخل في المهارات وربكة في السلوك

بحيث أن العادات المراد تكوينها تتداخل مع العادات التي تكونت في السابق ويحدث أن الموضوع الأول يعيق ويعطل تعلم الموضوع الآخر .

وفي الوقت الحالي وبعد أن عرف المربون انتقال أثر التدريب السلبي والايجابي وشروطهما والنقد الذي يوجه إلى نظرية التدريب الشكلي وعيوبها فأصبحوا يهتمون بربط المناهج الدراسية بموضوعات الحياة وبحيث يسهل انتقال أثر المناهج الدراسة في

الحياة اليومية ..

ولكي يتحقق ذلك على الوجه الأكمل ينبغي على المدرسة والمعلمين وجميع القائمين على العملية التعليمية على تغير مناهج الدراسة بحيث تكون متفقة مع الواقع الذي يعيشه التلميذ ويستفيد منه.

وإذا كان التلميذ هو محور العملية التعليمية فينبغي أن يعطي له كل ما يتفق مع ميوله وقدراته واستعداداته خصوصاً أن المواد الدراسية لا يفضل احدها على الآخر وليهتم بدراستها جميعا حتى يمكن أن يستفيد منها وينتقل أثرها إلى مهارات أخرى في الحياة.

انتقال اثر التعلم او انتقال اثر التدريب هو اثر تعلم عمل ما في تعلم عمل اخر او تعلم انجاز معين يوثر في تعلم انجاز اخر ، اعتقد الفلاسفة و المربيون بشكل كبير بمفهوم الملكات العقلية التي يمكن تنميتها يتمثل احيانا بانتقال الاثار العامة او جوهر الاداء او الخبرة التي اكتسبها الفرد في مجال معين او موقف معين .

وأنتقال أثر التدريب يأخذ أشكال ثلاثة :

١ــ الانتقال الايجابي : لاثر التعلم مثل تعلم الرياضيات مفيد في تعلم الفزياء إلخ...

٢ـ الانتقال السلبي : لاثر التعلم يحدث عندما يزيد التعلم شيى ما من صعوبة شيى اخر مثل تعلم الاطفال لغتين في وقت واحد حيث أن تعلم احداهما يوثر سلبا على تعلم الاخرى

٣ـ عدم حدوث إنتقال: من اي نوع اي أن اثار الانتقال في مثل هذه المواقف تكون غير واضحة ويكون نتيجة ان الداء او الخبرات السابقة المبكرة التي اكتسبها الفرد في فترات الماضية قد لا تكون لها اثر على الاداء التالي مثل تعلم لغة الجنبية وتعلم قيادة السيارة

ـ مجالات انتقال أثر التعلم :

يحدث الانتقال الايجابي في مجالات مختلفة منها:

١ـ المقررات الدراسية أجريت دراسات كثيرة على تيسير دراسة مقرر معين في دراسة مقرر آخر وتؤكد أغلبية البحوث حدوث الانتقال الايجابي ولكن الانتقال السلبي يحدث في حالات قليلة

٢ـ المهارات الحركية مثل قيادة الدراجة تساعد على ركوب الموتور

٣ـ انتقال الاتجا والقيم كاكتساب الفرد اتجاها قويا نحو السلام يساعده على اكتساب اتجاهات اخرى نحو الإخاء والعدالة

٤ـ الانتقال في العادات الفكرية وهي أن معظم المواد التي يدرسها الطالب يمكن أن تنمي عادات التفكير السليم لديه وذلك بشرط مراعاة شروط الانتقال التي سوف أتحدث عنها في الموضوع اللاحق .

ـ دور انتقال أثر التعلم في المدرسة :

لا شك في أن أحد أهداف التربية هو انتقال أثر التعلم في المدرسة إلى مواقف التعلم الأخرى في المدرسة وإلى مواقف الحياة بشكل عام .

ويتم ذلك عن طريق تطبيق التعميمات التي تم استيعابها واستخدامها في المواقف الجديدة.

مثال . : كلما اتسعت حصيلة الطفل من المفردات تزداد قدرته على استنتاج معاني الكلمات التي لا يعرفها من المضمون الذي تظهر فيه.

ولولا انتقال أثر التعلم لأصبح لزاماً على الأطفال والشباب تعلم كل مايحتاجونه من الاستجابات الخاصة لآلاف المفاهيم والمهارات التي يحتاجونها .

ـ تأثير انتقال أثر التعلم على الأطفال المعاقين عقلياً :

الأطفال المعاقين عقلياً يجدون صعوبة في تعميم معلومات اكتسبوها في الصف على ظروف حياتيه بسيطة ؛ فهم يتعلمون الجمع والطرح في الصف ، لكنهم لا يستطيعون تطبيقهما عند شراء أي غرض من أيّ محل ، وهم أحياناً يقرأون بعض الكلمات في نص من كتابهم ولا يستطيعون تمييزها في كتاب آخر أو في صفحة أخرى.

ويعزى ذلك الى اعتماد الأطفال المعاقين عقلياً في التعامل مع الأشياء على المفاهيم المحسوسة أكثر من المفاهيم المجردة ، ومحدودية ادراكهم للعلاقة بينها ، ومن ثم تطبيق ماتعلمه ، وهو مايتطلب اعطاء عناية خاصة لتنمية المفاهيم لدى العوقين عقلياً ، والتأكيد على القواعد العامة والخصائص المشتركة التي تحكم الأشياء أثناء المواقف التعليمية .

فكلما أمكن تعليم المهارات الوظيفية مباشرة في الشكل الذي يجب أن تؤدي فيه في البيئة الطبيعية ، وتعليم المهارات في البيئة الطبيعية " التعليم في الموقع. "

ـ تحقيق انتقال أثر التعلم مع الأطفال المعاقين عقلياً : .

يمكن تحقيق الانتقال باستخدام أو تطبيق القاعدة العامة أو المبدأ العام لحل مشكلة جديدة أو غير معروفة ، ويدخل في الانتقال باستخدام عناصر مماثلة أو مشابهة إلى حد كبير للعناصر التي في المواقف السابقة ، وبالتالي ترشد الطفل إلى السلوك الذي أداه بنجاح في الماضي .

تظهر الاقتراحات التالية بالترتيب حسب جدواها ، أهمية التطبيق لتحقيق انتقال أثر التعلم : .

١ـ علم الطفل المعوق عقلياً قدر الإمكان استخدام وسائل وأدوات سوف يستخدمها في الحياة الواقعية .

مثال . : إذا أردت تعليم الطفل الطريقة المناسبة لصرف النقود فعليك أن تستخدم نقوداً حقيقة إذ أن هذا يؤدي إلى احتمال أكبر لانتقال أثر المهارة إلى الحياة الواقعية.

٢ـ استخدم الصور والأشكال لإكتساب خبرات واقعية ، إذا تعذر استخدام خبرات من واقع الحياة .

٣ـ عند استخدام الأنشطة المجردة مثل التمارين الحسابية أو ماشابهها فيجب أن تتبعها بأمثلة من الممارسات العملية.

٤ـ عند تعليم نقل أثر التدريب يجب أن لا تترك أي شيء للحظ أو الصدفة.

٥ـ عندما تضع قواعد الصف أو غيرها من المعلومات المتشابهة ركز على الإيجابيات ولا تركز على السلبيات .

٦ـ إحرص على صحة المعلومات التي تدرسها للأطفال المعاقين عقلياً

مثال . : إذا سأل الطفل سؤالاً وكنت غير متأكد من الإجابة فابحث أولاً قبل أن تعطيه معلومات خاطئة .

ولتعلم مهارات معينة باستخدام انتقال أثر التدريب تستخدم القواعد التالية :

١- إذا كان لديك وقت محدد لممارسة عمل ما فإن ممارستك إياه في جلسات قصيرة متباعدة أفضل من ممارسته في جلسات طويلة متقاربة.

٢- يمكنك تعلُّم الكثير من الأعمال بصورة أفضل بتقليد الخبراء.

٣- يجب أن تؤدي كل عمل جديد بنفسك بدلاً من مراقبة الآخرين أو الاستماع إليهم يتحدثون عنه.

٤- ستتعلم بصورة أفضل إذا ما أدركت مدى جودة أدائك بصورة مباشرة.

٥- يجب أن تؤدي الأجزاء الصعبة في العمل منفردة ثم تدخلها في العمل ككل.

وهناك قاعدتان إضافيتان في التعلُّم اللفظيّ:

١- كلما كان العمل ذا مغزى كبير زادت سهولة تعلمه، ويسهل تعلم الأشياء الجديدة إذا ربطتها بما سبق أن تعلمته.

٢- الأجزاء المميزة أسرع في تعلمها، ولذا فإن الطلاب يضعون خطوطًا بلون أحمر تحت الأجزاء الصعبة في كتبهم ومذكراتهم، وهذا ييسر تعلمها.

وقد أدرك علماء النفس والمعلمون تاثير انتقال أثر التدريب في تعلم الجديد يمكن أن يفيد من التعلم القديم، نظرًا لأن تعلُّم شيء ما، يساعد في تعلم شيء آخر. وتلك هي عملية انتقال أثر التدريب. وقد يكون انتقال أثر التدريب سلبيًا أو إيجابيًا. افترض أنَّ شخصًا يريد تعلُّم مهمتين على التوالي، فبعد تعلُّم المهمة الأولى ربما يجد الفرد أن المهمة الثانية سهلة وهنا يقال إنه كان للتدريب السابق أثر إيجابي، فإذا وجد أن المهمة الثانية صعبة قيل إن للتدريب السابق أثرًا سلبيًا.

ويعتمد انتقال أثر التدريب السلبي أو الإيجابي على مابين المهمتين من تشابه. فمثلاً: إذا تعَلَّمنا)(gross الكلمة الألمانية)gros ، يسهل علينا تعلم الكلمة الفرنسية(لأنَّ الكلمتين معناهما واحد (كبير/ضخم)، وفي هذه الحالة يكون هناك مثيران متشابهان (gross, gros)

تظهر تبعًا لهما نفس الاستجابة (كبير/ضخم).

ويحدث انتقال أثر التدريب السلبي عندما يتحد المثير وتختلف الاستجابة. فعندما تتعلم الكلمة Gras)) بمعنى (عشب)، من الصعب أن تتعلم الكلمة الفرنسية ((Gras الألمانية

بمعنى (سمين)، فالكلمتان تُنطقان بطريقة واحدة مع أنَّ لهما معنيين متباينين.(Gras, Gras) وفي هذه الحالة نجد، أن المثير واحد ومتشابه

ولكنه يؤدي إلى استجابتين مختلفتين.

ويعتقد علماء النفس أنَّ التعلُّم الجديد يفيد من التعلم القديم لثلاثة عوامل:

١-انتقال الأثر الإيجابي للتدريب.

٢- القواعد العامة التي نتعلمها في مهمة ونطبقها على مهمة أخرى.

٣- عادات الدراسة الجيدة التي نتعلمها في مهمة وتساعدنا في تعلُّم مهمة أخرى.

بالنسبة لإنتقال أثر التعلم ، هناك عوامل تؤثر على الانتقال مثل :

١ـ مدى التشابه بين الموقف الحالي للتعلم والخبرات السابقة للفرد .

٢ـ أن يدرك الفرد أن هناك تشابه حتى يحدث أثر انتقال للتعلم

المشكلة التي يبحثها العلماء حاليا هي :

ـ كيف يتم انتقال اثر التعلم ؟

ـ كيف يتم اختيار استراتيجية معينة من ضمن الاستراتيجيات التي تعلمها الفرد ، بحيث تكون مناسبة للموقف الحالي ؟

لماذا يكون لدى الفرد معلومات أو استراتيجيات ، وتبقى خاملة في الذاكرة ولا تفعل في الموقف المناسب ؟

هل يساعد على انتقال اثر التعلم التشابه السطحي أم التشابه الاجرائي ؟

هذه مواضيع مازالت قيد البحث العلمي .... وأجريب دراسات وما زال هنا الكثير مما يحتاج للبحث والدراسة

إن نقل اثر التعلم منتشر في حياتنا اليومية العملية، ويعد جزءًا مهمًا من العملية التربوية، اذانه يظهر عندما يستخدم تعلم سابق او معلومات سابقة في اداء واجبات او مهارات جديد ة. كما يمكن استخدام مفهوم نقل اثر التعلم في المجال الرياضي عندما يستطيع لاعب التنس الناجح ان يكون لاعب تنس طاولة ناجح . وانه بعد مرحلة قليلة

من التعلم في بداية حياة الفرد فان كل تعلم جديد او وظيفة جديد ة او واجب جديد يكون قد بني على مفاهيم معروفة للفرد حيث ان التعلم يتأثر بالنقل. لقد كان للدراسات والابحاث التي اجريت من قبل علماء النفس والتعلم الحركي في مجال انتقال اثر التعلم اثر ايجابي في الحقل الرياضي او العلاجي او الصحي، ومن الدراسات ما تطرق إلى أن التمرين المحصور بمجموعة عضلية واحدة يحسن اداء المجاميع العضلية في الجهة المقابلة للجسم. ومنها ما خرج بخلاصة مفادها انه عندما ندرب جزءًا من الجسم لاجل زيادة في القوة فان ذلك سيؤدي إلى تطوير الجزء الاخر من الجسم غير المدرب . لذا فان ظاهرة نقل اثر التعلم مهمة وذات فاعلية في العملية التربوية او التعليمية أوالرياضية : rolleyes .

قائمة المراجع

١ـ إحسان الأغا ،عبد الـلـه عبد المـنعم (١٩٩٥) :التربيـة العمليـة وطـرق التـدريس. منشورات الجامعة الأردنية.

٢ـ جابر عبد الحميد جابر (١٩٨٠): سيكولوجية التعلم ونظرياتـه ،ط٦، دار النهـضة العربية. القاهرة.

٣ـ صلاح الدين أبو ناهية (١٩٩٠): التعلم ونظرياتـه،القاهرة ، دار النهـضة العربيـة، القاهرة.

٤ـ عبد الرحمن العيسوي (١٩٩٦): علم الـنفس في المجـال التربوي،الاسـكندرية ، دار المعرفة الجامعية.

٥ـ عماد الزغلول (٢٠٠٣): نظريات التعلم، دار النشر والتوزيع، الأردن، عمان.

٦ـ فؤاد أبو الحطب (١٩٨٠): آمال صادق، علم النفس التربوي ط٢، مكتبـة الأنجلـو المصرية. القاهرة.

٧ـــ محمـد جاسـم محمـد (٢٠٠٤): نظريـات الـتعلم، دار الثقافـة للنـشر والتوزيـع. الأردن، عمان.

٨ـ محمد عبد الرحيم عـدس (١٩٩٧): نهـج جديـد في الـتعلم والتعلـيم، دار الفكـر، الأردن، عمان .

الفصل الحادى عشر

النظرية البنائية

عناصر الفصل الحادى عشر:

- مقدمة
- لمحة تاريخية
- مفهوم البنائية
- المفاهيم الأساسية في نظرية بياجية
- البنائية وعلاقتها بالتربية
- جان بياجيه والبنائية
- مبادئ أساسية للتعلم البنائي
- النظرية البنائية لجان بياجية في النمو المعرفي
- الافتراضات الأساسية في نظرية بياجية :
- مراحل النمو المعرفي عند بياجية
- خصائص الطفل المعرفية

- نظرية جان بياجيه في اللعب
- تطبيقات نظرية بياجية في الميدان التربوي

الفصل الحادي عشر

النظرية البنائية

ـ **مقدمة :** وُلد العالم السويسري جان بياجيه عام ١٨٩٦م وعمل فيلسوفاً وعالم أحياء وعالم منطق وعالم نفس وتربوياً ، وقدم الكثير من الإسهامات في تلك المجالات ، وتوفي عام ١٩٨٠م . من أبرز إنجازاته نظرية الارتقاء المعرفي لدى الطفل ، والتي لا زالت تطبيقاتها تخدم مختلف المجالات وعلى رأسها التربية (واردزورث،١٩٩١) . وبالرغم من رفض بياجيه القوي لاعتبار نفسه مربياً ، إلا أنه ظل مهتماً طوال حياته اهتماماً كبيراً بالتربية ، حيث قضى سنوات عديدة مديراً للمكتب الدولي للتربية ، كما كان ينشر بحوثاً تربوية بانتظام بداية من العشرينات وحتى وفاته مطلع الثمانينات (دوكريه،٢٠٠١،ص١٨١) .

البنائية من المذاهب الفكرية التي برزت في العصر الحديث ، وشكلت ثورة في الدراسات الإنسانية والاجتماعية ، وطرق التعامل مع المعرفة ، امتد أثرها بشكل بارز إلى ميدان التربية لتصبح منهجاً ونشاطاً تربوياً يمارس من قبل الطالب بشكل خاص للوصول إلى المعرفة .

ـ لمحة تاريخية :

ولد جون بياجي في نيوشتل بسويسرا عام ١٨٩٦ ، وقد كان في طفولته لامعا، ذا رغبة عالية في الاستطلاع. نشر أول مقال علمي وهو في العاشرة من عمره.

وفي الحادية عشرة من عمره، عمل مساعدا في مختبر المتحف التاريخي الوطني، ثم أصبح خبيرا بالمتاحف. نال أول شهادة جامعية في الثامنة عشرة من جامعة نيوشتل، وأصبح بعد ذلك موظفا في جنيف. وتحصل على شهادة الدكتوراه في العلوم الطبيعية

وعمره ٢١ سنة. وقد اشتهر خارج سويسرا، بالعمل مع بينه في باريس في تصميم اختبارات الذكاء.

ويعتبر بياجي من أهم علماء النفس الذين قدموا نظرية شاملة لتفسير الذكاء وعمليات التفكير. و ألف أول كتاب في علم النفس التطوري عام ١٩٢١ حيث تسلم جراء ذلك إدارة مركز جان جاك روسو للعلوم التربوية في جنيف.

قام بياجي بنشر ما يزيد عن ٢٠ بحثا في حقل علم الحيوان . أما المرحلة الثانية من أبحاثه، فقد تضمنت ولادة أطفاله الثلاثة (جاكلين ، لورنس ،و لووسين) في الأعوام ١٩٣١،١٩٢٧،١٩٢٥، مما وفر له مختبرا سيكولوجيا لتدوين ملاحظته الخاصة بالنمو المعرفي . وكرس أبحاثه كلها لدراسة النمو العقلي عند الأطفال محاولا بذلك فهم شكل التفكير عند الراشد. أضف إلى ذلك، اهتمامه بالدافعية والإدراك والاتجاهات والقيم عند الأطفال. ولاقت أبحاثه تأثيرا كبيرا في الولايات المتحدة الأميركية ، حيث ترجمت أبحاثه من الفرنسية إلى الانجليزية في العشرينات من القرن الحالي.

ـ مفهوم البنائية :

تشتق كلمة البنائية Constructivism من البناء Construction أو البنية Structure، والتي هي مشتقة من الأصل اللاتيني Sturere بمعنى الطريقة التي يقام بها مبنى ما (فضل،١٧٥،١٩٨٥) .

وفي اللغة العربية تعني كلمة بنية ما هو أصيل وجوهري وثابت لا يتبدل بتبدل الأوضاع والكيفيات (ناصر،٤٢٠،٢٠٠١) .

نظرية التعلم البنائية (بالفرنسية: Strucuralisme Le) والتي رائدها جان بياجية، نظرية مختلفة عن نظريات التعلم الأخرى. فبياجي يرى أن التعلم يكتسب عن طريق المنبع الخارجي

وتعتبر نظرية التعلم البنائية (أو التكوينية) من أهم النظريات التي أحدثت ثورة عميقة في الأدبيات التربوية الحديثة خصوصا مع جان بياجي، الذي حاول انطلاقا من دراساته المتميزة في علم النفس الطفل النمائي أن يمدنا بعدة مبادئ ومفاهيم معرفية علمية وحديثة طورت الممارسة التربوية. كما أنه طبق النتائج المعرفية لعلم النفس النمائي على مشروعه الابستيمي (الابستمولوجيا التكوينية)، ولمقاربة هذه النظرية البنائية في التعلم سيتم أولا التعريف على أهم المفاهيم المركزية المؤطرة لها، ثم أهم مبادئها، وبعد ذلك سيتم التعرف على الأبعاد التطبيقية لهذه النظرية في حقل التربية.

ويعرف فضل (١٩٨٥،ص١٧٦) البنية بأنها " كل مكون من ظواهر متماسكة ، يتوقف كل منها على ما عداه ، ولا يمكنه أن يكون هو إلا بفضل علاقته بما عداه ".

وبناءً على ذلك يرى البنائيون أن كل ما في الوجود (بما في ذلك الإنسان) هو عبارة عن بناء متكامل يضم عدة أبنية جزئية بينها علاقات محددة ، وهذه الأبنية الجزئية لا قيمة لها في حد ذاتها بل قيمتها في العلاقة التي تربطها بعضها ببعض والتي تجمعها في ترتيب يؤلف نظاماً محدداً يعطي للبناء الكلي قيمته ووظيفته (ناصر،٢٠٠١) .

وقد اختلفت النظرة إلى مفهوم البنائية ، فهناك من يرى أن البنائية " مذهب فلسفي " يسعى إلى الشمول ، ويستهدف تقديم تفسير موحد لمجموعة كبيرة من المشكلات ، ويضم مجالات معرفية متعددة في إطار نظرة واحدة إلى العالم وإلى طبيعة الأشياء

(زكريا،١٩٨٠) . ويرى زكريا نفسه (١٩٨٠،ص٩) أن البنائية " نظرية في العلم تؤكد أهمية النموذج أو البناء في كل معرفة علمية ، وتجعل للعلاقات الداخلية والنسق الباطن قيمة كبرى في اكتساب أي علم " ، بينما يؤكد ناصر (٢٠٠١،ص٤٢٢) على أن البنائية هي " منهج تحليلي تركيبي يعمد إلى تحليل كل بناء إلى جزئياته التي يتكون منها للكشف عن العلاقات الموضوعية التي تربطها بعضها ببعض ، ثم إعادة تركيبها في بناء كلي جديد يكون أرقى من البناء السابق وأكثر تقدماً " ، فيما يرى فضل (١٩٨٥،ص٢٠٥) أن البنائية " نشاط إنساني يتضمن تتابع منتظم لعدد من العمليات العقلية الدقيقة ، فهو يهدف إلى إعادة تكوين " الشيء " بطريقة تبرز قوانين قيامه بوظائفه " ، والإنسان البنائي يتناول الواقع ويفككه ويحلله ثم يقوم بتركيبه مرة أخرى .

وأدى اختلاف النظرة لمفهوم البنائية إلى تعدد استخداماتها وتطبيقاتها في العلوم المختلفة كل بما يناسبه ، إلا أن هناك إطاراً عاماً يتفق عليه جميع البنائيين ويعتبر نقطة الانطلاق في الدراسات البنائية المختلفة ، وهو النسق الكلي للظواهر المختلفة ، والتركيز على العلاقات التي تربط أجزاء هذه الظواهر .

ـ نشأة البنائية :

ظهرت البنائية " كمنهج " للتفكير منذ زمن بعيد ، عندما أحدث ديكارت (١٥٩٦-١٦٥٠) نقلة في دراسة العلوم الطبيعية بتطبيق النموذج الرياضي على الظواهر الطبيعية ، فيعد ذلك العلم الحديث بنائياً لأنه استهدف الاهتداء إلى " البناء " الكامن وراء الظواهر الطبيعية والتعبير عن هذا البناء بلغة رياضية (زكريا،١٩٨٠) ، كما تحدث الفيلسوف الإيطالي جيامبتسا فيكو (١٦٦٨-١٧٤٤) عن بناء المعرفة حين عبر عن فكرة أن عقل الإنسان يبني المعرفة بقوله : " إن الإله يعرف العالم لأنه هو الذي

خلقه ، وما يستطيع الكائن البشري أن يعرفه هو ما صنعه بنفسه فقط " فكانت هذه العبارة أول بيان رسمي للبنائية ، ثم كتب إيمانويل كانط (١٧٢٤-١٨٠٤) في كتابه " نقد العقل الخالص " يقول : يستطيع العقل الإنساني أن يفهم فقط ما أنتجه هو نفسه وفقاً لخططه الخاصة به " (فون جلاسرسفيلد،٢٠٠١،ص١٩٨) وهكذا يظهر أن البنائية باعتبارها " مذهباً " فلسفياً ظهرت عند كانط ، فالبنائية - مثل فلسفة كانط - تبحث عن الأساس الشامل اللازماني الذي ترتكز عليه مظاهر الحياة ، وتُعمل العقل في سبيل ذلك ، وتثق به أكثر من الحواس . فهي - مثل فلسفة كانط - تترفع عن النظرة التجريبية ، وتؤكد أن تقدم المعرفة لا يتم عن طريق وقائع تجريبية ، بقدر ما يتم عن طريق إعادة النظر في بناء ظواهر موجودة بالفعل ولكنها تتخذ مظهراً جديداً في كل عصر . والفرق بين فلسفة كانط والبنائية أن كانط كان يركز على العلوم الرياضية والطبيعية ، بينما يركز البنائيون على العلوم الإنسانية والاجتماعية (زكريا،١٩٨٠) .

لاقت البنائية اهتماماً كبيراً في النصف الثاني من القرن الماضي ، حيث ظهرت كردة فعل على الوجودية التي انبعثت من جوف الحروب العالمية لتبحث مشكلة الحرية وعلاقتها بالمسئولية والقلق والتمرد ، وتصل إلى عزلة الإنسان وانفصامه عن واقعه والعالم الذي يعيش فيه وشعوره بالإحباط والضياع والعبثية من جراء الحروب (الرويلي والبازعي،١٩٩٥)

أما وقد تغيرت ظروف أوروبا وعادت إلى السعي والبناء والتعمير شعر المجتمع الأوروبي بالحاجة إلى اتجاهات فكرية جديدة مفتوحة غير مغلقة،مرنة غير جامدة،تساعد على البناء وتساير التقدمية (ناصر،٢٠٠١) فظهرت الأصوات التي تنادي بالنظام الكلي المتكامل والمتناسق الذي يوحد العلوم ويربطها بعضها ببعض . من هنا

جاءت البنائية كمنهجية شاملة توحد جميع العلوم في نظام إيماني جديد من شانه أن يفسر الظواهر الإنسانية كلها بشكل علمي ، وارتكزت مرتكزاً معرفياً يؤكد على كون العالم حقيقة واقعة يمكن إدراكها ، ولذا توجهت البنائية توجهاً شمولياً إدماجياً ينظر للعالم بأكمله بما فيه الإنسان(الرويلي (والبازعي،١٩٩٥).

وقد كان علم اللغة الأرض الخصبة التي نما فيها المنهج البنائي وترعرع ، حيث درس علماء اللغة وعلى رأسهم العالم السويسري " فرديناند دي سوسير " ، عناصر اللغة والسمات المميزة لعلاقاتها بوصفها أنساقاً لا علاقة لها بالعالم الذي تعبر عنه . ونجاح اللغويات كعلم إنساني في بلوغ مرتبة العلم المنضبط كان عاملاً مشجعاً للباحثين في الميادين الإنسانية والاجتماعية الأخرى على الاقتداء بهذا العلم الناجح في منهجه . وهكذا انتقلت البنائية من اللغويات إلى الانثربولوجيا على يد العالم البنائي " كلود ليفي ستراوش " الذي نقل علم الانثربولوجيا إلى ميدان العلوم المنضبطة (زكريا،١٩٨٠) .

ثم تتابع انتقال البنائية إلى ميادين وعلوم أخرى ، حيث كان " جاك لاكان " رائد البنائية في التحليل النفسي ، و " رولان بارت " في النقد الأدبي ، و " ميشيل فوكو " في الفلسفة ، وأخيراً " جان بياجيه " من خلال نظريته البنائية في المعرفة ، والتي كان لها الدور الأكبر في انتقال البنائية إلى ميدان التربية .

- المفاهيم الأساسية في نظرية بياجية:

- النمو المعرفي: تحسن ارتقائي منظم لأشكال المعرفية التي تتشكل من حصيلة الخبرات. يهدف إلى تحسين عملية التوازن بين عملية الاستيعاب والملائمة .

ـ البنى المعرفية: هي مجموعة من القواعد يستخدمها الفرد في معالجة الموضوعات والتحكم في العالم .

ـ العمليات: الصورة الذهنية للعمليات المختلفة في تحقيق الفهم وحل المشكلات.

ـ السكيما: صورة إجمالية ذهنية لحالة المعرفة الموجودة ، تتمثل في تصنيف وتنظيم الخبرات الجديدة التي يدخلها الفرد في أبنية ذهنية معرفية، وهي أسلوب خاص بتمثيل العالم و أحداثه ذهنيا .

ـ الوظائف العقلية :هي العمليات التي يلجأ إليها الفرد عند تفاعله مع المحيط.

ــ التنظيم: مفهوم التنظيم (بالإنكليزية: **organization**): دمج المعلومات القديمة للفرد والموجودة في البنية الذهنية مع المعلومات الجديدة التي اكتسبها المتعلم.

يشير هذا المصطلح إلى كون العمليات العقلية مرتبة ومنسقة في أنظمة كلية متناسقة، ويعتبر ميل ذاتي يشكل استعداد يجعل الطفل يقوم بإحداث ترابط بين المخططات الذهنية بكفاءة عالية.

ـ التكيف : يشير هذا المفهوم إلى الوظيفة العقلية الثانية عند بياجي التي تعبر عن نزعة الفرد نحو التلاؤم وتألف مع البيئة التي يعيش فيها ، وهذا المفهوم يعتبر غاية التطور النمائي، وهو أيضا عملية الموازنة بين المحيط والجهاز العضوي. الذي يهدف للقضاء على حالات اللاضطراب واللانتظام. والتكيففي مجال التعلم يعني تكيف عضوية الفرد مع معطيات وخصائص المحيط المادي والاجتماعي عن طريق استدماجها في مقولات وتحويلات وظيفية، والتكيف هو غاية عملية الموازنة بين الجهاز العضوي ومختلف حالات الاضطراب واللاإنتظام الموضوعية أو المتوقعة والموجود في الواقع.

ـ ثبات الموضوعات: يعني إدراك الطفل للأشياء على أن موضوعاتها يستمر وجودها حتى وان كانت بعيدة عن مجال إحساسه.

ـ الاحتفاظ: يعني إدراك أن تغير الخصائص المادية للأشياء لا يغير بالضرورة من جوهرها

ـ الاستيعاب: عملية تعديل الخبرات والمعلومات الجديدة لتتوافق مع البنية العقلية الحالية للفرد، وتعني أيضا استخدام الخبرات والمكتسبات السابقة في حل المشكلات الجديدة المماثلة لمشكلة سابقة. أي التغيير في المحيط لجعله يتوافق مع البنية العقلية الحالية للفرد وهذا المفهوم أخده بياجية من البيولوجيا. فالاستيعاب هو أن تتم عملية دمج المعارف والمهارات ضمن النسيج المعرفي حتى تصبح عادة مألوفة. والتلاؤم هو عملية التغير والتبني الهادفة للحصول على التطابق بين المواقف الذاتية مع مواقف الوسط والبيئة ، الاستيعاب هو إدماج للموضوع في بنيات الذات، والملائمة هي تلاؤم الذات مع معطيات الموضوع الخارجي.

ـ الملائمة: هي عملية تغيير أو مراجعة السكيمات الموجودة عند الفرد خلال مواجهة مشكلات وخبرات جديدة . وبالتالي هي التغيير في البنيات العقلية لتتوافق مع الموقف البيئي أو التعليمي، ويعني ذلك التفكير في الحصول على حلول جديدة , والتلاؤم يعني تغيير في استجابات الذات بعد استيعاب معطيات الموقف أو الموضوع باتجاه تحقيق التوازن.

ـ المقلوبية: القدرة عل تمثيل الداخلي لعملية عكسية بحيث يكون قادرا على التأمل في الآثار المترتبة عند إبطال الاحتمال الأول مثال(١+١ =٢)(١-١=؟).

يتصاعد البخار من الإناء المتواجد على الفرن إذا الماء يغلي. النتيجة العكسية: الإناء في البراد إذا الماء يتجمد.

ـ الذكاء:هو التوازن الذي تسعى إليه التراكيب العقلية أي تحقيق التوازن بين التراكيب العقلية والمحيط وبمعنى آخر تحقيق التكيف في أبعاده المختلفة (البيولوجي النفسي العقلي والاجتماعي والوجداني).

ـ مفهوم الموازنة والضبط الذاتي: الضبط الذاتي هو نشاط الذات باتجاه تجاوز الاضطراب، والتوازن هو غاية اتساقه.

ـ مفهوم السيرورات الإجرائية: إن كل درجات التطور والتجريد في المعرفة وكل أشكال التكيف، تنمو في تلازم جدلي، وتتأسس كلها على قاعدة العمليات الإجرائية أي الأنشطة العملية الملموسة.

ـ مفهوم التمثل والوظيفة الرمزية: التمثل، عند جان بياجي، ما هو سوى الخريطة المعرفية التي يبنيها الفكر عن عالم الناس والأشياء، وذلك بواسطة الوظيفة الترميزية، كاللغة والتقليد المميز واللعب الرمزي... والرمز يتحدد برابط التشابه بين الدال والمدلول أما التمثل فهو إعادة بناء الموضوع في الفكر بعد أن يكون غائبا.

مفهوم خطاطات الفعل: الخطاطة هو نموذج سلوكي منظم يمكن استعماله استعمالا قصديا، وتتناسق الخطاطة مع خطاطات أخرى لتشكل أجزاء للفعل، ثم أنساقا جزيئة لسلوك معقد يسمى خطاطة كلية. وإن خطاطات الفعل تشكل، كتعلم أولي، ذكاء عمليا هاما، وهو منطلق الفعل العملي الذي يحكم الطور الحسي ـ الحركي من النمو الذهني.

ـ ثانياً : البنائية وعلاقتها بالتربية

تعتبر التربية من أحدث الميادين التي طرقتها البنائية بقوة ، وظهرت البنائية في التربية مرتبطة ببناء المعرفة (أو بنية المعرفة) وبنية المفاهيم ، ولذا عرفت بالبنائية المعرفية أو البنائية المفاهيمية في التربية ، وظهر ما يسمى بالمناهج البنائية ونظريات التعليم البنائية والطرق البنائية في التدريس والمعلم البنائي والطالب البنائي .

حسب جان بياجي التعلم هو شكل من أشكال التكيف من حيث هو توازن بين استيعاب الوقائع ضمن نشاط الذات وتلاؤم خطاطات الاستيعاب مع الوقائع والمعطيات التجريبية باستمرار. فالتعلم هو سيرورة استيعاب الوقائع ذهنيا والتلاؤم معها في نفس الوقت. كما أنه وحسب النظرية البنائية مادام الذكاء العملي الإجرائي يسبق عند الطفل الذكاء الصوري، فإنه لا يمكن بيداغوجيا بناء المفاهيم والعلاقات والتصورات والمعلومات ومنطق القضايا إلا بعد تقعيد هذه البناءات على أسس الذكاء الإجرائي.

وعليه، وحسب بياجية، يجب تبني الضوابط التالية في العمل التربوي والتعليمي: جعل المتعلم يكون المفاهيم ويضبط العلاقات بين الظواهر بدل استقبالها عن طريق التلقين؛ جعل المتعلم يكتسب السيرورات الإجرائية للمواضيع قبل بنائها رمزيا؛ جعل المتعلم يضبط بالمحسوس الأجسام والعلاقات الرياضية، ثم الانتقال به إلى تجريدها عن طريق الاستدلال الاستنباطي؛ يجب تنمية السيرورات الاستدلالية الفرضية الاستنباطية الرياضية بشكل يوازي تطور المراحل النمائية لسنوات التمدرس؛ إكساب المتعلم مناهج وطرائق التعامل مع المشكلات واتجاه المعرفة الاستكشافية عوض الاستظهار؛ تدريبه على التعامل مع الخطأ كخطوة في اتجاه المعرفة الصحيحة؛ اكتساب المتعلم الاقتناع بأهمية التكوين الذاتي.

ويعد جان بياجيه أول من طرق باب التربية بنظريته البنائية المعرفية ، ونظراً للدور الكبير الذي قام به بياجيه في هذا المجال ، فإن ذلك يستلزم إلقاء الضوء على نظرية بياجيه باعتبارها أساس البنائية في التربية .

ـ جان بياجيه والبنائية :

وضع بياجيه نظرية متكاملة ومتفردة حول النمو المعرفي لدى الطفل ، وتقوم هذه النظرية على عنصرين أساسيين :

١- **الحتمية المنطقية** : وتختص بافتراضات بياجيه عن العمليات المنطقية وتصنيف مراحل النمو العقلي للطفل .

٢- **البنائية** : وتختص بالنمو المعرفي أي ما وضحه بياجيه بمبدأ بنائية المعرفة " أن الفرد هو الذي يبني معرفته " (زيتون،٢٠٠٠) .

فقد دعا بياجيه إلى ربط بناء المعرفة بالنمو المعرفي للإنسان منذ طفولته ، حيث يؤكد أن الطفل يولد ولديه اتجاهان فطريان هما : التنظيم والتكيف . والنمو المعرفي ما هو إلا تغير في التراكيب العقلية والبنيات المعرفية الموجودة (خليل،١٩٩٦)

ويتضمن ذلك عمليتين رئيسيتين :

١) **التمثل** : وهو عملية عقلية مسئولة عن استقبال المعلومات ووضعها في تراكيب معرفية موجودة عند الفرد .

٢) **المواءمة** : وهي عملية عقلية مسئولة عن تعديل هذه التراكيب أو الأبنية المعرفية لتناسب ما يستجد من مثيرات .

والتمثيل والمواءمة عمليتان مكملتان لبعضهما وينتج عنهما تصحيح الأبنية المعرفية وإثراؤها وجعلها أكثر قدرة على التعميم وتكوين المفاهيم (زيتون ،١٩٩٢) .

ويميز بياجيه بين ثلاثة أنماط من المناهج التعليمية : المناهج اللفظية التقليدية ، والمناهج النشطة ، والمناهج الحدسية . ويرى أن المنهج النشط هو أفضلها باعتباره متسقاً مع نظريته في توجيه نشاط المتعلم الخاص للوصول إلى الحقائق بنفسه والحصول على معرفته وتكوين بنياته بذاته ، إذ أن هدف التربية عند بياجيه هو تكوين الذكاء وليس تأسيس الذاكرة .

أما عن طرائق التعليم فإن بياجيه ينتقد الطرائق التقليدية للمعارف المهيكلة سابقاً ، من خلال ذكاء الآباء والمعلمين أو من خلال لغتهم مؤكداً أن المفاهيم لا تدرك بالاستماع السلبي بل تبنى بالفعل والعمل ، فالفعل يكوّن صوراً ذهنية من شأنها تشكيل بنى تنظيمية لأفعال جديدة ، والسبيل إلى ذلك هو التدريس من خلال النشاط البنائي للمتعلم الذي يتيح أمامه فرص الاكتشاف المعرفي لنمو وتعديل بنياته (خليل،١٩٩٦) ، إلا أن ذلك لا يلغي دور المناهج الأخرى في اكتساب المعرفة .

وبذلك تصبح البنائية عند بياجيه منهجاً للتطبيق وليست مذهباً فلسفياً ، وهي منهج مفتوح على غيره من المناهج العلمية : تتداخل معها ، وتتصل بها لتعمل معاً على إيجاد الحلول المناسبة للمشكلات المعرفية (بياجيه،١٩٨٥) .

وقد حظيت البنائية بالاهتمام الكبير في السنوات الأخيرة ، فهي نظرية عن المعرفة والتعلم ، إذ تقدم تصوراً عن المعرفة وعن الطريقة التي يحدث بها العلم . وهي ترى أن المعرفة مؤقتة نامية ، وغير موضوعية وتبنى داخلياً وتتأثر بالثقافة والمجتمع . فترى أن المتعلم يبني بنفسه فهمه الخاص عن العالم من حوله بدلاً من أخذ هذا الفهم عن الآخرين ، فالبنائية تضع المتعلم في مركز عملية التعلم (العبد الكريم،٢٠٠٣) .

وتقدم البنائية بما تحويه من فلسفة تربوية تعلماً أفضل ، فالفرد يبني معرفته بنفسه من خلال مروره بخبرات كثيرة تؤدي إلى بناء المعرفة الذاتية في عقله . وبهذا تصبح المعلومات المتوفرة في المصادر المختلفة كالمواد الخام لا يستفيد منها الإنسان إلا بعد قيامه بعمليات معالجة لها . فبعد وصول المعلومة للطالب يبدأ بالتفكير فيها وتصنيفها في عقله وتبويبها وربطها مع غيرها وهكذا إلى أن يصبح ما تعلمه ذا معنى ومغزى ، وهنا يمكن القول بأن الطالب تعلم شيئاً.

أما المعلم ، فيصبح دوره هو التوجيه والإرشاد ، وطرح قضايا عامة دون التدخل في جزئياتها ، بل على الطالب تحليل تلك القضية والتعرف على جزئياتها ومعطياتها ، ومن ثم استنتاج العلاقات وتركيب بنية معرفية قائمة بذاتها . فالمعلم يجعل المفاهيم الموجودة عند الطالب واضحة ، كما أنه ينظم بيئة التعلم ، ويوفر أدوات التعلم ، ويشارك في إدارة التعلم وتقويمه ، وهو مصدر إحتياطي للمعلومات إذا لزم الأمر (ناصر،٢٠٠١) .

ويضع فون جلاسرسفيلد (٢٠٠١،٢٠٦) – وهو أحد أشهر منظري البنائية المعاصرين

- مبادئ أساسية للتعلم البنائي :

يمكن سرد عدة مبادئ للتعلم البنائي منها ما يلي :

١- يجب أن لا يبدأ التدريس بعرض حقائق مقدسة ، بل لابد من إتاحة الفرصة ليقوم الطالب بالتفكير ولابد أن يقتنع المعلم بأن الطالب قادر على التفكير .

٢- لا يكفي أن يكون الطلاب على ألفة بمحتوى المنهج ، بل لابد أن يكون لديهم أيضاً مدى واسع من المواقف التعليمية متضمنةً المفاهيم التي يمكن بناؤها .

٣- لا يصل الطالب إلى الحل صدفة ، بل يعمل للوصول إليه ، ولا ينبغي إخباره بأن هناك " خطأ " في هذا العمل ، بل لابد من الاعتراف بجهده ، وإهمال ذلك سوف يطفئ أي دافعية لدى المتعلم للتعلم .

٤- تُكوِّن المفاهيم معانٍ مختلفة لدى الطلاب ، ولكي يعاد بناء المفاهيم بشكل سليم يجب على المعلم أن يكون ملماً بنظريات وأفكار الطلاب ، حتى يمكنه التأثير على تفكيرهم ، ومنع بناء أفكار خاطئة .

٥- إن بناء المفاهيم يقوم على التفكير ، وعلى المعلم أن يكون لديه وسائل تحفيز لهذا التفكير ، وأيسر السبل لذلك هو ترك الطلاب يتحدثون عما يفكرون به . فمن خلال الحوار تبرز الفجوات والتناقضات في سلسلة الأفكار ، كما يصبح ذلك عادة لدى الطالب ، وأي فرصة تتاح أمامه لحل مشكلة قد تتحول إلى حوار مع الذات .

وتجدر الاشارة إلي أن من أهم المبادئ هي أن التعلم لا ينفصل عن التطور النمائي للعلاقة بين الذات والموضوع؛ التعلم يقترن باشتغال الذات على الموضوع وليس باقتناء معارف عنه؛ الاستدلال شرط لبناء المفهوم، حيث المفهوم يربط العناصر والأشياء بعضها ببعض والخطاطة تجمع بين ما هو مشترك وبين الأفعال التي تجري في لحظات مختلفة، وعليه فإن المفهوم لايبنى إلا على أساس استنتاجات استدلالية تستمد مادتها من خطاطات الفعل؛ الخطأ شرط التعلم، إذ أن الخطأ هو فرصة وموقف من خلال تجاوزه يتم بناء المعرفة التي نعتبرها صحيحة؛ الفهم شرط ضروري للتعلم؛ التعلم يقترن بالتجربة وليس بالتلقين؛ التعلم هو تجاوز ونفي للاضطراب.

ـ النظرية البنائية لجان بياجية في النمو المعرفي:

يتوجب على المعلم معرفة سلوك تلاميذه وكيف يتعلمون وماذا يتعلمون وكيف يوظفون ويحولون مكتسباتهم. وللحصول على هذا النوع من المعرفة عليه أن يدرس عمليات النمو المعرفي، التي تمثل نقطة التقاء بين علم النفس النمو وعلم النفس التربوي. حيث تقوم نظرية بياجية بشرح عملية الاكتساب وفقا للنمو العقلي. و سنتناول بالشرح في هذا الفصل، أهم المفاهيم التي جاءت في هذه النظرية وكيفية تطبيقها في المجال التربوي.

وينظر بياجية إلى النمو المعرفي من زاويتين وهما

١ـ البنية العقلية ٢ـ والوظائف العقلية.

و يرى أن النمو المعرفي لا يتم إلا بمعرفتهما. أما البناء العقلي فيشير إلى حالة التفكير التي توجد في مرحلة ما من مراحل نموه.و الوظائف العقلية تشير إلى العماليات التي يلجأ إليها الفرد عند تفاعله مع مثيرات البيئة التي يتعامل معها.

يهتم بياجية بتطور التراكيب أو الأبنية المعرفية ، حيث يؤكد أن الوظائف العقلية عند الإنسان موروثة وبالتالي فهي ثابتة لا تتغير. أما الأبنية العقلية فلا تتغير مع مرور الزمن نتيجة تفاعل الفرد مع البيئة. ويضيف بياجي وظائف أساسية للتفكير نسردها علي النحو التالي :

١ـ التنظيم والتكيف : حيث تمثل وظيفة التنظيم نزعة الفرد إلى ترتيب العماليات العقلية

وتنسيقها في أنظمة كلية متناسقة ومتكاملة. أما التكيف فتمثل نزعة الفرد إلى التلاؤم مع البيئة

ويعتبر التكيف تغيرات في العضوية تحدث استجابة لمطالب البيئة، ويتم التكيف من خلال عمليتين هما الاستيعاب والمماثلة. فأما الاستيعاب فهو تعديل المعلومات الجديدة أي التغير في المحيط لجعله يوافق البنيات العقلية.وأما المماثلة فهي التغير في الأبنية العقلية لجعلها متوافقة مع البيئة التي يواجهها.

ولتفسير العمليات العقلية استخدم بياجي مصطلح شام أو السكيما ليشير إلى البنية العقلية ، وقد يكون الشام بسيط جد كما هو الحال في منعكس الرضاعة ، أو يكون معقد كما هو الحال في استخدام اللغة.ويعتبر بياجي النمو المعرفي يتقدم نحو التفكير الأكثر تجريدا ، ومما لا شك فيه هو كون العماليات العقلية المكتسبة مبكرا حجر الأساس الذي تبنى عليه العماليات المعرفية الأكثر تعقيدا فيما بعد .

ولقد حدد بياجية أربع عوامل للانتقال من مرحلة نمو إلى أخرى.

١- النضج: يرتبط النمو المعرفي بصفة عامة بنضج الجهاز العصبي المركزي والتناسق الحركي، فوظيفة المشي تتطلب نمو العضلات ونضجها بالاظافة إلى نضج الأعصاب المتحكمة فيها.

٢- التفاعل مع الخبرة المادية: إن تفاعل الطفل مع بيئته المادية، يزيد من نسبة نموه، وذلك بزيادة عدد خبراته التي تمكنه من الوصول إلى التفكير المعقد.

٣- التفاعل مع البيئة الاجتماعية: يعتبر اكتساب الخبرات بواسطة استعمال اللغة للتواصل مع مجموعة الرفاق، والاكتساب المدرسي مؤشرين لزيادة معدل النمو المعرفي.

٤- التوازن: هو عملية تنظيم ذاتي يستوجب استعادة حالة التوازن في حالة عدم التوازن التي تمر بها العضوية، وذلك باستخدام سلسلة لمتناهية من الاستيعاب والملائمة يمكننا شرح ذلك من خلال المثال التالي: "البكاء عند الرضيع الجائع تعبيرا عن حالة

التوتر أو عدم التوازن" " العب والمناغاة عند الرضيع بعد أخذ الطعام، تعبيرا عن استرجاع حالة التوازن والوصول إلى "حالة الإشباع".

"توتر وقلق التلميذ أمام مشكلة تعليمية يستعصى حلها"تعبيرا عن فقدان حالة التوازن.

"حل المشكلة بشكل صحيح"يعبر عن زوال حالة التوتر واستعادة التوازن.

- الافتراضات الأساسية في نظرية بياجية :

١- يرى بياجي أن للطفل قدرات فطرية تمكنه من التفاعل مع البيئة والتزود بالخبرات بواسطة اكتشفه للعالم. . فالمولود حديثا يتمكن من التفاعل مع الوسط باستخدام انعكاسات فطرية تمكنه من التحكم في المحيط والتكيف معه، مثل المص والقبض على الأشياء.

٢- تتحـول الانعكاسـات إلى سـلوك هـادف، حيـث يقـوم الطفـل بـالجمع بـين الهـدف والوسيلة باستخدام وسائل جديدة للاستكشاف.

٣- عملية الاستكشاف تحدث في تسلسل منطقي، فلا يـستطيع الطفـل إدراك وفهـم مبادئ الجمع والطرح إلا بعد اكتساب ثبات الموضوعات ويتم التقدم في هـذه السلـسلة ببطء وبشكل تدرجي.

٤- تؤثر البيئة التي يعيش فيها الطفـل في معـدل النمـو الـذي يـسر فيـه (الطـواب، ١٩٨٥).

- مراحل النمو المعرفي عند بياجية :

يتفق علماء النفس النمو على أن نمو الإنسان يتـضمن خاصـيتي الاسـتمرار وعـدم الاستمرار فهو يسير على نحو مستمر خـلال مراحـل محـدودة ، حيـث تتـزامن خـصائص النمو المستمر وخصائص النمو المرحلي في الحدوث.كما يستخدم مفهـوم المرحلـة ليـشير إلى التغيرات الحادة التي تمس السلوك أثناء فترات النمـو المختلفـة. إذا فهـي عبـارة عـن مجموعة من الظواهر والأنماط السلوكية. ولفهم مفهـوم المرحلـة عنـد بيـاجي لابـد مـن التعرض إلى مايلي:

أ- تتميز كل مرحلة بفترة تشكيل وفترة تحصيل، أما فترة التحصيل فتتصف بالتنظيم المستمر للعماليات العقلية في مرحلة معينة، وتصبح هذه المرحلة نقطة انطلاق لتشكيل المرحلة الموالية.

ب - كل مرحلة من المراحل تتكون في الوقت نفسه من فترة التحصيل للمرحلة التي سبقتها بهذا يمكن التأكيد على أن المراحل ليست منفصلة عن بعضها البعض.

ج - ترتيب المراحل ثابت لا يتغير إلا أن سن تحصيل المرحلة يتغير حسب الفروق الفردية المرتبطة بالنضج والبيئة الوراثية والاجتماعية بالاظافة إلى عوامل التدريب و الدوافع.

د - يخضع النمو من مرحلة إلى أخرى إلى قانون التكامل، بمعنى أن كل الأبنية المعرفية السابقة تدمج ضمن أبنية المرحلة اللاحقة.

ويعتقد بياجية أن كل الأشخاص يمرون بأربع مراحل من النمو المعرفي، تبدأ بالمرحة الحسية حركية و تنتهي بمرحلة التفكير المجرد. حيث لا يمكن العودة أو النكوص إلى مرحلة سابقة. ويمكن لنا أن نلخص مراحل النمو المعرفي في مايلي:

١- مرحلة التفكير الحسي الحركي من (٠الى سنتين):

تبد حياة الإنسان باستخدام الحواس والنشاطات الحركية التي تتم بشكل تلقائي لاستكشاف المحيط الذي يعيش فيه وتمثل الصورة المبكرة للنشاط العقلي للطفل الرضيع المتمثلة في استخدام الاستكشاف الحسي والمعالجة اليدوية.وهي عبارة عن أفعال انعكاسية فطرية، وتتضمن هذه المرحلة ٦ فترات

ويمكننا تلخيص مميزات هذه المرحلة كالتالي:

- يتم التفكير بواسطة نشاط الطفل .
- يتحسن التآزر الحركي .
- تناسق الاستجابة الحركية.
- يتطور الوعي بالذات تدرجيا.
- تطور فكرة ثبات الأشياء.
- تظهر البوادر الأولى للغة.

ويمكن إيجاز ما يحدث في هذه المرحلة من خلال تقسيمها إلي الفترات التالية :

ـ الفترة الأولى (من الميلاد ولمدة شهر) فترة الانعكاسات الأولية:حيث إن مخططات الطفل الأولى تتكون من الانعكاسات الموروثة اللاإرادية منذ ولادته.

ـ الفترة الثانية(من الشهر الأول حتى الشهر الرابع): فترة ردودالأفعال الأولية: هذه الردود تتضمن تكرار حركة يده أمام وجهة

ـ الفترة الثالثة(من الشهر الرابع حتى الشهرالعاشر): وهي فترة ردود الأفعال الدائرية الثانوية:يكتشف الطفل الرضيع السبب والنتيجة.

ـ الفترة الرابعة(من الشهر العاشر إلى الثاني عشر(:حيث يكتشف الطفل الرضيع مفهوم دوام الاشياء ويفهم بأنها دائمة وباقية ويزداد اهتمامه بالعالم الخارجي.

ـ الفترة الخامسة(من الشهر الثاني عشر وحتى الشهر الثامن عشر): ويطلق عليها فترة التجريب حيث يحاول الرضيع تعرف أكثر الاستجابات فاعلية في تحقيق الهدف والوصول إليه.

ـ الفترة السادسة(من الشهر الثامن عشر وحتى عامين(: وهي فترة بدايات التفكير والذاكرة وحل المشكلات وتطوير الاستقلالية والإحساس بالذات فردا له كيانه الخاص.

٢- التفكير ماقبل العماليات من (٢ إلى ٧ سنوات):

تعتبر مرحلة انتقالية وتتميز بظهور اللغة والتحكم فيها بالاظافة إلى ظاهرة التمركز حول الذات وعدم ثبات الإدراك وذلك من حيث الحجم والوزن والشكل واللون ، كما يتميز تفكير الطفل في هذه المرحلة بالا حائية أي إعطاء الحياة لكل شيء جامد أو ميت .ولقد سميت بمرحلة ماقبل العماليات ، لكون الطفل غير قادر على الدخول في عماليات ذهنية بعيدة عن المنطق ويعالج أغلب الأشياء عن طريق الحواس

فهو يعد الأصابع لمعرفة عدد الأشياء مثلا. وتنقسم هذه المرحلة بدورها إلى مرحلتين وهما:

أ- مرحلة ماقبل المفاهيم من(٢الى ٤سنوات): يستطيع الطفل القيام بعملية تصنيف بسيطة حسب مظهر واحد كاللون مثلا، ولا يمز الطفل بين الأحجام والأوزان، فهو يظن أن الشيء الكبير رغم خفته يغوص في الماء ولا يطفو والشيء الصغير رغم ثقله يبقى على سطح الماء.

٢ـ المرحلة الحدسية من(٤الى ٧ سنوات):

يتمكن الطفل من التصنيفات المعقدة حدسا أي دون الخضوع لقاعدة يعرفها أو منطق معين. وخلال هذه المرحلة يبدأ الوعي التدرجي بثبات الخصائص أو ما يسمى بالاحتفاظ. وتتميز هذه المرحلة بالخصائص التالية :

- ازدياد النمو اللغوي واستخدام الرموز الغوية بشكل أكبر .
- تفكير المتمركز حول الذات.
- تكوين المفاهيم وتصنيف الأشياء .
- تقد م الإدراك البصري على التفكير المنطقي.

٣- مرحلة تفكير العماليات المادية من ٧الى ١١ سنة :

يستخدم مصطلح العماليات لدلالة على الأعمال والأنشطة العقلية التي تشكل منظومة معرفية وثيقة، ويستطيع الطفل خلال هذه المرحلة التنبؤ بالظواهر وتفسيرها علميا ولكن على مستوى مادي وملموس. وتزول ظاهرة التمركز حول الذات تدرجيا ، إلى أن يصل الطفل إلى التفكير الاجتماعي عن طريق فهم الأخر والتواصل معه.أضف إلى ذلك تطور مفهوم الاحتفاظ من حيث الكتلة والحجم و الوزن . ومن أهم مميزات هذه الفترة هي:

- الانتقال إلى لغة اجتماعية بعد ما كانت متمركزة حول الذات.
- استخدام الملموس للموضوعات المادية في التفكير وحل المشكلات.
- يتطور مفهوم الاحتفاظ. والمقلوبية
- تطور عماليات التجميع والتصنيف وتكوين المفاهيم.
- الفشل في التفكير في الاحتمالات المستقبلية .

ومن بين الصعوبات التي يواجهها تفكير الطفل في هذه المرحلة:

- ضعف القدرة في الوصول إلى استدلالات منطقية .
- ضعف الطفل في اكتشاف المغالطات المنطقية.
- العجز في التعامل مع الفروض التي تغاير الواقع (توق وآخرون، ٢٠٠٢).

٤- مرحلة التفكير المجرد من ١١أو ١٢ سنة فما فوق:

يظهر في هذه المرحلة الاستدلال المنطقي المجرد الرمزي حيث يتمكن كل الأطفال من وضع الفرضيات واختبارها. وتطوير استراتجيات لحلها دون الرجوع إلى الماديات .وتتميز هذه المرحلة بما يلي:

- تتوازن عملية الاستيعاب والملائمة .
- تطور التفكير الاستدلالي.
- تطور تخيل الاحتمالات قبل تقديم الحلول .
- التفكير في احتمالات المستقبل .
- استخدام التفكير العلمي في تحليل الظواهر.

الجدول رقم١: يلخص مراحل النمو وخصائصها عند بياجي

المرحلة	العمر الزمني	الخصائص
الحس حركي	٠-٢ سنة	الانتقال من الأفعال المنعكسة إلى النشاطات الهادفة، باستعمال النشاط الحسي الحركي.
ماقبل العماليات	٢- ٧ سنوات	لغة والتفكير متمركزان حول الذات، والتفكير في اتجاه واحد.
العماليات المادية	٧-١١ سنة	فهم قوانين الاحتفاظ و الترتيب والتصنيف . استعمال التفكير المنطقي باكتساب مبدأ المقلوبية.
العماليات المجردة	١١-١٥ سنة	حل المشكلات المجردة بشكل منطقي والتدرج نحو التفكير العلمي واستعمال التفكير الافتراضي.

ـ خصائص الطفل المعرفية :

١ـ التمركز حول الذات: هي حالة ذهنية تتسم بعدم القدرة على تمييز الواقع من الخيال والذات من الموضوع والأنا من الأشياء الموجودة في العالم الخارجي.

٢-الإحيائية: يضفي الطفل الحياة والمشاعر على كل الأشياء الجامدة والمتحركة , فالشيء الخراجي يبدو له مزودا بالحياة والشعور.

٣-الاصطناعية: يعتقد الطفل أن الأشياء في الطبيعة من صنع الأنسان لذلك فإنها تتأثر برغباته وأفعاله عن بعد.

٤ـ الواقعية: يدرك الطفل الأشياء عن طريق تأثيرها الظاهر أو نتائجها المحسوسة ولا يربطها بأسبابها الحقيقة فهو يكتفي بالفعل المحسوس.

كما نشير إلي أهم خصائص التعلم من المدخل البنائي:

وتبرز خصائص التعلم البنائي في عدد من النقاط ومنها ما يلي :

١ـ المتعلم يبني الترجمة الخاصة به للعالم بالاعتماد على التجارب والتفاعل .

٢ـ المعرفة مضمنه في السياق الذي تستخدم فيه (المهام الحقيقية تعطي تعلم ذو معنى في الأوضاع الواقعية)

٣ـ يولد فهم جديد عن طريق تجميع المعرفة من مصادر متنوعة تلاؤم المشكله التي يتم دراستها (استخدام مرن للمعرفة (flexible use of knowledge)

٤ـ الاعتقاد بان هناك أكثر من طريقه وأكثر من منظور لتنظيم العالم وكياناته (منظور متعدد للبنيه في بيئات التعلم)

٥ـ الاعتقاد بان المعاني توجد بواسطة الأفراد عوضا عن تواجدها في العالم بشكل مستقل.

ـ نظرية جان بياجيه في اللعب :

إن نظرية جان بياجيه في اللعب ترتبط ارتباطاً وثيقاً بتفسيره لنمو الذكاء، ويعتقد بياجيه أن وجود عمليتي التمثيل والمطابقة ضروريتان لنمو كل كائن عضوي. وأبسط مثل للتمثل هو الأكل، فالطعام بعد ابتلاعه يصبح جزءاً من الكائن الحي بينما تعين المطابقة توافق الكائن الحي مع العالم الخارجي كتغيير خط السير مثلاً ويبدأ اللعب في المرحلة الحسية الحركية، إذ يرى بياجيه أن الطفل حديث الولادة لا يدرك العالم في حدود الأشياء الموجودة في الزمان والمكان، فإذا بنينا حكمنا على اختلاف ردود الأفعال عند الطفل فإن الزجاجة الغائبة عن نظره هي زجاجة مفقودة إلى الأبد، أي أنه

يؤمن فقط بما يراه، أو يدرك استمرارية الأشياء مما يراه دائماً، وحين يأخذ الطفل في الامتصاص لا يستجيب لتنبيه فمه وحسب بل يقوم بعملية المص وقت خلوه من الطعام.

وتضفي نظرية بياجيه على اللعب وظيفة بيولوجية واضحة بوصفه تكراراً نشطاً وتدريباً يتمثل المواقف والخبرات الجديدة تمثلاً عقلياً وتقدم الوصف الملائم لنمو المناشط المتتابعة.

لذلك نجد أن نظرية بياجيه في اللعب تقوم على ثلاثة افتراضات رئيسية هي:

١ـ يسير النمو العقلي في تسلسل محدد من الممكن تسريعه أو تأخيره ولكن التجربة وحدها لا يمكن أن تغيره وحدها.

٢ـ إن هذا التسلسل لا يكون مستمراً بل يتألف من مراحل يجب أن تتم كل مرحلة منها قبل أن تبدأ المرحلة المعرفية التالية.

٣ــ وهذا التسلسل في النمو العقلي يمكن تفسيره اعتماداً على نوع العمليات المنطقية التي يشتمل عليها.

والدارس المتفحص للأسلوب المنهجي الذي اتبعه بياجيه سيلاحظ أنه(منهج عيادي اكلينيكي) clinical method . على النقيض من الأسلوب الطبيعي أو السلوكي التجريبي الذي يحصر اهتمامه في إطار إحصائي محض .

فنهج بياجيه يهتم بدراسة الحالة والمقابلة، والمناقشة المفصلة وسؤال الأطفال عن كثير من المواقف الكبيرة، ولقد تركزت أبحاث بياجيه إلى تعريض الطفل لأكبر عدد من المهمات التجريبية النفسية، ثم تسجيل الملاحظات على المشاهدات السلوكية العملية في هذه المواقف، ثم توجيه عدد من الأسئلة إليه ، وتسجيل إجابته ، وعلى أساس البيانات يصل بياجيه إلى استنتاجاته ونظرياته، وتستهدف طريقته الى اكتشاف

كيفية اكتساب المفاهيم في وقت محدد من عمر الطفل باستخدام طريقة (تحليل الاستبطانات الكلامية) .

ومن هنا أحدث بياجيه ثورة في دراسات الطفولة بابتكاره الطريقة الاكلينيكية في الكشف عن أفكار الأطفال وكلامهم وإدراكهم ومنطقهم وغير ذلك من العمليات النفسية، ويكفي أن نذكر أن معظم نظرياته عن الطفل مستمدة من ملاحظاته العيادية واحتكاكه المباشر مع الأطفال.

كما اتخذ بياجيه موقفاً مهماً من الآراء العلمية السائدة، حيث يرى أن الذكاء ليس مبعثه العالم الخارجي للطفل، وليس مبعثه عملية كشف لنظام محدد مسبقا داخل عقل الطفل، إنما مبعثه الترابط بين نظام الذكاء من جهة والعالم الخارجي من جهة أخرى، ويبدأ ذلك بالترابط بين الانعكاسات والحوافز، كما وأنه يرى بان النمو العقلي لا تحدده أدوات ثقافية واجتماعية .

تجاربه على الانسان .

وقد أبتكر بياجيه عدداً من الطرائق لدراسة سلوك الطفل وهي طرائق منظمة ابتكرها في ملاحظة الأطفال .

إن الاختبارات التي قام بها بياجيه من التعدد والعمق ما يجعلنا لا نستطيع أن نلم بها في مثل هذا الجهد المقتضب مما سيضطرنا إلى ذكر محاورها الرئيسة وهي :

أ- اختبارات المنطق العلائقي .

ب- اختبارات الاحتفاظ بالمادة .

ج- اختبارات التصنيف والتسلسل .

د- اختبارات العدد.

ـ تطبيقات نظرية بياجية في الميدان التربوي:

١- يرى بياجي أن التربية لا تتواجد ألا على شكل نظريات مشكلة من طرف المتعلم ،الذي يجب أن يكون عضوا نشيطا وفعال من الناحية العقلية والمادية، وذلك باستخدام وسائله الخاصة.

٢- إن حالات عدم التوازن التي تعبر عن الحالة الداخلية للمتعلم عند الفشل في الوصول إلى الحلول الناجعة للمشكلة، قد تصبح منبع لمواصلة الجهود في تحقيق التعلم.

٣- إن طريقة المقابلة الفردية التي وضعها بياجي في ملاحظة سلوكيات الأطفال، تعتبر وسيلة ناجحة إذا ما استعملها المربي في فهم مشكلات التعلم و التمدرس عند التلاميذ.

٤- إن التعلم بواسطة حل المشكلات ، جعلت بياجي يتأكد أن التعلم لا يتم بشكل كلي وإنما يتم على شكل اكتسابات جزئية يشكلها المتعلم في قلب بنائي. فالمعرفة الأولية تعتبر قاعدة الأساس الذي تبنى عليها المعارف اللاحقة. إذا لبناء المعرفة يجب تجميع كل الأجزاء في قالب معرفي كلي.

٥- لقد أكد (فلافل١٩٨٥) على أهمية نظرية بياجي وتأثيرها في دراسة القدرات العقلية المعرفية عند الأطفال .

٦- إن إتاحة العديد من فرص التفاعل بين المتعلم وبيئته الطبيعية والاجتماعية يؤدي إلى تطور النمو المعرفي بشكل أفضل.

٧- مراعاة قدرات الطفل ونموه في بناء البرامج التربوية المخصصة له.

٨- ضرورة الاستفادة من أخطاء المتعلم في بناء المواقف التعليمية بتجاوز جوانب الضعف فيها.

٩- توفير الألعاب لتربوية وتدعيم الأنشطة التعليمية باللعب وجعل المتعلم يشعر بالحرية وتلقائية والمتعة أثناء أدائها.

قائمة المراجع

أولا:المراجع العربية :

١- الزواوي (٢٠٠٢) : البنيوية منهج أم محتوى ، عالم الفكر . المجلد(٣٠) . العدد(٤) ، الكويت ، المجلس الوطني للثقافة والفنون والآداب .

٢- أنور الشرقاوي(١٩٨٣): التعلم: نظريات وتطبيقات، القاهرة، مكتبة لأنجلو المصرية.

٣- عماد الزغول (٢٠٠٣) : علم النفس المعرفي،عمان، دار الشروق للنشر والتوزيع

٤- عماد الزغول (٢٠٠٣) : نظريات التعلم، عمان ، دار الشروق للنشر و التوزيع.

٥- غازدا (١٩٩٣) : نظريات التعلم، دراسة مقارنة , ترجمة : علي حسين حجاج، الكويت، عالم المعرفة.

ثانيا : المراجع الأجنبية :

6- Lemaire, P. (2006). *Abrégé de psychologie cognitive.* Bruxelles, De Boeck Université.

7-Peterson, C. (1991). *Introduction to psychology*, New York, Harper Collins Publishers Inc.

8-Tryphon, A & Voneche, J (1996). Piaget-Vygotsky the Social Genesis Of Thought, Taylor & Francis, Uk.

- Webograpgie
- http://perso.wanadoo.fr/ais-jpp/apprdef.html
- http://pmev.lagoon.nc/bandura.htm
- http://pnev.lagoon.nc/apsocail.html

الفصل الثاني عشر

نظريات التعلم المعاصرة

عناصر الفصل الثاني عشر:

- مقدمة
- نظرية برونر فى التعلم
- العمليات العقلية اللازمة للتعلم
- نظرية المجال المعرفي
- نظرية الاقتران
- النظريات الرياضية
- نظرية التعلم الفردي
- التعلم الذاتي
- التعلم عن بعد
- التعلم التعاوني
- التعلم التبادلي

- نظرية ديوي في التعلم
- نظريات التعلم المدرسية
- النّظرية التربوية

الفصل الثاني عشر

نظريات التعلم المعاصرة

ـ مقدمة : يرى كل عالم أن نظريته تفسر جميع أنواع التعلم ، وعلى الرغم من ذلك لا توجد في علم النفس نظرية واحدة تفسر جميع أنواع التعلم .

ويرجع ذلك إلى أن :

١- عملية التعلم شديدة التنوع والتعقيد تتصل بكل تغير يحدث في السلوك والأفكار والحالات النفسية الشعورية واللاشعورية .

٢- المواقف التي يجري فيها العلماء تجاربهم مختلفة ،ويحاولون تعميمها على جميع المواقف.

ولذلك سيتم عرض بعض نظريات التعلم وكيف يتم الاستفادة منها في مجال التعليم والتدريس للطلاب وأن تجعل العملية التعليمية أكثر ثراء وبها يزيد التفاعل بين الطلاب والمعلمين .

ـ أولا: نظرية برونر فى التعلم :

يري برونر أن أفضل نظريات التعلم هي التي توفر خبرات التعلم بالاكتشاف , وتمكن النلاميذ من استيعاب المعلومات الجديدة والمهارات بطرق تأخذ في الاعتبار المعلومات والمهارات التي سبق اكتسابها.

ولنظرية برونر اربعة مبادئ اساسية هي :

١- الدوافع : أن تحدد مبادئ تشجع التلميذ على أن يكون مريدا للتعليم وقادر علية حين يوجد فى موقف تعليمي.

٢- تنظيم بنية المحتوى : التأكيد على الحاجة لتصور التعليم والمعلومات بطريقة تمكن التلميذ من فهمها واستخدامها وأن يأخذ في اعتباره البنية الداخلية لمجال معرفي معين .

٣- تتابع الخبرات التعليمية : يمضي التعليم من الامثلة المحسوسة إلي الصياغات المجردة .

٤- طبيعة المكافأت والعقوبات وتوزيعها :التأكيد على ذلك النوع من املمعلومات الذي يشتقه الفرد من التعزيز وليس من اختزال الدافع أو من القيمة الدافعية للتعزيز .

يري برونر أن أفضل نظريات التعلم هي التي توفر خبرات التعلم بالاكتشاف , وتمكن التلاميذ من استيعاب المعلومات الجديدة والمهارات بطرق تأخذ في الاعتبار المعلومات والمهارات التي سبق اكتسابها.

ـ التعلم بالاكتشاف :

لقد حظيت طريقة الاستقصاء ومازالت تحظى باهتمام الكثير من المربين وعلماء التربية لما لها من أهمية في تشجيع الطلبة وتدريبهم على التفكير ومهارات البحث وجمع المعلومات واتخاذ القرارات ، والتدريس بهذه الطريقة ينقل النشاط داخل الصف من المعلم إلى التلاميذ ، ويعطيهم فرصة ليعيشوا متعة كشف المجهول بأنفسهم .

ـ تعريف التعلم بالاكتشاف :

هو عملية تفكير تتطلب من الفرد إعادة تنظيم المعلومات المخزونة لديه وتكييفها بشكل يمكنه من رؤية علاقات جديدة لم تكن معروفة لديه من قبل .

ـ إستراتيجية التعلم بالاكتشاف :

ـ هو عملية تفكير تتطلب من الفرد إعادة تنظيم المعلومات المخزونة لديه وتكييفها بشكل يمكنه من رؤية علاقات جديدة لم تكن معروفة لديه من قبل.

ـ هو التعلم الذي يحدث كنتيجة لمعالجة الطالب المعلومات وتركيبها وتحويلها حتى يصل الى معلومات جديدة حيث تمكن الطالب من تخمين او تكوين فرض او ان يجد حقيقة رياضية باستخدام عمليات الاستقراء او الاستنباط او باستخدام المشاهدة والاستكمال او اية طريقة اخرى .

ـ هو عملية تنظيم المعلومات بطريقة تمكن التلميذ المتعلم من أن يذهب أبعد من هذه المعلومات. أو هو الطريقة التي يتم فيها تأجيل الصياغة اللفظية للمفهوم أو التصميم المراد تعلمه حتى نهاية المتابعة التعليمية التي يتم من خلالها تدريس المفهوم أو التعميم.

ـ هو محاولة الفرد للحصول على المعرفة بنفسه، فهو يعيد لنا المعلومات بهدف التوصل الى معلومات جديدة، فالتعلم بالاكتشاف هو سلوك المتعلم للانتهاء من عمل تعليمي يقوم به بنفسه دون مساعدة من المعلم

ـ أهداف التعلم بالاكتشاف :

أولا:ـ أهداف عامة :

يمكن إجمال الأهداف العامة للتعلم بالاكتشاف بأربع نقاط أساسية هي :

١ـ تساعد دروس الاكتشاف الطلبة على زيادة قدراتهم على تحليل وتركيب وتقويم المعلومات بطريقة عقلانية

٢ـ يتعلم الطلبة من خلال اندماجهم في دروس الاكتشاف بعض الطرق والانشطة الضرورية للكشف عن اشاء جديدة بانفسهم

٣ـ تنمي لدى الطلبة اتجاهات واستراتيجيات في حل المشكلات والبحث

٤ـ الميل الى المهام التعليمية والشعور بالمتعة وتحقيق الذات عند الوصول الى اكتشاف ما

ثانيا : ـ اهداف خاصة :

أما الأهداف الخاصة فحدث ولا حرج فهي كثيرة نسرد منها ما يلي:

١ـ يتوفر لدى الطلبة في دروس الاكتشاف فرصة كونهم يندمجون بنشاط الدرس

٢ـايجاد انماط مختلفة في المواقف المحسوسة والمجردة والحصول على المزيد من المعلومات

٣ـ يتعلم الطلبة صياغة استراتيجيات اثارة الاسئلة غير الغامضة واستخدامها للحصول على المعلومات المفيدة

٤ـ تساعد في انماء طرق فعالة للعمل الجماعي ومشاركة المعلومات والاستماع الى افكار الاخرين والاستئناس بها

٥ـ تكون للمهارات والمفاهيم والمبادئ التي يتعلمها الطلبة اكثر معنى عندهم واكثر استبقاء في الذاكرة

٦ـ المهارات التي يتعلمها الطلبة من هذه الطريقة اكثر سهولة في انتقال اثرها الى انشطة ومواقف تعلم جديدة

ـ أهمية التعلم بالاكتشاف :

١ـ يساعد الاكتشاف المتعلم في تعلم كيفية تتبع الدلائل وتسجيل النتائج وبذا يتمكن من التعامل مع المشكلات الجديدة .

٢ـ يوفر للمتعلم فرصا عديدة للتوصل إلى استدلالات باستخدام التفكير المنطقي سواء الاستقرائي أو الاستنباطي .

٣ـ يشجع الاكتشاف التفكير الناقد ويعمل على المستويات العقلية العليا كالتحليل والتركيب والتقويم .

٤ـ يعوّد المتعلم على التخلص من التسليم للغير والتبعية التقليدية .

٥ـ يحقق نشاط المتعلم وإيجابيته في اكتشاف المعلومات مما يساعده على الاحتفاظ بالتعلم .

٦ـ يساعد على تنمية الإبداع والابتكار .

٧ـ يزيد من دافعية التلميذ نحو التعلم بما يوفره من تشويق وإثارة يشعر بها المتعلم أثناء اكتشافه للمعلومات بنفسه .

ـ أنواع التعلم بالاكتشاف :

هناك عدة طرق تدريسية لهذا النوع من التعلم بحسب مقدار التوجيه الذي يقدمه المعلم للتلاميذ وهي

١ـ الاكتشاف الموجه : وفيه يزوّد المتعلمين بتعليمات تكفي لضمان حصولهم على خبرة قيمة ، وذلك يضمن نجاحهم في استخدام قدراتهم العقلية لاكتشاف المفاهيم والمبادئ العلمية ، ويشترط أن يدرك المتعلمون الغرض من كل خطوة من خطوات الاكتشاف ويناسب هذا الأسلوب تلاميذ المرحلة التأسيسية ويمثل أسلوبا تعليميا يسمح للتلاميذ بتطوير معرفتهم من خلال خبرات عملية مباشرة .

٢ـ الاكتشاف شبه الموجه : وفيه يقدم المعلم المشكلة للمتعلمين ومعها بعض التوجيهات العامة بحيث لا يقيده ولا يحرمه من فرص النشاط العملي والعقلي ، ويعطي المتعلمين بعض التوجيهات .

٣ـ **الاكتشاف الحر :** وهو أرقى أنواع الاكتشاف ، ولا يجوز أن يخوض بـه المتعلمـين إلا بعد أن يكونوا قد مارسوا النوعين السابقين ، وفيه يواجه المتعلمون بمشكلة محـددة ، ثم يطلب منهم الوصول إلى حل لها ويترك لهم حرية صياغة الفروض وتصميم التجـارب وتنفيذها .

ـ خطوات الطريقة الاستقصائية :

على الرغم من وجود عـدة نمـاذج للاستقـصاء ؛ إلا أن جميـع هـذه الـنماذج تتنـاول الفرد كإنسان متعلم يـسعى إلى التوصـل إلى الحقـائق والمعلومـات عـن طريـق التفكـير واستخدام الاستقصاء والبحث العلمـي ، لـذا ، سـوف نكتفـي بعـرض نمـوذج (سـكمان) كنمط من أنماط التعليم القائمة على الاستقصاء ، وينطوي نمط الاستقـصاء عنـد سـكمان على خمس مراحل رئيسة موضحة بإيجاز في الشكل (١-٢) و هي :

أولا: تقديم المشكلة المراد دراستها :

لا بد من وجـود مـشكلة أو سـؤال أو قـضية مـا حيـث يقـوم المعلـم بتقـديم هـذه المشكلة مبيناً لهم الإجراءات الواجب اتباعها في البحث عن حل أو تفسير لهذه المـشكلة ، ويتوقف نوع المـشكلة وأسـلوب عرضـها عـلى عـدة عوامـل منهـا : المنهـاج الـدراسي ، وخصائص المتعلمين والوقت المتاح للتفكير والتأمل في المشكلة وعـدد المتعلمـين ، وعـلى المعلم مراعاة هذه العوامل عند اختياره للمشكلة .

ويفضل أن تكون المشكلة من النوع الذي يعمل على إثارة فضول الطلبـة ، وهنـاك عـدة أشكال لعرض المشكلة نذكر منها :

١ـ تقديم معلومات متضاربة إلى الطلبة ، والطلب منهم اختيار موقف معين من هذه المعلومات .

٢ـ تقديم أو عرض أمور تتعارض مع أفكار الطلبة .

٣ـ تقديم أو عرض مواقف أو قضايا من دون تحديد نهايات لها لإتاحة الفرصة للتلاميذ للبحث عن نهايات مقبولة .

٤ـ قد يستخدم المعلم أنواعا أخرى من الأسئلة مثل أسئلة التفكير المتلاقي ، وتعتمد الإجابة على خلفية المتعلم ومستواه المعرفي .

ثانيا: جمع المعلومات :

يتم الحصول على هذه المعلومات عادة عن طريق استخدام أسلوب السؤال والجواب سواء كان ذلك مع المعلم أو بين الطلبة تحت إشراف المعلم ، وقد يطلب إلى الطلبة البحث عن المعلومات من مصادر أخرى كالمكتبة أو استخدام التجريب أو أن يسأل الجهات المختصة

ثالثا : التحقق من صحة المعلومات :

وتأخذ هذه الخطوة عدة أشكال : فحص المعلومات كأن يقارن الطالب بين هذه المعلومات للتأكد من عدم وجود تناقض في المعلومات وبخاصة إذا قام الطالب بجمع المعلومات حول المشكلة من مصادر متعددة ، أو أن يقوم الطالب بفحص هذه المعلومات مع زملائه كأن يقوم بقراءتها عليهم ومن ثم تدور مناقشة حول هذه المعلومات .

رابعا: مرحلة تنظيم المعلومات وتفسيرها :

بعد التأكد من صحة المعلومات ؛ يبدأ الطلاب في تنظيم هذه المعلومات وترتيبها ليتم التوصل إلى تفسير علمي مقنع للمشكلة قيد الدراسة ، حيث تقدم المعلومات على شكل جمل تفسيرية للمشكلة وأسبابها وجوانبها ، ويتم في النهاية التوصل لحل معقول ومقبول للمشكلة ودور المعلم هنا مساعدة تلاميذه و إرشادهم .

خامسا : تحليل عملية الاستقصاء وتقويمها :

وهي عملية يتم فيها مراجعة وتحليل لجميع الخطوات التي اتبعوها في معالجة المشكلة ابتداء من تحديد المشكلة وانتهاء بعملية إصدار الأحكام حول المشكلة وتفسيرها .

ـ ارشادات عند استخدام طريق التعلم بالاكتشاف :

١ـ يجب ان يكون المبدأ او المفهوم المراد اكتشافه واضحا في ذهن المدرس وذلك يساعد على اختيار الامثلة او الاسئلة التي سوف يقدمها

٢ـ يجب ان يأخذ المعلم او المعلمة في اعتبارهم العوامل ذات الصلة قبل ان يقرر هل يستخدم هذه الطريقة ام لا فبعض المبادئ معقدة لدرجة تكون طريقة الاكتشاف فيها غير فعالة

٣ـ ايضا يجب الاخذ في الاعتبار قبل ان يقرر هل يستخدم اكتشافا استقرائيا ام استدلاليا او هما معا فمثلا نظريات التباديل قد يصعب تدريسها بالاكتشاف الاستقرائي وحده ولكنه اسهل بالخلط بينهما وكذلك بعض نظريات التكامل

٤ـ في حالة استخدام طريقة الاكتشاف الاستقرائي يجب اختبار امثلة بحيث تمثل المجال الذي سيعمل فيه المبدأ

٥- في حالة استخدام طريقة الاكتشاف الاستقرائي يجب عدم اجبار الطلبة على التعبير اللفظي

٦- يجب ان نهتم بالاجابات والاقتراحات غير المتوقعة من الطلبة

٧- يجب ان نقرر متى نقول للطلبة الذي لا يستطيعون الاكتشاف المعلومات المطلوبة كالوقت مثلا

٨- يجب جعل الطلبة يتأكدون من صحة استنتاجهم او اكتشافهم بالتطبيق مثلا

- دور المعلم في التعلم بالاكتشاف :

١- تحديد المفاهيم العلمية والمبادئ التي سيتم تعلمها وطرحها في صورة تساؤل أو مشكلة .

٢- إعداد المواد التعليمية اللازمة لتنفيذ الدرس .

٣- صياغة المشكلة على هيئة أسئلة فرعية بحيث تنمي مهارة فرض الفروض لدى المتعلمين .

٤- تحديد الأنشطة أو التجارب الاكتشافية التي سينفذها المتعلمون .

٥- تقويم المتعلمين ومساعدتهم على تطبيق ما تعلموه في مواقف جديدة .

- طرق الاكتشاف :

١- طريقة الاكتشاف الاستقرائي :

وهي التي يتم بها اكتشاف مفهوم او مبدأ ما من خلال دراسة مجموعة من الامثلة النوعية لهذا المفهوم او المبدأ ويشتمل هذا الاسلوب على جزئين الاول يتكون من الدلائل التي تؤيد الاستنتاج الذي هو الجزء الثاني وقد تجعل الدلائل الاستنتاج موثوق

به الى اي درجة كانت وهذا يتوقف على طبيعة تلك الدلائل وهناك عمليتان يتضمنها اي درس اكتساف استقرائي هما التجريد والتعميم.

٢ـ طريقة الاكتشاف الاستدلالي :

هي التي يتم فيها التوصل الى التعميم او المبدأ المراد اكتشافه عن طريق الاستنتاج المنطقي من المعلومات التي سبق دراستها ومفتاح نجاح هذا النوع هو قدرة المدرس او المعلمة على توجيه سلسلة من الاسئلة الموجهة التي تقود الطلبة الى استنتاج المبدأ الذي يرغب المدرس او المعلمة في تدريسه ابتداء من الاسئلة السهلة وغير الغامضة ويتدرج في ذلك حتى الوصول الى المطلوب

الأول : ـ الاكتشاف القائم على المعنى: وفيه يوضع الطالب في موقف مشكل يتطلب حل مشكلة ما، ويشارك الطالب مشاركة ايجابية في عملية الاكتشاف، وهو على وعي وادراك لما يقوم به من خطوات ولها يشير اليه المعلم من ارشادات وتوجيهات

الثاني : ـ الاكتشاف غير القائم على المعنى: : وفيه يوضع الطالب في موقف مشكل أيضا تحت توجيه المعلم، ويتبع ارشادات المعلم دون فهم لما يقوم به من خطوات، بل عليه أن ينفذ الأسئلة دون أن يفهم الحكمة في تسلسلها او في مغزاها.

ـ نموذج تطبيقي لدرس بأسلوب التعلم بالاكتشاف:

الصف : السادس الابتدائي . درس في مادة العلوم :

(مرور الضوء خلال الأشياء)

الخطوات :

١ـ صغ موضوع الدرس على هيئة تساؤل أو مشكلة .

لماذا يوضع الزجاج في النوافذ ؟

لماذا يصنع غطاء الساعة من الزجاج ؟

ـ ما المفاهيم التي سيكتشفها التلاميذ ؟

- بعض الأشياء تسمح بمرور الضوء خلالها .

- بعض الأشياء لاتسمح بمرور الضوء خلالها .

- نرى الأشياء من خلال الأجسام الشفافة .

٢ـ حدد المصادر التي سيعتمدون عليها .

ـ ماذا سأحتاج ؟

مصباح يد ، لوح زجاج ، لوح خشب ، بلاستيك ، ورق ، نظارة ، حوض تربية الأسماك، نموذج إشارة المرور ، صور لأشياء تسمح بمرور الضوء.

٣ـ ضع عددا من التساؤلات التي من خلال الإجابة عنها يمكن الإجابة عن التساؤل الرئيسي .

ـ ماذا سنناقش ؟

هل الأشياء تسمح بمرور الضوء من خلالها ؟

هل هناك أشياء لاتسمح بمرور الضوء من خلالها ؟

لماذا نستطيع أن نرى الضوء في إشارة المرور ؟

حدد نوع النشاط الذي سيقوم به التلاميذ .

ـ ماذا سيعمل التلاميذ؟

يوزع المعلم على التلاميذ في شكل مجموعات مواد مختلفة (لوح زجاج ، لوح خشب ، لوح بلاستيك ملون وآخر شفاف ، ورق شفاف ، ورق مقوى ،قماش ، مصباح يدوي .

- جرب تعريض ضوء المصباح للأشياء التي أمامك .
- ماذا تلاحظ ؟
- هل كل الأشياء التي أمامك تسمح بمرور الضوء ؟
- ما الفرق بين الأشياء التي نفذ الضوء من خلالها والأشياء التي لم ينفذ من خلالها؟
- لماذا نستطيع أن نرى الأسماك في حوض تربية الأسماك ؟
- مما تصنع إشارات المرور ؟ لماذا ؟

تحقق من صدق الاكتشاف .

أذكر أشياء أخرى تسمح بمرور الضوء وأشياء لا تسمح بمرور الضوء من خلالها ، ثم تحقق من ذلك بالتجربة .

ـ ثانيا: العمليات العقلية اللازمة للتعلم :

أولا : الذاكرة :

تعرف الذاكرة بأنها : نشاط عقلي معرفي يعكس القدرة على ترميز و تخزين وتجهيز أو معالجة المعلومات المستدخلة أو المشتقة واسترجاعها وهناك مجموعة من المكونات البنائية للذاكرة

ـ المكونات البنائية للذاكرة

١ـ الذاكرة الحاسية (المسجل الحاسي) : تدخل المعلومات البيئية عن طريق إحدى الحواس

(السمع – البصر – الشم – اللمس – التذوق) و يؤدي المسجل الحاسي وظيفة في غاية الأهمية بالنسبة لعمليات التجهيز و هي الاحتفاظ بالمثير حيثما يتم التعرف عليه عندما تكو ن الذاكرة قصيرة المدى مشغولة بأنماط من التجهيز المعالجة الإضافيتين - لا تتعدى مدة الاحتفاظ بالمثير في المسجل الحاسي خس ثوان بعدها يخبو و تحل محله مثيرات أخرى بسبب التدفق السريع و المستمر للمعلومات البيئية الخارجية و المعلومات المشتقة الداخلية التي تحتاجها عمليات التجهيز و المعالجة

٢ـ الذاكرة قصيرة المدى : تنتقل المعلومات من المسجل الحاسي إلى الذاكرة قصيرة المدى المحدودة السعة و من الممكن أن تفقد المعلومات أو تتحلل أو تختفي خلال فترة وجيزة على أن زمن تحلل المعلومات أو فقدها أطول من الذاكرة الحاسية و هي تختلف من فرد لآخر

و العامل المحوري الذي يقف خلف سعة الذاكرة قصيرة المدى هو قدرة الشخص على ترميز الوحدات المعرفية أو ترتيب الفقرات بحيث يمكن اختصارها و تسجيلها في عدد أصغر من الوحدات المعرفية و تتأثر سعة الذاكرة قصيرة المدى إلى جانب ذلك بعدد من العوامل وتشم:

ـ كثافة المعلومات من حيث الكم و الكيف

ـ تماثل فقرات المعلومات او تشابه وحداتها

ـ عدد الوحدات المعرفية أو الفقرات الخاضعة للتجهيز و المعالجة خلال التدفق المتتابع أو المتلاحق للأنشطة المعرفية

ـ الزمن المتاح أي زمن التجهيز و المعالجة

و البؤرة الرئيسة لمشكلات ذوي صعوبات التعلم تتمثل في محدودية سعة الذاكرة قصيرة المدى و التي تشكل عقبة صلبة تقف خلف معظم اضطرابات العمليات المعرفة لديهم

و من ثم فالأفراد الذين لديهم اضطرابات في قدرات الذاكرة أو عملياتها مثل ذوي صعوبات التعلم يكون من المتوقع بالنسبة لهم أن يجدوا صعوبات في عدد من الأنشطة الأكاديمية و المعرفية على اختلاف أنواعها

و من هنا فإن معرفة و تشخيص و علاج اضطرابات الذاكرة لدى ذوي صعوبات التعلم يمثل أهدافا تربوية هامة تسعى إلى تحقيقها كافة الأنظمة التربوية

ـ ومن استراتيجيات تيسير الحفظ في الذاكرة قصيرة المدى:

١ـ تنظيم المادة المراد الاحتفاظ بها و استرجاعها كالترتيب و التصنيف و الاختصارات

٢ـ توسيط أو ربط المعلومات الجديدة بالمعلومات القائمة و الماثلة في الذاكرة و تشمل استراتيجيات التنظيم ما يلي: ـ

أ- تجميع فقرات المعلومات في مجموعات بحيث يمكن أن يؤدي تذكر إحداها إلى استكمال تذكر المجموعات الأخرى في السلسلة أو التصنيف

ب- العنقدة أي تنظيم الفقرات في تصنيفات تحتويها

ج – تقوية أو تنشيط الذاكرة من خلال زيادة الحساسية لتنظيم المادة المتعلمة

د- الترميز كتخيل الكلمات أو العبارات أو المفاهيم

هـ - استخدام الترابطات السابق وجودها في الذاكرة و استدخال المعلومات الجديدة فيها

و- استخدام التلميحات عند الاسترجاع

ر- إيجاد علاقات أو ارتباطات منطقية أو شكلية أو علاقات تضاد - تشابه - دمج المعلومات الجديدة و المعلومات السابقة

ز- أو دمج أو احتواء بين المعلومات الجديدة و المعلومات السابقة

ـ الذاكرة العاملة :

الذاكرة العاملة هي (مكون تجهيزي نشط ينقل أو يحول إلى الذاكر طويلة المدى و ينقل أو يحول منها و تقاس فاعلية الذاكرة العاملة من خلال قدرتها على حمل كمية صغيرة من المعلومات حيثما يتم تجهيز و معالجة معلومات أخرى إضافية لتتكامل مع الأولى مكونة ما تقتضيه متطلبات الموقف)

بينما تركز الذاكرة قصيرة المدى على تخزين المعلومات ولذا فهي تمثل نظاما غير نشط أو نظاما تأثريا - يقع على التأثير - و على ذلك فالذاكرة قصيرة المدى هي مكون ذو سعة محدودة لتجميع و حمل المعلومات التي تتطلب الاستجابة اللحظية أو الآنية و التي تستوعب المعلومات الضرورية التي يستقبلها الفرد أثناء الحديث و القراءة و يمكن للذاكر قصيرة المدى الاحتفاظ بالمعلومات شرط التسميع و التكرار الأهمية الآتي تعكسها المثيرات

أما الذاكرة العاملة فتهتم بتفسير و تكامل و ترابط لمعلومات الحالية مع المعلومات السابق تخزينها أو الاحتفاظ بها ويؤكد العديد من الباحثين على أن الذاكرة العامل مهمة للأنشطة المعرفية ذات المستوى الأعلى مثل الفهم القرائي و الاستدلال الرياضي و التفكير الناقد و اشتقاق المعاني و غيرها .

ـ الذاكرة طويلة المدى :

تمثل الذاكر طويلة لدى مخزنا دائما للمعلومات ذو سعة غير محودة و تتأثر كمية المعلومات المنقولة إلى الذاكرة طويلة المدى و نوع هذه المعلومات بعمليات الضبط أو

التحكم - و تتحدد الكيفية التي تختزن بها المعلومات في الذاكرة طويلة المدى بمدى استخدام أدوات الربط و الترابطات و خطط تنظيم العمل و المعلومات التي تختزن في الذاكرة طويلة المدى هي بالدرجة الأولى معلومات ذات معنى و يحدث النسيان نتيجة لتحلل الفقرات أو للتداخل بينهما مما يؤدي إلى فقد المعلومات و بعض المعلومات تتحول صورتها عن طريق التنظيم و إعادة التنظيم و الصياغة أو نتيجة عمليات الدمج أو المعالجة أو الحذف أو التعديل أو التوليف و يؤثر كم و محتوى الذاكرة طويلة المدى و الخصائص الكيفية لهذا المحتوى على كفاءة تجهيز و معالج المعلومات من حيث السرعة و الدقة والفاعلية .

ثانيا : التذكر:

(هو استعادة المعلومات والخبرات التي سبق تعلمها واكتسابها في المواقف التعليمية التي مررنا بها).

و أما النسيان :هو الفرق بين ما سبق تعلمه وما تم تذكره.

والقدرة على التذكر يستدل عليها من خلال العمليات التالية :-

١- الاسترجاع التلقائي : (أي حضور الذكريات في الذهن دون أن يكون هناك سبب واضح لذلك).

٢- الاستدعاء : (وهو القيام بالتذكر المتعمد).

٣- التعرف : (وهو مطابقة ما ندركه أمامنا الآن على ما سبق لنا اكتسبناه من تجارب سابقة).

وتمر عملية التذكر بثلاث مراحل :

١- مرحلة الانطباع

٢- مرحلة الاستيعاب

٣ـ مرحلة الاستدعاء

ـ بعض الطرق التجريبية لقياس التذكر:ـ

١- قياس سعة الذاكرة

٢- مدة التدريب.

٣- الجهد المدخر.

ـ التعليم الكلي والتعليم الجزئي :

وينقسم الى طريقتين :

١ـ الطريقة الكلية (وتفيد في توضيح كل المعاني).

٢ـ الطريقة الجزئية (تفيد في تقسيم الحفظ إلى أجزاء يسهل تناولها واستيعابها ومن ثم حفظها).

ولو جمع بين الطريقتين في الحفظ لكان افضل.

ـ التعلم المركز والتعلم الموزع :

التعلم المركز : هو حفظ موضوع ما في جلسة واحدة.

التعلم الموزع : هو توزيع الحفظ لنفس الموضوع على عدد من الجلسات.

فالحفظ المركز يتطلب درجة عالية من الجهد والنشاط والذكاء.

واما الحفظ الموزع يتطلب مستوى اقل من ذلك.

والحفظ الموزع افضل من الحفظ المركز لكونه يمكن المتعلم من الاحتفاظ به فتره أطول ومن ثم سرعة تذكره فضلاً عن انه اكثر ملاءمة للمادة العلمية الصعبة أو ذات الحج الكبير.

التسميع كعامل مساعد على الحفظ:

ويفيد استخدام المتعلم لأسلوب التسميع من إجادة الحفظ ويوضح له مباشرة مدى تقدمه في الحفظ بالإضافة ألي انه يزيد من كفاءة الحفظ والاحتفاظ به فتره طويلة.

ثالثا : الانتباه :

وهو العملية التي يتم بمقتضاها توجيه الذهن إلى شيء ما.

ومن شروط الانتباه الجيد أن يكون موجهاً لشيء واحد فقط.

وأنواع الانتباه نوعان:

١- تلقائياً : عندما يكون لدوافع فطرية مثل :(الانتباه إلى أنواع الطعام الموجود على المائدة).

٢- إرادياً: عندما يكون برغبة الإنسان مثال :(حفظ الطالب لدرس من دروسه).

٣- غير إرادياً:عندما يحدث بدون رغبة الإنسان مثال:(سماع صوت مزعج أو ضوء شديد).

٤- حسياً:هو عندما تتوجه الحواس الى شيء ما مثال: (النظر إلى منظر جذاب).

٥- عقلياً : عندما يتم توجه الذهن مثال :(توجيه الذهن لحفظ قصيده من الشعر) .

ومن الأشياء التي تثير الانتباه : ارتفاع الصوت/ شدة الضوء/ الحركة الزائدة/ التغير المفاجيء/ التكرار المستمر.

قد نفشل في استرجاع وتذكر ما جرى ترميزه وتخزينه في الذاكرة طويلة المدى . و رغم طاقة هذه الذاكرة ودوامها، غير أننا ننسى بعد ساعات قليلة ما قرأناه أو سمعناه ، وهذا شيء طبيعي ، ذلك أن النسيان من المظاهر المهمة للذاكرة طويلة المدى ، وهو ضروري للإنسان ، فلولاه لغدا التفكير مضطربا وغير منظم .

رابعا : النسيـان :

ـ المفهوم المعاصر للنسيان :

المفهوم المعاصر للنسيان يرى :

١ـ أن علاقة النسيان بالذاكرة طويلـة المـدى قـد تكـون ضـعيفة جـدا ، ولعـل عـدم القدرة

على تذكرحوادث أو معلومات ماضية سببه سوء ترميز وتخزين تلك المعلومات بشكل منظم وسليم واستدعائها بطريقة مناسبة ، وإلاّ فلن يتم تذكرها .

أن الضغط النفسي - كمواقف الامتحانات - قد يكون بدرجة عالية بحيث لا يعطي مجالاً للإنسان باسترجاع معلوماته من الذاكرة طويلة المدى.

لكن السؤال المهم هو : هـل تبقـى المعلومـات مخزنـة ومرمـزة في الـذاكرة طويلـة المدى

إلى ما لا نهاية ، أم تزول وتتلاشى ؟

٢ـ تشير البحوث المعـاصرة إلى ان قليلاً مـن المعلومـات المخزنـة في الـذاكرة طويلـة المدى يتعرض للزوال والتلاشي ، إن لم يكن سبب النسيان سوء في التخزين والترميز.

٣ـ إن مخزن الذاكرة طويلـة المـدى ذو طاقـة عاليـة عـلى الخـزن ، ومـا النـسيان إلا الفشل في استعادة المعلومات .

٤ـ لكن يمكن استعادة المعلومات بشكل دقيـق إذا تـوافرت ظـروف معينـة ، منهـا : الاستثارة الكهربائية لبعض اجزاء المخ ، أو توفر نفس الظروف الحياتية الواقعية التي تم فيها التخزين عند الاستدعاء ، أو تزويد الفرد ببعض القرائن والدلائل (cues) مما يمكّن الفرد من استعادتها بتفصيلاتها .

ـ ثالثا : نظرية المجال المعرفي :

ـ تاريخ النظرية :

يعد كيرت ليفين هو مؤسس النظرية، وهو من علماء الجشتالت الألمان الذين انتقلوا إلى أمريكا وهم:

(فرتهيمر، كوفكا، وكوهلر)، حيث ركز العلماء الثلاثة على التعلم والإدراك والتفكير، بينما ركز ليفين بالإضافة للسابق على الشخصية، والدافعية، وعلم النفس الاجتماعي.

وقد أهتم بالدوافع والأهداف وعلاقتها بالشخصية

وقد بين أن أهم ما تتحدث عنه النظرية هو موضوع الحيز الحي أو الحيوي أو ما يطلق عليه المجال النفسي.

وقد وصل ليفين لمفهوم الحيز الحيوي بناءاً على محاولاته لإيجاد نظام نظري يمكن من التبوء بالسلوك الدافعي للفرد.

ما معنى الحيز الحي؟

يعتبر مفهوم الحيز الحي من المفاهيم المعقدة نوعاً ما، وهو يشمل على الفرد نفسه وبيئته الذاتية، والتي تشمل كل ما يؤثر على سلوكه، والهدف الذي يسعى إليه، والقوى الإيجابية التي تحفزه للهدف، والسلبيات التي عليه تجنبها، والصعاب والعراقيل أمام تحقيق هدفه، والطرق التي تمكنه من الوصول للغاية. كما تجدر الإشارة إلى أن الحيز الحي لا بشمل الوعي فقط بل أيضاً يشمل اللاوعي.

يشير ليفين إلى أن سلوك الفرد نتاج تفاعل بين ذات الفرد وبيئته عن طريق الإدراك فالحيز الحي هو البيئة كما يدركها الفرد، لذلك فهو يختلف من فرد لآخر -إن لكل فرد مجال حيوي مستقل ومختلف-، وقد تكون هناك أشياء مادية موجودة في البيئة لم

يدركها الفرد وهنا لا تدخل ضمن الحيز الحي للفرد حيث أنه لم يدركها رغم وجودها في بيئته، وفي المقابل إذا كان الفرد يدرك موضوعاً ليس موجوداً في بيئته المادية فهو يدخل ضمن الحيز الحي للفرد.

إن مفهوم الحيز الحي لا يعني الحيز الجغرافي أو الطبيعي فهو يختلف عن ذلك، حيث إنه قابل للتغير فهناك ما سماه ليفين طبولوجيا أو تبولوجيا الحيز الحي أو ما يعرف بهندسة المسافات المطاطة، وأوضح ليفين معادلة لذلك:

السلوك= الفرد+البيئة الداخلية للفرد

إن الرسم التبولوجي يبين جميع عناصر الموقف الموضوعية أو الذاتية التي يتضمنها المجال باعتبارها وحدة ديناميكية تخضع لتفاعل بين البيئة الخارجية المحيطة للفرد وبين البيئة الداخلية.

مناطق الحيز الحي قد تكون مناطق جذب أو إعاقة، وليفين لم يهمل وجود أكثر من قوة إيجابية تتجه نحو الهدف ، ووجود أكثر من قوة سلبية تبعد عن الهدف وهنا ذكر ليفين مصطلح المتجه -المتجهات أو الموجهات- وهي قوة تعمل في اتجاه معين يمكن تمثيلها كالتالي:

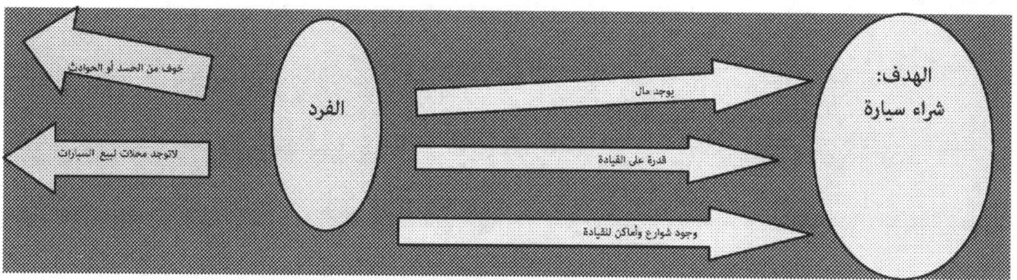

إن ما أطلق عليه ليفين مصطلح المتجهات أو الموجهات تساعدنا في التنبوء بالسلوك، حيث إنها ترمز للقوى المختلفة التي تؤثر في السلوك.

ـ التعلم عند ليفين:

في نطاق تفسير ليفين للتعلم فهو يعتبر التعلم عملية تغيير لدى الفرد في النواحي التالية:

١- البنية المعرفية.

٢- الدافعية.

٣- الانتماء للجمعة(تغيير في الفكر والاتجاهات والقيم).

٤- التحكم في الحركات العضلية والسيطرة الإرادية.

ـ البناء المعرفي:

عند اكتساب الخبرات يحدث تغير في البناء المعرفي ويحدث هذا التغير باتجاه تفاضلي تكاملي. تفاضلي: أي تزيد معرفة الفرد بناحية معينة أو مجال ما فيجمع حولها التفاصيل ويبدأ يميز هذه الفاصيل وهذا ما يسمى بالتمايز، ثم تتجمع هذه التفاصيل في (كل)، حيث يتم بعد ذلك الإدراك الكامل لعناصر الموقف، ويسمى ذلك بالتعميم، كذلك يحدث ربط بين الموضوعات وهذا ما يسمى بإعادة البناء، وكل ذلك يحدث في الحيز الحي للفرد (التمايز، التعميم، إعادة البناء) -الاستبصار.

مثال:

الموظف الذي انتقل لمدينة جديدة.

تمايز: منزلة الذي يعيش فيه ومكان عمله.

تعميم: حيه الذي يعيش فيه، والأحياء الأخرى.

إعادة بناء: علاقة الأحياء مع بعضها شمال، جنوب، شرق...الخ

ـ رابعا : نظرية الاقتران :

"Contiguity theory"

واضع هذه النظرية هو عالم النفس السلوكي الأمريكي أدوين جثري (Edwine Guthrie) (١٨٨٦-١٩٥٩م)

تعد نظرية أدوين جثري في التعلم إحدى النظريات السلوكية التي تؤكد مبدأ الاقتران في التعلم، أي أنه يؤكد على عملية الاقتران المباشرة بين المثير والاستجابة لمرة واحدة فقط. وأن المثير غير الشرطي في تجربة بافلوف لا لزوم له. وينكر أهمية التعزيز كعامل في تقوية الارتباط الشرطي. بالإضافة إلى أنه لا يرى داع للتكرار كما في الإشراط الكلاسيكي. وقد صاغ جثري مبدأ الاقتران على النحو التالي: "إذا نشط مثير ما, وقت حدوث استجابة معينة, فإن تكرار ظهور هذا المثير يؤدي إلى تكرار حدوث تلك الاستجابة".

وصف هذا النموذج العالم الأمريكي إدوين جاثري ، فيبدأ بمبدأ واحد من مبادئ الاشتراط وهو مبدأ الاقتران باعتباره المبدأ العام الوحيد الذي يفسر النتائج الاصطناعية – في رأيه – التي اعتمدت عليها نماذج التعلم الشرطي الكلاسيكي ، وهذا المبدأ لا يعتمد اعتماداً وثيقاً على نموذج التجريب الذي استخدمه بافلوف ، ويرى جاثري أن نمط المثير يصل إلى قوته الارتباطية الكاملة في أول فرصة يقترن فيها مع الاستجابة فهو لا يعتقد بالتكرار (٢٨) .

فالقانون الرئيسي للتعلم في هذا النموذج هو قانون الاقتران الذي صاغه جاثري بقوله: " إذا نشط مثير ما وقت استجابة معينة فإن تكرار هذا المثير يؤدي إلى حدوث تلك الاستجابة

فالتعلم عند جاثري يتم من أول عملية اقتران بين المثير والاستجابة ، دون تكرار ذلك الاقتران كما هو الحال عند بافلوف وواطسون وجولز ، لأن التكرار لا يعزز ما تتعلمه فالاقتران إما يحدث وإما لا يحدث من أول محاولة ، ومما يساهم في تكوين هذا الاقتران التقارب الزماني والمكاني .

- أوجه القصور في نظرية جاثري :

١- عبارة عن مجموعة من الآراء التي تحاول شرح بعض المواقف التعليمية دون استخدام المنهج التجريبي الدقيق .

٢- لا يزال هذا النموذج عاجزاً عن فهم وتفسير السلوك الإنساني الراقي والمعقد .

٣- إن التكرار أسلوب من أساليب التربية ، ولقد تضمن القرآن الكريم والأحاديث النبوية هذا الأسلوب ؛ فنجد أن قوله تعالى ﴿ فَبِأَيِّ آلَاءِ رَبِّكُمَا تُكَذِّبَانِ ﴾ في سورة الرحمن تكرر ٣١ مرة في سورة واحدة عدد آياتها ٧٨ آية ، وكذلك تكرر قوله تعالى ﴿فَكَيْفَ كَانَ عَذَابِي وَنُذُرِ ﴾ في سورة القمر تكرر في سورة واحدة ٤ مرات وقوله تعالى : ﴿ فَهَلْ مِنْ مُدَّكِرٍ ﴾ تكرر في السورة نفسها ٦ مرات وقوله تعالى ﴿ وَيْلٌ يَوْمَئِذٍ لِلْمُكَذِّبِينَ ﴾ في سورة المرسلات تكرر عشر مرات وعدد آيات السورة ٥٠ آية .

فإن كان التعلم قد يحدث من مرة واحدة كما قال جاثري إلا أن هذا لا يعمم ولا يجب أن يغفل عن أهمية التكرار، فالمعلم يكرر الدرس على التلاميذ لزيادة الإيضاح ولإيصال المعلومات التي يريد توصيلها لهم ، ولبيان أهمية الموضوع ، وللتأكيد على الأمر المكرر ، والتكرار من أساليب التربية الإسلامية ، ورد في القرآن الكريم والسنة المطهرة .

ـ خامسا : النظريات الرياضية :

وهي من نماذج علم النفس عن التعلم ، ولكن لها صبغة رياضية ومن أبرزها نموذج كلارك هل ، ومن أكثر نماذج التعلم شمولاً وتنظيماً في تحديد طبيعة التعلم ، ويحدد هل مجموعتين من المكونات في أي أداء للمتعلم الأول قوة العادة (م ع س) وتنتج عن التعلم الإرتباطي تحت تأثير التعزيز كما هو الحال في التعلم الشرطي الإجرائي ، والثاني هو المكونات غير الأرتباطية وأهمها الحافز (ف) ويصيغ كلارك هل معادلته الأساسية التي تحدد وما يسميه جهد الاستجابة (م ج س) كما يلي :

جهد الاستجابة = الحافز × قوة العادة .

م ج س = ف × م ع س

وتزداد هذه المعادلة تعقداً بتأثير عوامل غير ارتباطية أخرى بالإضافة إلى الحافز ، وهذه العوامل هي حدة المثيرات التي تستثير الاستجابة (م) ومقدار الباعث (ث) المستخدم في التعزيز وهكذا تصبح المعادلة الكاملة لجهد الاستجابة كما يلي :

م ج س = ف × م × ث × م ع س

وقد استعان هل بنتائج التجارب التي قام بها بيرين عام ١٩٤٠م على الفئران .

ـ أوجه القصور في نظرية كلارك هل :

١ـ كانت النظرة فيما سبق من نماذج تعميم نتائج أجريت على الحيوانات وعلى الإنسان وهنا نرى أن هل استفاد من تجاربه على الحيوانات وعبر عن نموذجه بمعادلة واعتبر الإنسان كمركب كيميائي ، فللحصول على بخار الماء نحتاج لـ H_2O وهذه نظرة ضيقة وجامدة عن حقيقة الإنسان وتنظر له كأنه جسم فقط ، ففي حين أن ١+١ في الحساب = ٢ إلا أنها في المجال الإنساني قد تساوي واحد وقد تساوي أكثر فرجل وامرأة يشكلان أسرة ، فيكون ١ + ١ = ١ ومن هذه الأسرة يكون الابناء والأحفاد

والأعمام والعمات والأخوال والخالات والأجداد فيصبح عندئذ ١+١ = أكثر بكثير من ٢ .

٢ـ بتتبع نظرية التعزيز عند هل يتضح أنه حاول الاستفادة من المؤثرات الخارجية التي تؤثر على الإنسان عن طريق حواسه وأحاسيسه التي زوده الله تعالى بها ، وردود الأفعال عندما تصله تلك المؤثرات ، كما أنه حاول قياس مقادير التأثر والتأثير ومدى الاستجابة وعدمها ، إلا أنه قصر عن التمييز بين الإنسان والكائنات والمخلوقات الأخرى من حيث الاستجابة وقوتها ، وامتياز الإنسان عن غيره بمحاولته الاستفادة من المواقف غير المفيدة وتحويلها إلى مواقف مفيدة له بما كرمه الله تعالى به .

ـ سادسا : نظرية التعلم الفردي :

ـ المفهوم : يعرفه أحد الباحثين : بأنه نظام تعليمي يتم فيه تفصيل الموقف التعليمي وفقاً لحاجات التعلم لدى الفرد، وتبعاً لخصائصه. وهو يهتم أساساً بثلاثة متغيرات هي:

١ـ الأهداف، ويتم تحديدها على أساس حاجات المتعلم ورغباته، وطموحاته، ومهاراته، ودوافعه .

٢ـ عادات الدرس : فيتطلب توافر شرطين تعليميين هما : تشخيص المتعلم ووجود مجموعة متنوعة من المواد والمعينات التعليمية.

٣ـ الوقت : فلا بد له من أن يتسم بالمرونة.

في حين ترى دراسة أخرى : أن التدريس الفردي أسلوب في التدريس يهتم بالفرد ويركز عليه كوحدة مستقلة لها متطلبات معينة، وميول خاصة واتجاهات محددة، تختلف في مجموعها عن ميول واتجاهات الفرد الآخر، ويعتمد هذا الأسلوب على تقديم المادة الدراسية في صورة وحدات متسلسلة منطقياً ومرتبة حسب الأهداف المحددة لعملية التعليم والتعلم، حيث يتعلم التلاميذ تحت إشراف المعلم وتوجيهه، كل حسب

سرعته وقدرته الخاصة حتى يصل في النهاية إلى المستوى المرغوب فيه للتمكن من المادة الدراسية.

وترى دراسة أخرى : أنه التعليم الذي يوجّه إلى كل فرد على حدة ويتخذ صوراً متعددة، فمن المعلمين من يقوم بإعطاء عدد مختلف من الأسئلة لكل طالب حسب حالته، ومنهم من يقوم بتطويع طريقته في التدريس لتناسب بعض التلاميذ في الفصل، فبجانب التدريس للأعداد الكبيرة أو المتوسطة يقومون بالتدريس لكل تلميذ (أحياناً).

وهناك مجموعة أخرى من المعلمين يفهمون التعليم الفردي على أنه تطويع المهام أو الواجبات والتعيينات، كإعطاء كتاب المطالعة مثلاً لكل فرد حسب ميوله. وفي كل هذه الحالات يظل توجيه العملية التعليمية ـ إلى حد كبير ـ في يد المعلم، فهو الذي يقوم بتحديد وتشخيص حاجات المتعلم، ويقوم بتوصيف التعلم اللازم لكل متعلم، ويحدد الهدف وأسلوب التعلم وطرق التقييم والمعايير.

ـ خصائص التعليم الفردي :

ومن هذه التعريفات كلها يمكن الخروج بما يلي :

١ـ تعد حاجات الطالب وميوله واهتماماته المحور الذي تدور حوله العملية التعليمية، ومن ثم تأخذ طريقها في مختلف مراحل هذه العملية بدءاً من تحديد المنطلقات والفلسفات والرؤى والأهداف إلى التقويم.

٢ـ تنوع طرق التدريس، فلا توجد في استراتيجيات التعليم الإفرادي طريقة واحدة مثلى تصلح لجميع الطلاب في جميع المراحل وتحت نفس الظروف.

٣ـ تعدد المواد التعليمية المطروحة حتى يتناسب كل منها مع جمهور معين ذي خصائص معينة.

٤ـ المعلم في التعليم الإفرادي موجّه للعملية التعليمية وليس محور العمل فيه. وتقاس كفاءته بمدى قدرته على استثارة الطالب للتعليم، وقدرته على معرفة حاجاته وأساليب تنميتها، وكذلك أسلوب التعلم المناسب له وكيفية مواجهته. فضلاً عن دوره في تشخيص مواطن الضعف لدى بطيئ التعلم أو الوقوف على الصعوبات التي تواجه طلابه.

٥ـ إن التعليم الإفرادي يعتمد على تنظيم المادة الدراسية في صورة وحدات مرتبطة منطقياً، حيث يسير الطالب في التعليم حسب سرعته وقدراته الخاصة تحت إشراف وتوجيه المعلم.

٦ـ إن عملية التفريد في أي نظام عملية نسبية. فهناك أنظمة على درجة عالية من التفريد، كما أن هناك أنظمة أخرى على درجة منخفضة.

٧ـ يتفق التعليم الإفرادي مع التعلم الذاتي في أن التدريس به يوجّه للفرد أصلاً وليس للأعداد الكبيرة أو المتوسطة، وفيه يقوم التلميذ بدور كبير في الحصول على المعرفة بصورة إيجابية. ويختلف التعلم الذاتي عن التعليم الإفرادي في درجة الحرية التي تعطى للطالب في تحديد الأهداف التي يسعى لتحقيقها لنفسه، وأسلوب التعلم ووسائله، وكذلك الدور الذي يقوم به المدرس في وضع البرامج المحكمة لذلك.

ـ إجراءات التعليم الفردي :

وتلخص الأدبيات التربوية إجراءات التعليم الفردي فيما يلي :

١ـ تصور المقرر الدراسي كنظام : فكما هو معروف، فإن أي نظام له مدخلاته ومخرجاته وعملياته. كما أن له آلية للتغذية الراجعة. ويندرج تحت هذا النظام مجموعة من الأنظمة الفرعية، تمثل وحدات المقرر، بحيث تتناول كل وحدة من هذه الوحدات موضوعاً معيناً من موضوعات الدراسة.

٢ـ الخطو الذاتي : نظراً لاختلاف سرعة التعلم من فرد إلى آخر، فإن هذا النظام لابد أن يسمح لكل فرد بالتقدم نحو تحقيق أهداف التعلم وفق سرعته الخاصة به، وليس وفق معدل زمني يفرض على جميع المتعلمين. ومن ثم يمكن لكل متعلم أن ينتهي من دراسته لوحدات المقرر دون انتظار زملائه حتى ينتهوا من دراستهم.

٣ـ الحرية : الحرية هنا قد تكون حرية المتعلم في الاختيار من بين البدائل التعليمية المتاحة له، أو قد تعني الحرية في اختيار مكان التعلم سواء كان هذا المكان هو حجرة الدراسة، أو كان المكان خارج هذه الحجرة.

٤ـ الأهداف التعليمية : تعتبر الأهداف التعليمية الخطوة الأولى التي يجب تحديدها بدقة في أي نظام تعليمي. هذه الأهداف ينبغي أن تتم صياغتها بصورة إجرائية كما ينبغي أن ترتب بصورة منطقية أو سيكلوجية، بحيث لا ينتقل المتعلم من تعلم مجموعة من الأهداف إلى تعلم مجموعة أخرى قبل إتقان المجموعة الأولى. كما لابد أن يزود المتعلم في أي نظام للتعليم الفردي بالأهداف التعليمية قبل أن يبدأ التعلم. ومن ثم تسهم هذه الأهداف في توجيه وإرشاد هذا المتعلم أثناء دراسته.

٥ـ اختبارات التشخيص والتسكين : وهما نوعان ضروريان من الاختبارات. ففي اختبارات التشخيص يتم تحديد مصدر الصعوبات التي يعاني منها المتعلم وأسبابها تمهيداً لتحديد العلاج المناسب لهذه الصعوبات. أما اختبارات التسكين فهي تستخدم لتحديد المستوى المناسب لتعليم الطالب وفق استعداداته أو قدراته أو معلوماته السابقة. وبمعنى آخر تساعد هذه الاختبارات على تحديد نقطة البداية التي يجب أن يبدأ عندها المتعلم عملية التعلم. وبهذا تتعدد نقاط البداية بالنسبة للمتعلمين في التعليم المفرد، فقد يبدأ بعض المتعلمين في دراسة الوحدة الأولى بينما يبدأ البعض الآخر في دراسة الوحدة الثانية أو الثالثة وهكذا.

٦ـ الإتقان : تحدد في أنظمة التعليم الفردي مستويات للإتقان قبل أن يبدأ التعلم. ويمثل مستوى الإتقان معياراً لجودة التعلم المطلوبة من المتعلم. كما أن تحديد مستوى الإتقان يعتبر شرطاً ضرورياً للاستمرار في التعلم. حيث لا يسمح للمتعلم بالانتقال من وحدة ما إلى الوحدة التي تليها ما لم يصل إلى مستوى الإتقان المحدد سلفاً.

٧ـ تنوع أساليب التعلم : يعني أسلوب التعلم أفضل طريقة يمكن أن يستخدمها المتعلم في التعلم، فقد يتعلم الفرد بصورة أفضل من خلال القراءة أو من خلال الاستماع أو من خلال القراءة والاستماع معاً... إلخ، ومن ثم فإن نظم التعليم المفرد تقدم عدداً من البدائل التعليمية التي يمكن أن يختار المتعلم منها ما يناسب أسلوبه في التعلم.

٨ـ تعدد أماكن التعلم : قد تتعدد أماكن التعلم فتشمل حجرة الدراسة، أو المعمل، أو مركز مصادر التعلم، أو المكتبة، أو الورشة، أو قد يخرج المتعلم إلى زيارات ميدانية وحقلية.

٩ـ تنوع الاختبارات : يستخدم أي نظام لتفريد التعليم ــ بالإضافة إلى اختبارات التشخيص والتسكين اللذين سبق ذكرهما ــ أنواعاً أخرى من الاختبارات مثل الاختبارات القبلية، والاختبارات البعدية، والاختبارات الضمنية والاختبارات النهائية.

١٠ـ التقويم مرجعي المحك : في نظام التعليم المفرد لا يقارن أداء الطالب بأداء زملائه. ومن ثم فلا تستخدم الاختبارات جماعية المحك. وإنما يقاس تقدم الطالب بما حققه من أهداف في ضوء مستويات تحددها هذه الأهداف. فإذا أخفق الطالب في نهاية المقرر مثلاً في الوصول إلى مستوى الإتقان المحدد سلفاً (كأن يحقق ٩٠% من الأهداف) فإنه يعطى تقديراً غير مكتمل، ويطلب منه إعادة المقرر أو بعض من وحداته للوصول إلى المستوى المطلوب.

- نماذج التعليم الفردي :

التعليم الإفرادي تتعدد نماذجه ولكنها في نهاية المطاف تدور كلها حول المتعلم كفرد له ما يميزه عن غيره، ومن أكثر النماذج شيوعاً في الأدبيات التربوية ما يلي :

نموذج التدريس الفردي الوصفي : يعتبر هذا النموذج تطبيقاً للنظرية السلوكية في التعلم، ولذلك فهو يقوم على أساس أن نشاط الطالب في الفصل هو استجابة لمثيرات تقدم له، ولا يقوم على أساس المبادأة من جانب الطالب. ولذلك ترتب الأهداف التعليمية هرمياً وتقسم كل مادة تعليمية إلى مستويات، كل مستوى يحتوي على عدد من الأهداف السلوكية المحددة، حيث يتم بناء المواد والأنشطة المختلفة حول هذه الأهداف السلوكية. ويعد هذا النموذج من التصنيفات البارزة للمنهج في المدارس الابتدائية بالولايات المتحدة الأمريكية في مواد القراءة والخط والهجاء والرياضيات والعلوم والدراسات الاجتماعية.

التدريس الفردي الإرشادي : يعتبر التدريس الفردي الإرشادي أحد الاتجاهات المعاصرة في التدريس، التي تساعد على مواجهة الفروق الفردية بين الطلاب، وتعمل على الوصول بكل طالب إلى مستوى مناسب من التمكن من المادة الدراسية المقررة عليه من خلال إعدادها إعداداً يسمح بالتعلم الذاتي، كما تسمح للمتعلم بأن يتقدم في عملية التعلم وفقاً لسرعته الخاصة. وهو يعني أن التدريس يتم على أساس فردي، وبطريقة موجهة عند نقطة مناسبة لتحصيل الطالب الفرد في البرنامج التعليمي، وبأسلوب يجعل الطالب يعمل ويتقدم من خلال خلايا تعليمية متتابعة من الخبرات، وبمعدل تحدده إمكاناته الذاتية وعادات عمله الفردية، وذلك للتمكن من كل الأهداف التعليمية المرغوب فيها. وكل ذلك يتم في حجرة الدراسة تحت إشراف المعلم وتوجيهه.

- التدريس الفردي التشخيصي العلاجي :

يعتمد هذا النموذج على الأسس الفنية التي نادى بها بعض أصحاب المدرسة السلوكية التي اعتمدت على القياس والتجريب. والتشخيص ضروري في تفريد التعليم، حيث إنه لابد وأن يحدث الأهداف المنشودة في الدراسة، وأيضاً قبل البدء في تقديم العملية التعليمية التي يجب أن يدرسها الطالب. وتستخدم عملية التشخيص في تحديد مستوى بداية التعلم عند كل طالب في البرنامج التعليمي، وهي بذلك تهدف إلى تحديد الخلفية المعرفية للطالب، وطريقته في التعليم بالإضافة إلى التعرف على ميوله وقدراته ومشكلات التعلم لديه. وعلى أساس هذا التشخيص يتم تحديد الأنشطة والمواد التعليمية التي تؤدي إلى تصحيح وعلاج مواطن الضعف لدى كل طالب، وبهذا يمكن الوصول بكافة مستويات الطلاب إلى الأهداف المنشودة.

- سابعا : التعلم الذاتي :

يعرف التعلم الذاتي بأنه العملية الإجرائية المقصودة التي يحاول فيها المتعلم أن يكتسب بنفسه القدر المقنن من المعارف والمفاهيم والمهارات والاتجاهات والقيم عن طريق الممارسات والمهارات التي يحددها البرنامج الذي بين يديه، من خلال التطبيقات التكنولوجية التي تتمثل في استخدام المواد والأجهزة والمواقف التعليمية. وتوجد تعريفات عديدة للتعلم الذاتي وتتفق كلها على أن المتعلم هو محور العملية التعليمية، كما أنه يقوم بتعليم نفسه بنفسه، ويختار طريقة دراسته ويتقدم فيها وفقاً لقدرته وسرعته الذاتية.

وهناك من يعرف التعلم الذاتي بأنه أحد أساليب التعلم التي يستخدمها المتعلم نفسه ودون مساعدة أحد، سواء كانت كتباً خاصة أو مبرمجة أو آلات تعليمية مصممة لأداء دور تعليمي (كما يحدث في التعليم المبرمج)، أو يستخدم فيها المتعلم

وسائل تصله عن طريق البريد أو وسائل النشر المختلفة (كما يحدث في التعليم بالمراسلة)، ويستخدم فيها المتعلم تكنولوجيا الاتصال الجماهيري فيستمع ويرى برامج متخصصة تبث من خلال الإذاعة والتلفزيون.... وما شابه ذلك. ويتفق التعريف السابق مع تعريف آخر للتعلم الذاتي مؤداه أنه العملية المستمرة التي يكتسب بها أي فرد اتجاهات وقيماً ومهارات ومعلومات من الخبرة اليومية ومن المؤثرات والمصادر التعليمية في بيئته، كالأسرة والخبرة، ومن العمل واللعب، ومن السوق والمكتبة، ووسائل الاتصال الجماهيري، وما شابه ذلك.

وجدير بالإشارة هنا أن مصطلح التعلم الذاتي هو الأدق في هذا السياق وليس التعليم الذاتي. ذلك أن التعلم أمر فردي خاص يحدث من الفرد للفرد نفسه وليس خضوعاً لمؤثر خارجي يتولى مهمة التعليم.

كما ينبغي الإشارة إلى أنه نوع من أنواع التعلم الإفرادي. لذلك يطلق عليه البعض مصطلح (التعلم الذاتي الفردي).

و التعريفات السابقة للتعلم الذاتي تدل على إشكالية تواجه التربويين عند محاولة التعريف الإجرائي الدقيق للتعلم الذاتي ؛ إذ تختلط به مفاهيم ومصطلحات أخرى. من أجل هذا وجب التمييز بينها كالتالي :

١ـ الاستخدام الذاتي : تنظيم الإمكانات والأجهزة والمواد التعليمية بالشكل الذي يجعلها متاحة للفرد وليستخدمها بنفسه.

٢ـ التعلم الذاتي : يشير هذا المصطلح إلى المواقف التي يقوم فيها الدارس بالأدوار المختلفة بنفسه ودون تحكم أو توجيه من المعلم.

٣ـ التوجيه الذاتي : يشير هذا المصطلح إلى نوع الاتجاهات التي لدى الفرد نحو مهمات التعلم، حيث يتحمل مسئولية كافة القرارات الخاصة بتعلمه، وإن لم يتول مسؤولية تنفيذ هذه القرارات.

٤ـ الاعتماد الذاتي : يصف هذا المصطلح المواقف التي يعد الدارس فيها مسؤولاً مسؤولية تامة عن إصدار القرارات الخاصة بتعلمه، وكذلك عن تنفيذها، وفي حالة الاعتماد الذاتي الكامل لادخل للمعلم أو للمؤسسة التعليمية في عملية التعلم عند الدارس، بل إن الدارس يعد مواده التعليمية بنفسه.

٥ـ شبه الاعتماد الذاتي : يصف هذا المصطلح المرحلة التي يبدأ فيها إعداد الفرد للاعتماد الذاتي.

٦ـ المواد المتاحة للاستخدام الذاتي : يقصد بها تلك المواد التعليمية المناسبة للدارس والمتاحة له لكي يستخدمها بنفسه.

٧ـ الفرق بين التوجيه الذاتي والاعتماد الذاتي : الشخص الموجّه ذاتياً هو ذلك الذي يتحمل مسئولية عمليات التعلم الخاصة به، فإذا ما تعدى ذلك إلى القيام باتخاذ إجراءات التعلم لنفسه وبنفسه يصبح لديه اعتماد ذاتي، حيث لا يتوقع من الآخرين مساعدة فيما يختص بتنظيم عملية التعلم. وليس معنى الاعتماد الذاتي الانعزال عن الآخرين، بل قد يعمل الفرد وسط آخرين ومعهم، ومع ذلك فهو يعتمد على نفسه.

٨ـ التعليم الفردي : يعد هذا المصطلح محايداً بالنسبة لمن يتحمل مسؤولية التعلم. ويعرفه البعض بأنه : عملية التعلم (فيما يتصل بالأهداف والمحتوى وطرائق التدريس ومعدل السرعة) التي يتم إعدادها لفرد معين، أخذاً في الاعتبار سماته الخاصة، وقد سبق أن عرضنا له.

ـ الأساس النفسي والتربوي للتعلم الذاتي :

فيما يلي بعض النقاط الأساسية ذات العلاقة بالأساس النفسي والتربوي لبرامج التعلم الذاتي، وهي :

١ـ اعتبار أن كل طالب حالة خاصة في تعلمه.

٢ـ مراعاة مبدإ الفروق الفردية في التعلم.

٣ـ التحديد الدقيق للسلوك المبدئي للطالب.

٤ـ التحديد الدقيق للسلوك النهائي للطالب.

٥ـ مراعاة السرعة الذاتية لكل طالب أثناء التعلم.

٦ـ تقسيم المادة التعليمية إلى خطوات صغيرة هادفة.

٧ـ التسلسل المنطقي للخطوات التعليمية وتكامله.

٨ـ التعزيز الفوري والتغذية الراجعة بعد كل خطوة.

٩ـ الإيجابية والمشاركة في التعلم.

١٠ـ حرية الحركة أثناء التعلم وحرية الاختيار لمواد التعلم أساسيان في عملية التعلم.

ـ خصائص المتعلم ذاتياً :

يتميز الطالب الذي يحسن توظيف استراتيجية التعلم الذاتي بأن لديه :

١ـ القدرة على إدراك ما هو مناسب له ومهم، والحساسية لمعرفة ما هو ضروري لتعلمه.

٢ـ القدرة على تحديد المشكلة التي تواجهه والعمل على حلها والنظر إليها كتحديات وليست عقبات.

٣ـ الوعي بمصادر المعلومات والقدرة على استخدامها.

٤ـ المرونة في النظر إلى الأشياء واتباع طرق غير تقليدية لعملها.

٥- الاستقلال في التفكير (لا يجب أن يخبره المعلم ماذا يفعل).

٦- المهارة في اتباع التعليمات والقواعد بمرونة.

٧- إدراك مسؤولية التعلم وتقبلها.

٨- حب الاستطلاع والسعي دائماً نحو الجديد والانفتاح على الخبرات المختلفة.

٩- المبادأة بالنفس في عمل الأشياء وأخذ المبادرة.

١٠- المثابرة والطاقة المرتفعة للعمل.

١١- الدافعية الذاتية.

١٢- القدرة على الدفاع عن موقف ما.

١٣- الاعتراف بمسؤوليته في التعلم وعنه.

١٤- القدرة على تنظيم خبراته والتعامل معها.

١٥- الوعي بجوانب القوة والضعف في نفسه (التقويم الذاتي)

١٦- امتلاك المهارات الأساسية في الدراسة.

١٧- القدرة على وضع خطة لعمل ما مع تنفيذها.

١٨- الإحساس بالرضى عن التعلم.

١٩- القدرة على ضبط النفس والتحكم الذاتي.

٢٠- يفضل العمل خلال فريق حل المشكلات.

٢١- الشعور بأنه متخذ القرار وليس مجرد منفذ له.

٢٢- القدرة على تبني التعلم الذاتي جزئياً أو كلياً.

ـ معايير برنامج التعلم الذاتي :

أـ معايير الأهداف :

١ـ أن يكون في الإمكان تحقيقها باستخدام أسلوب التعلم الذاتي.

٢ـ الاتساق مع أهداف تدريس المادة بشكل خاص والأهداف العامة بشكل عام.

٣ـ أن تكون أهداف البرنامج وافية شاملة لجميع جوانب الخبرة.

٤ـ ألا تعتبر أهداف البرنامج نهايات يقف عندها المعلم، وإنما بدايات لنشاط أكثر وتعليم جديد.

٥ـ أن تصاغ أهداف البرامج بطريقة إجرائية تفيد في اختيار المحتوى.

٦ـ أن تكون أهداف البرنامج واقعية وواضحة ومحددة ومتوازنة ويمكن تحقيقها.

٧ـ أن تكون مقبولة لدى المعلمين، ومهمة في نظر الدارسين.

٨ـ أن تكون أهداف البرنامج متدرجة ومنظمة في مجموعات حتى يسهل ترجمتها إلى خبرات تعليمية.

٩ـ أن تصاغ أهداف البرنامج بطريقة تسهل عملية القياس والتقويم.

ب ـ معايير المواد التعليمية :

١ـ أن تكون المادة العلمية صحيحة علمياً، وذات أهمية، مع الاستعانة بأحدث الكتب والمؤلفات وأدقها.

٢ـ أن تكون في مستوى الدارسين ويسهل تدريسها، ويمكن تعلمها.

٣ـ أن تكون ذات منفعة للدارسين، وتفيدهم في حل مشاكلهم.

٤ـ أن تكون المادة العلمية متوازنة من حيث عملها واتساعها.

٥ـ أن تحقق المادة العلمية الكثير من أهداف البرنامج وكفاءاته التي تم تحديدها.

٦ـ أن يتضمن المحتوى بعض المفاهيم والتعميمات والمبادئ والنظريات، وكذلك بعض المهارات والقيم والاتجاهات.

٧ـ يراعى في تنظيم المادة العلمية أن تكون في صورة تراكمية تستهدف تغطية كل النواحي المحددة قدر الإمكان، كما يراعى أن يكون بعض المحتوى في صورة مشكلات.

٨ـ عدم إغفال التنظيم السيكولوجي من أجل التنظيم المنطقي للمادة.

٩ـ أن يكون هناك مجال للاختيار في المادة العلمية وفي القراءات الخارجية والخبرات التعليمية لمن يريد الاستزادة أو التعمق في الدراسة.

١٠ـ يراعى التتابع والتكامل في اختيار المادة العلمية.

ـ ثامنا : التعلم عن بعد :

التعلم عن بعد Distanse learning

هو مفهوم قديم حديث، فلقد شهدت الأدبيات التربوية ما يسمى بالتعليم بالمراسلة. وانتهينا الآن إلى التعليم عبر الأقمار الصناعية. ولعل الأسباب التي دعت إلى التفكير في هذا النمط من التعليم قديماً هي الأسباب التي تشهدها الأدبيات الحديثة أيضاً، مضافاً إليها التقدم التكنولوجي المذهل.

وتواجه التربية الحديثة تحديات فرضت إعادة النظر في أساليب التدريس والتفكير في أنماط أخرى تعتبر المتعلم محور الحركة فيها. من هذه التحديات :

١ـ استخدام التكنولوجيات الحديثة بنسب وتطبيقات ملائمة في التعليم والتدريس.

٢ـ التنوع المتزايد في العملية التعليمية وعلاقة ذلك بالطلاب المتعلمين المعدين بطريقة هامشية ويلتحقون بمعاهد التعليم الجامعي ويطلبون طرقاً جديدة لتعلمهم مدى الحياة.

٣ـ يؤكد الطلب على مجتمع المعلومات المتغير بصفة متزايدة أهمية اكتساب الكفايات المرنة في ظل هياكل العمل المبنية على عمل الفريق.

مفهوم التعلم عن بعد

يتلخص التعلم عن بعد في كونه عمليات تنظيمية ومستجدة تشبع احتياجات المتعلمين من خلال تفاعلهم مع الخبرات التعليمية المقدمة لهم بطرق غير تقليدية تعتمد على قدراتهم الذاتية، وذلك من خلال استخدام تكنولوجيا الوسائط التعليمية المتعددة دون التقيد بزمان أو مكان محددين، ودون الاعتماد على المعلم بصورة مباشرة.

ـ فلسفة التعلم عن بعد :

تقوم الفكرة الأساسية للتعلم عن بُعد على أساس تقديم التعليم والتدريب لكل من يريد، في الوقت الذي يريد، والمكان الذي يريد، دون التقيد بالطرق والوسائل التقليدية المستخدمة في العملية التعليمية العادية. وعلى ذلك فإنه يمكن بلورة المبادئ الأساسية التي تقوم عليها الفلسفة التربوية للتعلم عن بعُد في النقاط التالية :

١ـ إتاحة الفرص التعليمية المتاحة لكل الراغبين والقادرين على ذلك دون حدود نهائية يقف عندها التعليم أو التعلم، وتذليل العقبات الزمانية والمكانية والعملية التي تعوق عملية التعلم.

٢ـ المرونة في التعامل بين أطراف العملية التعليمية لتخطي الحواجز والمشكلات التي قد تنشأ بفعل النظام أو بفعل القائمين عليه.

٣ـ ترتيب موضوعات المنهج، وأساليب التقويم حسب قدرات المتعلمين وظروفهم واحتياجاتهم.

٤ـ استقلالية المتعلمين وحريتهم في اختيار الوسائط التعليمية وأنظمة التوصيل بصورة فردية حسب ظروفهم العملية وأماكن وجودهم.

٥ـ تصميم البرامج الدراسية بصورة تتناسب مع الاحتياجات الفعلية للدارسين في مجالات عملهم المختلفة، واعتماد الدرجات العلمية التي تمنح لهم بعد معادلتها بالدرجات العلمية في المؤسسات التعليمية العادية.

٦ـ تلبية حاجات بعض الشرائح الاجتماعية ذات الظروف الخاصة من خلال تقديم برامج التعليم والتدريب التي تساعدهم على الاندماج الاجتماعي والثقافي في المجتمع الذي يعيشون فيه.

٧ـ الإسهام في تحسين نظم التعليم التقليدي سواء في مجالات البرامج الدراسية الأساسية أوالتكميلية أوالإضافية، وفي مجالات صيغ التعليم وأساليبه التدريسية، وفي مجالات التنمية المهنية للمعلمين في كافة مواقع العمل البيئية ومستوياته الدراسية.

ـ أهداف التعلم عن بعد:

تتلخص أهداف التعلم عن بعُد فيما يلي :

١ـ توفير فرص التعليم والتدريب للراغبين والقادرين من الفئات التي فاتها الالتحاق بمؤسسات ومعاهد التعليم الضمني التقليدي لأسباب اقتصادية أو اجتماعية أو سياسية أو جغرافية أو غير ذلك.

٢ـ الإسهام في إعداد المواطن المثقف الذي يهتم بقضايا أمته ويواجه تحديات الهيمنة الأجنبية على موارد ومقدرات الأمة العربية الإسلامية.

٣ـ توفير فرص التعليم والتدريب أثناء الخدمة للفئات المنخرطة فعلاً في سوق العمل في الدول العربية.

٤ـ تقليل أعداد الدارسين العرب الذين يلتحقون بمؤسسات ومعاهد التعليم الضمني الأجنبية نتيجة لعدم قبولهم بمعاهد التعليم الضمني القريبة في بلادهم بسبب تدني مجموع الدرجات التي حصلوا عليها في المرحلة الثانوية.

٥ـ الإسهام في إعداد المواطن الذي يمتلك المعارف والمهارات والقدرات والاتجاهات المناسبة التي تمكن من العمل بصورة مستقلة، أو ضمن فرق عمل مشتركة في حل مشكلات المجتمع الذي يعيش فيه.

٦ـ توفير البرامج التعليمية التي تلبي متطلبات سوق العمل وخطط التنمية المستدامة في الدول العربية على أسس علمية مدروسة.

٧ـ مشاركة مؤسسات العمل الأهلية في عملية التعليم استكمالاً لدور الدولة ؛ واستنهاضاً لها والتي أوشكت أن تضيع في خضم احتكار الدولة لعملية التعليم.

٨ـ تأكيد الهوية الحضارية للأمة ومواجهة العولمة ؛ وذلك من خلال تقديم النموذج الحضاري الإسلامي المستنير بصورة عملية في برامج التعلم عن بعُد.

أنماط التعلم عن بعد

كان من نتيجة التفاعل بين حاجات المتعلمين وتكنولوجيا الاتصال الحديثة نشوء مجموعة من أنماط التعلم عن بعُد، ويعبر كل نمط من هذه الأنماط عن مرحلة معينة من مراحل التفاعل التعليمي أثناء تطور التعلم عن بعُد.

هذا ويمكن إيجاز أنماط التعلم عن بعُد فيما يلي :

أـ التعليم بالمراسلة : ويقوم هذا النمط على استخدام ٨المادة المطبوعة وإرسالها عن طريق البريد إلى الدارسين الذين يقومون بدراستها والتعليق على ما قرأوه من نصوص، ثم يقومون بإرسال هذه التعليقات، وما يثيرونه من تساؤلات إلى المعلمين عن طريق المراسلات البريدية أيضاً، وهكذا تكتمل دائرة الاتصال بين الدارسين والمشرفين والمعلمين.

ب ـ تكنولوجيا الوسائط المتعددة : ويعتمد هذا النمط من التعلم عن بعُد على استخدام النص المكتوب، والتسجيلات السمعية والبصرية بمساعدة الحاسوب عن

طريق الأقراص المرنة أو المدمجة أو الهاتف أو البث الإذاعي والتليفزيون في توصيل المعلومات للدارسين.

ج ـ التعلم المتفاعل عن بعُد : ويقوم هذا النمط على إجمالي التفاعل بين المتعلم والمعلم عن بعُد من خلال المؤتمرات المرئية، والاتصالات البيانية المسموعة والمرئية، وقنوات التعليم التي تبثها الأقمار الصناعية.

د ـ التعلم المرن : وهذا النمط من التعلم عن بعُد يجمع بين الوسائط المتعددة التفاعلية التي تقوم بتخرين المعلومات على شبكة الاتصال العالمية، حتى يكون الدارسون قادرين على استقبالها في أي وقت يشاءون، وذلك من خلال الأقراص المدمجة التفاعلية، وشبكة الاتصالات Internet، والفصل الدراسي الافتراضي، والمكتبات والكتب الإلكترونية، وقواعد البيانات عند الطالب، والمناقشات بالاتصال المباشر، ومقررات تحت الطلب، وغيرها كثير.

ـ تاسعا : التعلم التعاوني :

إن مفهوم التعلم التعاوني كغيره من المفاهيم التربوية يحتاج إلى تحديد حتى يسهل التواصل بين العاملين في ميدان طرائق التدريس. فالتعلم التعاوني كما تشير بعض الدراسات هو الأسلوب الذي يستخدمه الطالب لتحقيق أهدافه الفردية، وذلك بالعمل المشترك مع زملائه لتحقيق أهدافهم، وبحيث تكون العلاقة بين تحقيق أهدافه وأهداف زملائه علاقة موجبة. بينما تعرفه دراسة أخرى بأنه أسلوب يتعلم فيه الطلاب في مجموعات صغيرة، يتراوح عددهم في كل مجموعة ما بين تلميذين (٢) و٦ تلاميذ مختلفي القدرات والاستعدادات، ويسعون نحو تحقيق أهداف مشتركة، معتمدين على بعضهم بعضاً. وتحدد وظيفة المعلم في مراقبة المجموعات وتوجيهها وإرشادها.

ولئن كان التعاون يعني أن تعمل مجموعة ما لتحقيق أهدافها المشتركة، فإن التعلم التعاوني ما هو إلا استخدام مجموعات صغيرة في عملية التعلم، بحيث تحتوي هذه المجموعات على طلاب مختلفي القدرات والمستويات، وبحيث يمارس هؤلاء التلاميذ أنشطة تعلم مختلفة ومتنوعة، وبحيث يكون كل عضو من أعضاء المجموعة مسؤولاً عن تعلمه بالإضافة إلى مساعدة زملائه في المجموعة على التعلم، ومن ثم يصبح التعلم متعة. وتعرفه دراسة أخرى بأنه >نموذج تدريس يتطلب من الطلاب العمل مع بعضهم البعض والحوار فيما بينهم فيما يتعلق بالمادة الدراسية، وأن يعلّم بعضهم بعضاً.

هو أسلوب تعلم يتم فيه تقسيم التلاميذ إلى مجموعات صغيرة غير متجانسة (تضم مستويات معرفية مختلفة) ، يتراوح عدد أفراد كل مجموعة ما بين ٤ – ٦ أفراد ، ويتعاون تلاميذ المجموعة الواحدة في تحقيق هدف أو أهداف مشتركة . مراحل التعلم التعاوني : المرحلة الأولى : مرحلة التعرف . وفيها يتم تفهم المشكلة أو المهمة المطروحة وتحديد معطياتها والمطلوب عمله إزاءها والوقت المخصص للعمل المشترك لحلها . المرحلة الثانية : مرحلة بلورة معايير العمل الجماعي . ويتم في هذه المرحلة الاتفاق على توزيع الأدوار وكيفية التعاون، وتحديد المسؤوليات الجماعية وكيفية اتخاذ القرار المشترك ، وكيفية الاستجابة لآراء أفراد المجموعة والمهارات اللازمة لحل المشكلة المطروحة . المرحلة الثالثة : الإنتاجية . يتم في هذه المرحلة الانخراط في العمل من قبل أفراد المجموعة والتعاون في إنجاز المطلوب بحسب الأسس والمعايير المتفق عليها . المرحلة الرابعة : الإنهاء . يتم في هذه المرحلة كتابة التقرير إن كانت المهمة تتطلب ذلك ، أو التوقف عن العمل وعرض ما توصلت إليه المجموعة في جلسة الحوار العام . وقد تناولت العديد من الدراسات والبحوث العربية موضوع التعلم التعاوني مثل: - فاطمه خليفة مطر١٩٩٢م "تأثير استخدام التعلم التعاوني في تدريس وحده في الحركة الموجبة على

الجوانب الانفعالية لطلاب في برنامج اعداد المعلمين . - محمد مسعد نوح ١٩٩٣م "دراسة تجريبية لاثر التعلم التعاوني في تحصيل تلاميذ الصف الثاني الاعدادي للمهارات الجبرية". - فتحية حسني محمد ١٩٩٤م "فاعلية اسلوب التعلم التعاوني على التحصيل الدراسي في مادة الدراسات الاجتماعية لدى تلاميذ الصف الخامس الابتدائي "(دراسة تجريبية).

وهو أحد اساليب التعلم التي تتم من خلال التفاعل المتبادل اثناء ممارسة مجموعات صغيرة من المتعلمين لبعض الأنشطة كاللعب الجماعي. وقد قلت الدراسات في هذا الموضوع ومنها عبدالله صالح السنباني ١٩٩١م التعلم الفردي والتعلم الجماعي (دراسة تجريبية على طلاب كلية التربية بجامعة صنعاء).

أحد اساليب اكتساب الفرد للخبرات بطريقة ذاتية دون معاونة أحد او توجيه من أحد ، أي ان الفرد يعلم نفسه بنفسه، والذاتية هي سمة التعلم فالتعلم يحدث داخل الفرد المتعلم فان كان ذلك نتيجة خبرات هياها بنفسه كان التعلم ذاتيا وان كان نتيجة خبرات هياها له شخص اخر كالمعلم مثلا كان التعلم ناجا عن تعليم ذاتي وهناك طرق عديده للتعلم الذاتي منها التعلم البرنامجي والتعلم بالموديلات والتعلم الكشفي غير الموجه... وغير ذلك. ومن الدراسات في هذا المجال : - سليمان الخضري الشيخ ١٩٨٠م " التعلم الذاتي :طريقة للتعليم في الجامعة". - يعقوب حسين نشوان ١٩٨٨م "اثر استخدام طريقة التعلم الذاتي بالاستقصاء الموجه على تحليل المفاهيم العلمية لدى تلاميذ المرحلة المتوسطة بمدينة الرياض". - ايناس عبدالمقصود تهامي ذياب ١٩٩٤م "برنامج مقترح للتعلم الذاتي في المواد الاجتماعية لتنمية مهارات التفكير الابداعي لدى تلاميذ الحلقة الثانية من التعليم الاساسي". - عبدالعال حامد عبدالعال

عجوه ١٩٩٥م "الحاجة للمعرفة ،التعقيد في العزو والقابلة للتعلم الذاتي". - محمد نزيه محمود الرديني واخرون ١٩٩٥م " التعلم الذاتي ومتغيرات العصر

وهي عملية الاعتماد على النماذج في نقل فكرة او خبرة إلى فرد او مجموعة افراد وهي احدى فنيات وطرق اكساب الافراد انماط السلوك الصحيح وهي ايضا فنية علاجية لتعديل انماط السلوك الخاطي وغير المرغوب لدى الافراد. ومن الدراسات على هذا النوع : - حمدي علي الفرماوي ١٩٨٨م "استخدام فنية التعلم بالنمذجه في اكتساب الاطفال المندفعين لاسلوب التروي المعرفي ". - هناء رزق محمد ١٩٩٥م " فعالية بعض اساليب النمذجه في موقف التدريس المصغر على تنمية بعض مهارات التدريس لدى الطلاب المعلمين. تدوين الملاحظات اثناء المحاضرة الملاحظات أو الملخصات هي ما يستخلصه القارئ لنص، أو المستمع لمحاضرة أو درس، وبطريقته الخاصة، بحيث يسهل عليه تذكر غالبية المعلومات للنص أو الدرس، وهي تعد من المهارات الضرورية للاستذكار، حيث إن المتعلم لن يستطيع بأي حال من الأحوال حفظ الكتاب كاملا، أو تذكر المحاضرة أو الدرس كاملا - وهو غير مفضل- في حين أن الملاحظات بأسلوبه وبكلماته وتنظيمه الخاص من الآليات التي تساعده على تذكر أكبر قدر من المعلومات. ومن الدراسات في هذا المجال: - جودت احمد سعاده ١٩٨٦م "تأثير طريقةالتدريب على اخذ طلبة الجامعة للملاحظات في استرجاعهم لمعلومات تتعلق بمادة المنهج المدرسي حسب مستويات ثلاثه من معدلاتهم التركمية". - سعد محمد الحريقي ١٩٩٣م "العلاقة بين مهارات :تدوين الملاحظة القراءة ،تنظيم الوقت والتحصيل الدراسي وفق متغيرات مراكز التعزيز،مستوى الدراسه،تخصص الطالب في كلية التربية،جامعة الملك فيصل". مكن أن تساعد أدات الاتصال التكنولوجيا في برامج مع دمسبقا للتعلم الذاتي .

وفي أثناء هذا التفاعل الفعال تنمو لديهم مهارات شخصية واجتماعية إيجابية.

وفي ضوء التعريفات السابقة نستخلص الصفات الآتية للتعلم التعاوني :

١- يتعلم التلاميذ في مجموعات صغيرة يتراوح عددها بين تلميذين (٢) و٦ تلاميذ.

٢- تتكون كل مجموعة من تلاميذ مختلفي الاستعدادات والقدرات.

٣- يسعى أفراد كل مجموعة نحو تحقيق هدف أو مجموعة أهداف مشتركة.

٤- يعتمد أفراد المجموعة على بعضهم بعضاً اعتماداً إيجابياً لتحقيق أهدافهم المشتركة.

٥- يتفاعل أعضاء المجموعة وجهاً لوجه، ويساعد بعضهم بعضاً.

٦- يكون كل عضو في المجموعة مسؤولاً عن تعلمه وتعلم زملائه في المجموعة.

٧- يستخدم أعضاء المجموعة مهارات العمل الجماعي التعاوني، مثل مهارات القيادة واتخاذ القرار والتواصل... إلخ، ويتنافس كل منهم حول السلوك الأجود.

٨- يقوِّم أفراد كل مجموعة درجة جودة العمل الذي تم ومدى نجاحهم فيه.

- نماذج التعلم التعاوني :

استخدم المربون طرقاً متعددة للتعلم التعاوني داخل فصول الدراسة. وعلى الرغم من وجود سمات مشتركة بين هذه الطرق، إلا أنها تختلف عن بعضها سواء في أنواع التفاعل الحادث بين التلاميذ داخل مجموعات التعلم التعاوني، أو في ترتيب خطوات التنفيذ أو في أنواع المكافآت المقدمة للتلاميذ.

وفيما يلي عرض لبعض هذه الطرق.

فرق تعلم الطلاب

يشير هذا العنوان إلى ثلاث طرق من طرق التعلم التعاوني التي استخدمت بكثرة في مجال تدريس الرياضيات للتلاميذ بمراحل التعليم المختلفة. وقد طور هذه الطرق روبرت سلافين وزملاؤه بجامعة جون هوبكنز الأمريكية. هذه الطرق هي :

١ـ فرق الطلاب وأقسام التحصيل.

٢ـ فرق مسابقات الألعاب التعليمية.

٣ـ التفريد بمساعدة الفريق.

وسوف نتناول بالتفصيل إحدى هذه الطرق.

طريقة فرق الطلاب وأقسام التحصيل

تتكون هذه الطريقة من عدة خطوات أساسية هي :

١ـ تقديم الدرس : في هذه الخطوة يقدم المعلم المحتوى التعليمي لتلاميذه باستخدام المحاضرة أو المناقشة أو العرض العملي، مستخدماً في ذلك أية وسيلة تعليمية مناسبة.وعلى التلاميذ أن يركزوا انتباههم على ما يقدمه المعلم،لأن ذلك سيساعدهم على العمل مع مجموعاتهم (فرقهم) كما سيزيد من قدرتهم على الإجابة عن أسئلة الاختبارات القصيرة المقدمة لهم والتي ستدعم وتعزز درجات المجموعات التي ينتمون إليها.

٢ـ تكوين المجموعات الصغيرة (الفرق) : تتكون كل مجموعة من ٤ إلى ٥ تلاميذ مختلفي التحصيل، والجنس، والجنسية..إلخ. والمهمة الرئيسية لكل مجموعة هي إعداد أعضاء المجموعة للإجابة عن أسئلة الاختبارات القصيرة إجابة صحيحة، بعد دراستهم لأوراق العمل المقدمة لهم دراسة جيدة. إن مفهوم العمل التعاوني يتم التأكيد عليه في هذه الخطوة من خلال دعم أعضاء المجموعة لبعضهم البعض، مما يزيد من الجهد لدفع الفريق نحو النجاح والتفوق.

٣ـ تقديم الاختبارات الفردية القصيرة : بعد مرور حصة أو حصتين أو أكثر، وبعد دراسة التلاميذ لأوراق العمل المقدمة لهم٢، يجلس التلاميذ لاجتياز اختبارات قصيرة فردية تحتوي على أسئلة مرتبطة بما تعلموه في مجموعاتهم. وفي هذه الاختبارات يعمل كل تلميذ بمفرده وعلى مسئوليته الشخصية عن تعلمه ويمنع تماماً من التعاون مع زملائه.

٤ـ درجات التقدم الفردية : الفكرة الرئيسية وراء منح التلاميذ درجات التقدم هذه هي تحديد هدف لكل تلميذ يجب أن يسعى إليه.وهذا الهدف لن يتحقق إلا من خلال بذل مزيد من الجهد يفوق الجهد الذي بذله التلميذ سابقاً. ولمنح التلاميذ درجات التقدم هذه يحدد المعلم أولاً : درجة لكل تلميذ تسمى درجة الأساس، وهي في أبسط صورها عبارة من متوسط درجات التلميذ في كل الاختبارات القصيرة السابقة، ثم ثانياً: يمنح كل تلميذ عدداً من الدرجات يساوي الفرق بين درجة آخر اختبار قصير اجتازه وبين متوسط درجاته في كل الاختبارات القصيرة السابقة، طالما أن درجة هذا الاختبار الأخير زادت عن هذا المتوسط. وأخيراً : يمكن حساب درجات تقدم المجموعة الواحدة ككل بجمع درجات التقدم لكل عضو من أعضائها.

٥ـ التقدير والاعتراف : المجموعة التي تصل إلى المستوى الذي يحدده المعلم لإتقان التعلم أو تزيد عن ذلك المستوى، يمكن أن يتم تقديرها والاعتراف بجهودها عن طريق إعطائها شهادات تقدير بتفوقها أو تعليق صورهم على لوحة الإعلانات داخل الصف، أو من خلال توزيع نشرة دورية على كل التلاميذ تبين تفوق هذه المجوعة أو تلك. هذا بالإضافة إلى تقدير التلاميذ الذين قدموا أعمالاً بارزة لمجموعاتهم.

٦ـ طريقة تكامل المعلومات المجزأة : اقترح هذه الطريقة أرونسون ومعاونوه لأول مرة عام ١٩٧٧، وذلك بهدف تدعيم وتعزيز التعاون بين التلاميذ أثناء تفاعلهم في

مجموعات صغيرة يتراوح عدد أعضائها بين ٥ و٦ تلاميذ. كما يتم التركيز في هذه الطريقة على تدريس التلاميذ لبعضهم بعضاً، وهو ما يسمى بتدريس الأقران Peer teaching، وذلك بهدف تحقيق أكبر قدر ممكن من الاعتماد الإيجابي المتبادل بين التلاميذ وتفاعلهم معاً وجهاً لوجه، وتحمل كل منهم لمسؤولية تعلمه وتعلم زملاء مجموعته.

وقد وصف أرونسون، ومعاونوه إجراءات هذه الطريقة على النحو الآتي :

١ـ يحدد المعلم مع تلاميذه المهمة (الموضوع، المشكلة..إلخ) المطلوب تعلمها سواء كانت مشكلة، أو مقالة، أو جزءاً من فصل من كتاب... إلخ.

٢ـ يقسم المعلم تلاميذ الفصل إلى عدد من المجموعات، بحيث تتألف كل مجموعة من ٥ تلاميذ مثلاً متفاوتي القدرة، وتسمى هذه المجموعات بمجموعات الأساس.

٣ـ يقسم المعلم المهمة المطلوب دراستها إلى عدد من الموضوعات الفرعية (المهام الفرعية) بحيث يكون عدد المهام الفرعية مساوياً لعدد أعضاء كل مجموعة من مجموعات الأساس.

٤ـ يوزع المعلم على أفراد كل مجموعة المسؤوليات والأدوار التي يجب أن يقوموا بها.

٥ـ يلتقي التلاميذ الذين معهم نفس المهمة الفرعية معاً في مجموعات جديدة تسمى مجموعات الخبراء. بمعنى أنه إذا كان عدد المهام الفرعية خمس مهام فيكون لدينا خمس مجموعات للخبراء.

٦ـ يتدارس التلاميذ في مجموعات الخبراء موضوعاتهم الفرعية، أي مهامهم الفرعية ويتفقون معاً على أنسب الطرق لتعليم هذه المهام الفرعية لزملائهم.

٧ـ يعود كل تلميذ بعد ذلك من مجموعة الخبراء بما تعلمه إلى مجموعته الأساس، ويقوم بتدريس المهمة الخاصة به لزملائه في مجموعته الأساس.

٨ـ يعتبر كل تلميذ في المجموعة الأساس مسؤولاً مسؤولية تامة عن تدريس المهمة الخاصة به، وتعلم باقي المهام التي يدرسها له زملاؤه.

٩ـ بعد أن يتم التعلم بعقد اختبار لجميع التلاميذ والذين يجيبون عن أسئلته بصورة فردية، وبعد تصحيح المعلم لهذا الاختبار، يزود التلاميذ بتغذية راجعة عن آرائهم على هذا الاختبار، ويقدر درجات كل مجموعة على حدة.

١٠ـ يمكن للمعلم أن يكافئ المجموعات الأكثر تفوقاً بالإضافة إلى التلاميذ الذين أسهموا بجهد ملحوظ أثناء التعلم.

ـ عاشرا: التعلم التبادلي :

هو نشاط تعليمي يأخذ شكل حوار بين المعلمين والطلاب فيما يخص نصاً قرائياً معيناً. وفي هذا النشاط يلعب كل منهم (المعلمون والطلاب) دوره على افتراض قيادة المعلم للمناقشة.

وقد يختلط هذا المفهوم باستراتيجية التدريس عن طريق طرح الأسئلة، وهي الاستراتيجية التقليدية في الأدبيات التربوية. والخلاف بين المفهومين أو الاستراتيجيتين كبير. صحيح أن المعلم يقود زمام المناقشة في التدريس التبادلي، لكن هذه الاستراتيجية تفسح المجال للطالب لأن يقود النقاش الجماعي والحوار مع زملائه كفريق من أجل إثراء النص ذاته عند مستوى معرفي معين يتناسب مع إدراك الطلاب. إن تبادل الأفكار بين المعلم والطلاب، وبين الطالب قائد المجموعة وبين المجموعة، ثم بين أفراد المجموعة بعضهم وبعض هو محور التدريس والتعلم التبادلي.

ـ استراتيجيات التدريس والتعلم التبادلي :

التدريس والتعلم التبادلي يأخذ شكل استراتيجيات يوظفها المعلم في شكل متتال تسلم كل منها للأخرى. وتكاد تجمع الأدبيات التربوية في هذا المجال على أن هذه

الاستراتيجيات أربع، هـي : التلخـيص / توليـد الأسـئلة / الاستيـضاح / التنبـؤ. وإن كـان البعض يضيف إليها استراتيجية خامسة هي القراءة.

ويضيف آخـرون اسـتراتيجية التمثيـل أو تكـوين رؤيـا Visualization. وفـيما يـلي عرض لكل منها :

- التلخيص Summarizing : ويقصد به قيام الطالب بإعادة صياغة ما درسه مـوجزاً إياه وبلغته الخاصة. وهذا يدربه على تمثل المادة وتكثيفها، والتمكن من اختيار أهم مـا ورد بها من أفكار، وتحقيق التكامل بينها وبين مـا سـبق مـن أفكـار. وقـد يبـدأ الطـلاب بتلخيص جملة طويلة في كلمة مثلاً أو كلمتين، ثـم تلخـيص فقـرة تتـدرج في الطـول ثـم تلخيص النص كله. وأخيراً، فإن التلخيص يساعد عـلى تجميـع الأفكـار الـسابقة وتـذكرها تمهيداً لاستقبال أفكار أخرى جديدة في فقرات أو نصوص قادمة.

- توليد الأسئلة Generating Questions : ويقصد به قيام الطالب بطرح عدد مـن الأسئلة التي يشتقها من النص المتلقى. ومن أجل ذلك يلزم الطلاب أن يحددوا أولاً نـوع المعلومات التي يودون الحصول عليها من النص حتى تطرح الأسـئلة حولهـا. مـما يعنـي تنمية قدراتهم على التمييز بين ما هو أساسي يسأل عنه وما هـو ثـانوي لا يـؤثر كثـيراً في تلقي النص. وطرح الأسئلة ليس مسألة سـهلة. إن طـرح سـؤال جيـد يعنـي فهـماً جيـداً للمادة ؛ تمثلاً لها وقدرة على استثارة الآخرين للإجابة. وجدير بالـذكر أن الطـلاب عنـدما يصوغون أسئلتهم يتولون بأنفسهم مراجعتها والتاكد من قـدرتها عـلى جمـع المعلومـات المطلوبة سواء من حيث أفكارها أو عددها أو صياغتها. وتدعم هـذه الخطـوة سـابقتها التلخيص. وتأخذ بيد الطالب خطوة للأمام نحو فهم النص. وتوليـد الأسـئلة هنـا عمليـة مرنة ترتبط بالهدف الذي يتوخاه المعلم أو المنهج والمهـارات المطلـوب تنميتهـا. القـراءة مثلاً لها مستويات كثيرة. هناك ما يسمى بقراءة السطور، وهناك قراءة ما بـين الـسطور،

وهناك قراءة ما وراء السطور. هناك مراحل في القراءة تبدأ بالتعرف ثم الفهم ثـم النقـد ثم التفاعل والتطبيق... وهكذا. ويمكن للمعلم أن يكلف الطالب بتوليد أسـئلة تتناسـب مع كل مـستوى أو مرحلـة مـما سـبق. ومـن معـايير التوليـد الجيـد للأسـئلة أن تـستثير الطلاب للإجابة وأن تساعدهم على توليد أسـئلة جديـدة. الـسؤال الجيـد يـستثير سـؤالاً جيداً آخر. ومن المعايير كذلك أن تساعد الأسئلة على الأداء الجماعي وليس فقط الإجابة الفردية من طالب معين. ولقد تستلزم الإجابة على الأسئلة الجيدة مراجعة قـراءة الـنص للبحث عن الإجابة المناسبة. وهذا أيضاً من معايير جودتها.

ـ الاستيضاح : Clarification : ويقصد به تلك العمليـة التـي يـستجلي بهـا الطـلاب أفكاراً معينة من النص أو قـضايا معينـة أو توضـيح كلـمات صـعبة أو مفـاهيم مجـردة يصعب إدراكها مـن الطـلاب. وفي هـذه العمليـة يحـاول الطـلاب الوقـوف عـلى أسـباب صعوبة فهم النص. وبلغة اصطلاحية يحاولون تحديد أسباب تـدني انقرائيـة الـنص. كـأن تكون به كلمات صعبة أو جديدة، أو مفاهيم مجردة كما قلنا أو معادلات، أو معلومـات ناقصة... وغيرها. ومثل هذه الأسباب تدفع الطلاب بالطبع لمزيد من القـراءة والانطـلاق فيها أو التوقف لطرح أسئلة جديدة يستوضح بها الطـلاب قـضايا أخـرى. وتفيـد عمليـة الاستيضاح هذه الطلاب ذوي الصعوبات في تعلـم اللغـة أو فهـم نـصوصها. ومـستويات القراءة ــ كما سبق القول ــ متعددة وتتدرج من قراءة السطور إلى مـا بـين الـسطور إلى ما وراءها. ويتفاوت الطلاب بالطبع في مسألة التعامل مع النص والمستوى الذي يـصلون إليه. وعملية الاستيضاح تساعد بلاشك هذا الـصنف مـن الطـلاب ممـن لايتجـاوز قـراءة السطور أو مجرد فك الخط كما نقول.

ـ التنبؤ : Predicting : يقصد به تخمين تربوي يعبر به الطالب عن توقعاته لما يقولـه المؤلف من خلال النص. إنه جسر بين ما يعرفه الطالب الآن من الـنص ومـا لايعرفـه منـه.

وتتطلب هذه الاستراتيجية من الطالب أن يطرح فروضاً معينة حول ما يمكن أن يقوله المؤلف في النص كلما خطى في قراءته خطوات معينة. وتعد هذه الفروض بعد ذلك بمثابة هدف يسعى الطالب لتحقيقه، سواء بتأكيد الفروض أو رفضها.. ويعد التنبؤ أيضاً استراتيجية تساعد الطالب على فهم بنية اللغة وما تحمله من دلالات، فقراءة عنوان النص والعناوين الرئيسة والفرعية والإحالات والإشارات وغيرها... كل هذا يمكن أن يعدّ مؤشرات يستطيع الطالب من خلال فهمها توقع ما يرد في النص. وتكمن مهارة الطلاب في هذه العملية في استرجاع ما لديهم من معلومات سابقة بالنص وربطها بما يجد أمامهم من معلومات جيدة في هذا النص، وكذلك في قدرتهم على التقويم الناقد لأفكار المؤلف، فضلاً عن استثارة خيالهم.

ـ أسسه ومنطلقاته :

التدريس والتعلم التبادلي استراتيجية تستند إلى مجموعة من الأسس والمنطلقات كما يلي :

١ـ تدعيم جهود الطلاب بعضها لبعض.

٢ـ مواصلة دعم المعلم (أو الخبير) للطلاب بمجرد البدء في أداء المهام

٣ـ تضاؤل دعم المعلم أو الخبير للطلاب كلما قطعوا شوطاً في التعلم. إن الأدبيات التربوية في هذا المجال تشبه جهود المعلم بالسقالة التي يستخدمها البناؤون في عملية البناء والتي يتخلصون منها بالتدريج كلما أكملوا شيئاً في البناء.

٤ـ تتعدد مجالات استخدامه سواء زاد عدد الطلاب أو قلوا. ولقد استخدم التدريس التبادلي في الحالات الآتية :

ـ التدريس للمجموعة كاملة ؛

ـ التدريس لمجموعات صغيرة ؛

ـ التدريس لطالب طالب ؛

ـ التدريس لمجموعات صغيرة يقودها الرفاق.

٥ـ تستخدم كل استراتيجية من الاستراتيجيات الأربع التي يشتمل عليها التدريس التبادلي في تمكين الطالب من بناء المعنى من النص الذي أمامه ومعالجة النص القرائي بالشكل الذي يضمن له حسن فهمه. وجدير بالذكر أن هذه الاستراتيجيات الأربع لا تلزم ترتيباً واحداً يتقيد به المعلم.

٦ـ يفيد التدريس التبادلي بشكل كبير الأنواع الآتية من الطلاب :

ـ الطالب الذي يتلقى النص جيداً لكنه بطيء في فهم ما فيه.

ـ الطالب بطيء الإدراك في تلقى النص ومن ثم في فهمه.

ـ الطالب الذي يتعلم لغة أجنبية.

ـ الطالب الذي لا يجيد القراءة لكنه يجيد الاستماع

(بنمط تعلمه هو السماعي oriented ear)

إذ يفهم النص من سماع مناقشة بين زملائه.

ـ الطالب العادي الذي يجيد المهارات اللغوية المختلفة، إذ يساعده هذا النوع من التدريس في فهم أعمق للنص.

ـ الحادي عشر: نظرية ديوي في التعلم :

نجح ديوي في هجومه على فلسفة التعليم النمطية التقليدية وساهم في دفع عجلة التعليم إلى مسار مغاير له حيث نادى بأهمية الخبرة في التعليم وانتقد أسلوب التلقين، وأنكر الاعتماد الكلي على الكتاب المدرسي والمعلم كما شن هجومه على النظام التعليمي الصارم المبني على الطاعة التامة للوائح الإدارية الجامدة.

كما توجه ديوي إلى جعل المدرسة بيئة ثرية بالخبرات حافلة بحركة المتعلمين من أجل تكوين عقلية علمية راشدة تستطيع حل المشكلات بأسلوب منهجي. من القواعد التي جاهد ديوي من أجل ترسيخها أن الطفل شمس التربية ونقطة ارتكازية في العملية التعليمية وأنّه لن يتعلم بشكل أمثل إلا من خلال الخبرات الحياتية فإنَّ تعلم السباحة مثلا لا يمكن أن يتحقق من دون أن يمارس المتعلم عملية السباحة داخل الماء وكذلك شأن سائر المهارات العقلية والاجتماعية.

من جانب آخر فإنه ومن خلال تجاربه ودراساته شدد على أهمية ربط المدرسة بالمجتمع ونادى بالحياة الديمقراطية وبما أنه من أبرز علماء الفلسفة التقدمية والبراجماتية فإنه حصر التربية بالمنفعة والمصلحة وأن التعليم يجب أن يخدم الأغراض العلمية والأهداف الواقعية التي تنفع الفرد الحر والمجتمع الديمقراطي.

ومما يترتب على الرؤية الفلسفية السابقة جملة من التطبيقات التربوية منها أن التربية تقوم على مبدأ تفاعل المتعلم مع البيئة المحيطة به والمجتمع الذي يعيش فيه ولذلك فإنه يحتاج إلى تنمية مهاراته الفكرية والعملية دائماً ليقوم بحل المشكلات بشكل راشد وأسس علمية، واستناداً لهذه الرؤية فإن العلوم النظرية وتشعيباتها الكثيرة ليست ذات أهمية في المنهاج التعليمي طالما أنها لا تخدم المتعلم في تصريف شئون حياته، قام ديوي بتحويل عملية تهذيب الإنسان من العناية بالمُثل العقلية المجردة إلى الاهتمام بالنتائج المادية الملموسة، في ظل هذه الفلسفة التي عُرفت باسم البراغماتية والأداتية والوظيفية فإن البحث العلمي لحل المشكلات الواقعية أهم أداة في الحياة لمعرفة الحقائق ولتربية الفرد ولتكوين المجتمع الديمقراطي.

يرى ديوي أن أسلوب المحاضرة من الطرائق القاصرة في التعليم ومنافعها محدودة لأنها لا تتيح الفرصة للمتعلم كي يستكشف الواقع، ويجمع المعلومات، ويقيس

الأمور، ويبحث عن الحلول. لهذا فإن أسلوب السعي في حل المشكلات القائم على حرية المتعلم أكثر إيجابية وخير من الدروس التقليدية القائمة على محاضرات المعلم التلقينية. وهكذا فإن جون ديوي لا يتفق مع طريقة هربرت في توصيل المعلومات عبر خطوات منهجية في عرض الدرس لأن الطالب سيكون سلبيا فالمعلومات تأتي إليه في الفصل ولا ينجذب إليها.

من أفكار ديوي التربوية طريقة المشروع "project method"

ويقصد بها أنَّ يقوم المتعلمون باختيار موضوع واحد ودراسته من عدة جوانب كأن يذهب المتعلمون إلى مزرعة وفيها يتعلمون كيفية الزراعة ويستمعون إلى تاريخ الزراعة في تلك المنطقة ويتعاون كل فرد من المجموعة بعمل جزء من المشروع. في عملية تنفيذ المشروع يقوم الطالب بجمع البيانات المطلوبة من المكتبة أو مقابلة الأساتذة. من أهم سمات طريقة المشروع كنشاط شامل أن المتعلم عادة سيتفاعل معه لأنه قد يكون شارك في اختيار الموضوع. طريقة المشروع تشبع حاجة المتعلم النفسية لأنها تراعي الفروق الفردية، وتدفعه إلى التعلم الجماعي، وتحرره من قيود الكتاب المدرسي.

لم يوضح ديوي تفاصيل طريقة المشروع في التدريس ولكن تلميذه كلباترك قام بوضع التفاصيل. من أهم خطوات طريقة المشروع للفرد أو للمجموعة :

وجود الغرض.

رسم الخطة.

تنفيذ الخطة.

تقويم الخطة.

يُعرِّف جون ديوي الديمقراطية التربوية بأنها طريقة شخصية للحياة، وهي بالتالي ليست مجرد شيء خارجي يحيط بنا فهي جملة من الاتجاهات والمواقف التي تشكل

السمات الشخصية للفرد والتي تحدد ميوله وأهدافه في مجال علاقاته الوجودية. ويترتب على هذا التصور ضرورة المشاركة في إبداء الرأي وصنع القرار، وتأسيس الحياة المدرسية والأسرية على هذه المضامين الديمقراطية لتنظيم الحياة، في ظل هذه المنظومة نرى أن الديمقراطية في الحقل التربوي تعني ممارسات اجتماعية تؤكد قيمة الفرد وكرامته، وتجسد شخصيته الإنسانية، وتقوم على أساس مشاركة أعضاء الأسرة والجماعات في إدارة شؤونها ديمقراطياً .

من الواضح أن كتابات ديوي تحمل في طياتها نقداً لاذعاً للتربية التقليدية السائدة في عصره وعلى مر العصور. انتقد التربية التي تعتمد على حفظ المعلومات عن ظهر قلب، وإعداد المتعلم للمستقبل مع تجاهل الحاضر وتهميش المرحلة التي يعيشها المتعلم. كانت القاعدة هي أن المعلم هو أساس العملية التربوية وجاء ديوي ليقلب الموازين وينقل الفكر التربوي إلى شمس التربية أي إلى المتعلم واحتياجاته.

كانت كتابات ديوي دعوة قوية حطمت سيادة الأسلوب التقليدي الذي ساد التاريخ الإنساني لفترات طويلة وفي مقابل ذلك جاء المذهب البراغماتي ليؤكد على دور كل من الأسرة والمدرسة والمجتمع في تنمية المتعلم ليعيش حراً مفكراً منتجاً. التربية عند ديوي هي الحياة في حاضرها أولاً ثم تهتم بالمستقبل.

في كتابه نظرية الحياة الأخلاقية تحدث ديوي عن دور الإقناع العقلي في غرس القيم والأخلاق إذ يرى أنه لا يكفي المدح والذم، والثواب والعقاب، والتحليل والتحريم. أساس الأخلاق ومضمونه هو معرفة أسباب العادات التي نقوم بها لنتأكد من المعايير التي تضمن أنها عادلة...الذين يضعون القانون ويشاركون في إيجاد العادات المفترض أن تكون، لديهم رؤية ثاقبة لحقيقة تلك الأسس وإلا فإنَّ الأعمى سيقود الأعمى.

في كتابه الحرية والثقافة يناقش الماركسية كفلسفة سياسية واقتصادية ويخالفها من حيث حرية الفرد ويؤكد على أن البيت أول مكان يتعلم فيه الفرد الديمقراطية ويعتبرها منهج حياة ثم في نهاية الكتاب يتحدث عن أمريكا كنموذج عالمي يقوم على البحث العلمي والتجربة والإيمان بالتعددية الثقافية.

من خلال مراجعة كتابات جون ديوي يمكن استخلاص فلسفته التربوية في ضوء النقاط الآتية:

أولاً : في الميدان التربوي:

١- كل تربية فاعلة تقوم على مشاركة الفرد في الوعي الاجتماعي للجنس البشري.

٢- المدرسة مؤسسة اجتماعية بالدرجة الأولى وينبغي أن تعكس صورة الحياة الجماعية:

٣- الحياة الاجتماعية للطفل هي الأساس لجميع الأنشطة التعليمية.

٤- نمط التعلم يجب أن يعتمد على طبيعة نمو قوى الطفل واهتماماته.

٥-التربية هي الطريقة الأساسية للتقدم والإصلاح الاجتماعي.

أعلى ديوي من شأن الخبرة الإنسانية واعتبرها مصدر العلوم والقيم وبخلاف المدرسة المثالية فإن يرى أن المعرفة والقيم نسبية غير ثابتة فالعقل البشري هو الحاكم الذي يقرر الصواب والخطأ.

ثانياً: أهم وظائف المدرسة:

١- تبسيط وترتيب عناصر ميول الطفل التي يراد إنماؤها.

٢- تطهير المتعلم من العادات الاجتماعية المذمومة وتهذيبه.

٣- تحقيق الانفتاح المتوازن للناشئين كي يعيشوا في بيئة مصغرة فيها مشاركة وتآلف وتكاتف.

المدرسة عند ديوي بيئة ديمقراطية تسعى لإيجاد المواطن الديمقراطي والتربية عملية دائمة للفرد ليساهم في بناء المجتمع مع مراعاة الفروق الفردية في التدريس ووضع المنهج الدراسي.

ثالثاً: جوانب تساهم في التقليل من دور التربية المنظمة :

١ـ تكوين العادات اللغوية فإن "التعليم المقصود في المدارس قد يصلح من هذه العادات اللغوية أو يبدلها، ولكن ما أن يتهيج الأفراد حتى تغيب عنهم في كثير من الأحيان الأساليب الحديثة التي تعلموها عن عمد، ويرتدون إلى لغتهم الأصلية الحقيقية".

٢ـ القدوة أشد فعلاً في النفس من النصيحة "فالتعليم المقصود لا يكاد يكون قوي الأثر إلا على قدر مطابقته السيرة" للأفراد الذين يكونون في بيئة الطفل الاجتماعية.

٣ـ ينمو الجانب الجمالي والذوقي حسب البيئة المحيطة والتعليم المقصود والمباشر يستطيع أن يقدم معلومات لا خبرات.

رابعاً: أسس التفكير العلمي:

١ـ وجود خبرة تهم الطالب.

٢ـ ظهور مشكلة وعند المتعلم الحافز لحلها من خلال عملية التفكير.

٣ـ ملاحظة المشكلة وربطها بالمعلومات السابقة عند المتعلم.

٤ـ وضع الفروض والاحتمالات لحلها.

٥ــ اختبار الفروض واقعياً ليتحقق المتعلم من صدقها. قائد السيارة مثلا إذا توقفت سيارته ولم يعرف السبب فإن هذه المشكلة تُعتبر خبرة حية وموقف يدفعه إلى التفكير في سبب المشكلة وهذا يدعوه إلى استرجاع معلوماته عند سبب توقف السيارات

عموماً، حرص السائق على تصليح العطل وعلاج الخلل أيضاً يدفعه إلى وضع احتمالات وفروض مثل (نفاذ الوقود- عطل في البطارية...).

كيف يعمل هذا؟ كيف يصلح هذا هنا ... هذه الأسئلة التجريبية هي أساس فلسفة ديوي الذي لم يتبع الأسئلة النظرية التجريدية يرى ديوي أن التفكير العلمي المبني على القدرة على الفهم والتحليل وحل المشكلات العملية أفضل من حشو أذهان المتعلم بحشد من المعلومات فالأصل في التعليم غرس المنهج العلمي في التفكير.

ـ تعليق على أفكار جون ديوي :

يقوم التفكير العلمي كنشاط إنساني على مبدأ الإيمان بقدرة الحواس والعقل والبرهان من أجل الوصول للحقائق بصورة موضوعية تعتمد على إجراء التجارب، واثبات النتائج تحت مجهر الاختبار. هذا المنهج الذي ينادي به الإسلام يعمل على كسر احتكار العلم على فئة ما كما يعمل على نبذ الأوهام والغيبيات التي لا سند لها، جاء ديوي ليركز على الحواس وكل ما يمكن قياسه مادياً وبذلك أخذ جانباً من المنهج العلمي السليم في حين أنه فرَّط في قدرة العقل على الاستنباط والاستدلال

لتعلم حيث ازداد الاهتمام بالدافعية والارتباط والتعزيز .

ـ الثاني عشر : نظريات التعلم المدرسية :

نقدم هنا نموذجين من النظريات التي ا شغلت على التعلم المدرسي :

وهما : أـ نموذج كارول Carol (النموذج الزمني)

ب ـ نموذج بلوم (النسق التربوي بدون أخطاء)

أ ـ نموذج كارول : حيث يرى بأن التعلم يرتبط بنوعين من العوامل الأساسية :

١ـ عوامل ذاتية: تتصل بذاتية الفرد المتعلم، حيث يدخل إلى تجربة تعلمية وهو مزود بقدرات واستعدادات وخبرات متنوعة ، وهذه العوامل تتلخص في

١- القدرة : وهي القدر الذي يحتاجه المتعلم من الزمن ليتعلم شيئا ما في إطار وضعية تعليمية ، وغالبا ما تختلف هذه القدرة من تلميذ إلى آخر لارتباطها بمتغيرات أخرى كالخبرة السالفة لكل متعلم.

٢- القدرة على فهم عملية التعلم : أي مدى قدرة المتعلم على فهم نوعية المهمة المطلوبة ، وطبيعة الوسائل والعمليات اللازمة لإنجاز تلك المهمة .

٣- المثابرة Persévérance : وتشير إلى المدى الزمني الذي يريد المتعلم أن يقضيه في التعلم .

- الثالث عشر: النّظرية التربوية :

حيث رأت هذه النظرية أن وظيفة الحضانة هي تنمية شخصية الطفل على أن يكون مبادراً. لذلك يجب مساعدته وتشجيعه لينمّيَ شخصيّته مستعيناً بقدراتِه الكامنةِ. لذلك فعلى الحاضنة ان تجعل الحنة مكاناً طبيعياً ومريحاً ومليئاً بالمحفّزات التي تدفع الطفل لأن يكون نشيطاً ومشارِكاً في كل فعالية او نشاط تقوم به المعلّمة او الحاضنة. لذلك نرى ان الحاضنة من خلال هذه النظرية لها دورٌ كبيرٌ في تربية الطفل ومعرفة ميوله وتوفير الاجواء التربوية المناسبة له.

- حسب رأيي، فإنّ هذه النظريّة ووظيفة الحاضنة كادت ان تكون معدومة في الحالة المعروضة أمامنا، لأن الحاضنة لم تتصرف مع شذا بموجب هذه النظرية، فلم تقم بمساعدتها للتّعبير عن نفسها أثناء بكائها مثلاًَ، ولم تحاول معرفة السبب، وأيضا لم تعطِها المجال للمبادرة والتّعبير عن ميولها بمجرّد مراقبتها لها طيلة الوقت، الأمر الذي دعا شذا الى الانزواء عن باقي الطلاب.

لكي يتم تعلم خبرة ما لا بد من

أولا : استقبال الخبرة و توجيه الانتباه إليها

ثانيا: إعطاء معان للمثيرات البصرية و السمعية اللمسة و هذا ما نسميه بالإدراك

ثالثا : استدخال المعلومات المدركة و حفظها و معالجتها و هذا هو التذكر

إذا التذكر هو المرحلة التي يتم فيها حفظ و تخزين و برمجة المثيرات بشكل يسهل استدعائها و معالجتها بسهولة ويسر

لذا فإن اضطرابات عملية الذاكرة ترتبط ارتباطا وثيقا يكل من عمليات الانتباه و اضطربات عمليات الإدراك على أساس أن عمليات الانتباه و ما تنطوي عليه من خصائص القصدية و الإرادية و الانتقائية و عمليات الإدراك بما تنطوي عليه من تفسير هذه المدركات و تأويلها لذا فإن أي اضطرابات تصيب أيا من عمليات الانتباه أو عمليات الإدراك أو كلاهما تؤثر بشكل مباشر على كفاءة وفاعلية عمليات الذاكرة

قائمة المراجع

أولا:المراجع العربية :

١ـ أحمد بلقيس ، توفيق مرعي(١٩٨٧): سيكلوجية اللعب ، دار الفرقان .

٢ـ توفيق أحمد مرعي ، محمد محمود الحيلة(١٩٩٨) : تفريد التعليم دار الفكر، الأردن .

٣ـ خليل يوسف ،عبد اللطيف حيدر ،محمد يونس(١٩٩٦) : تدريس العلوم في مراحل التعليم العام ، دار القلم ، الإمارات .

٤ـ عايش زيتون(١٩٩٥): أساليب التدريس الجامعى، عمان : دار الشروق.

٥ـ عفاف اللبابيدي ، عبد الكريم خلايله (١٩٩٣) : سيكلوجية اللعب، دار الفكر.

٦ـ كمال اسكندر، محمد ذبيان (١٩٩٥): مقدمة فى تكنولوجيا التعليم ، ط ١ ، الكويت –دار الفلاح .

٧ـ مادان موهان ، رونالدا هل(١٩٩٧): تفريد التعليم والتعلم فى النظرية والتطبيق. ترجمة : ابراهيم محمد الشافعى ، الكويت ، مكتبة الفلاح .

ثانيا : المراجع الأجنبية :

8-Baiud W.jo Hanson & Roger T. johnson,(1994): " learning together and Alone , Fourth Edition , Boston , Allyn & Bacon.

9-Barbara Gross Dauis ،(1993): "Tools for teaching " san Francisco.

10-Barrie Bennett & others، (1991):" cooperative learning"، university of Toronto,.

11-Beckman، M." (E.D):collaborative learning " preparation for the work place and Democracy "

12-Bobartken & others (1993):" Getting IT All Together", Canda, jessica M. pegis,.

13-Paul D.Eggen & Donald P.Kauchat,(1996): " Strategies for teachers, teaching content and tninking skills، third Eduction , Allyn Bacon , .

14-Ritasmilk estein,(2002): A Natural Teaching Method Based on learning theory " in Gamut " A Forum for teacher and learners، washington، seattle community college.

15-Robert E.Salvin , (1995):"cooperative learning" Theory ,Research، practice ", second Edition, Allyn &Bacon .

16-Storm، Sharon,(1991): "The Knowledge Base for Teaching " ERIC N: E D 330677.

17-Wright, W.A., (1995):"Teaching Improvement practices",Bolton

Massachus etes : Anker publishing company, Inc.

- **Webograpgie**
- http://fr.wikipedia.org/wiki/psychopédagogie.
- http://perso.wanadoo.fr/ais-jpp/apprdef.html
- http://pmev.lagoon.nc/bandura.htm
- http://edutechwiki.unige.ch/fr
- http://wwwunige.ch/faps/sse/teachers/perenoud/php1999/1999html

الفصل الثالث عشر

مقارنه بين الاتجاهات المختلفة في تفسير التعلم

عناصر الفصل الثالث عشر :

- مقدمة
- مقارنة بين التعلم الإجرائي والتعلم الكلاسيكي
- الفرق بين التعلم بالاستبصار والتعلم بالمحاولة والخطأ
- موقف الجشطالت من النظريات السلوكية- الإرتباطية
- الذاكرة والتعلم
- العوامل التي تؤثر في التعلم والتذكر
- العلاقة بين النسيان ونظريات التعلم المختلفة
- العلاقة بين المجال المعرفي وكل من الدافعية

والقيم والاتجاهات والمهارات الحركية

الفصل الثالث عشر

مقارنه بين الاتجاهات المختلفة في تفسير التعلم

- **مقدمة** : في هذا الفصل ستتم مقارنة بين مجموعة نظريات واتجاهات متعددة في تفسير التعلم وذلك بهدف الوقوف علي أوجه الاتفاق والاختلاف بين النظريات المختلفة ولتحقيق الاستفادة القصوي من هذه النظريات في مجال التعلم ، ومعرفة مدي التطور في كل نظرية وسيتم عرض هذه المقارنات بين النظريات في مجال التعلم في الصفحات التالية من هذا الفصل :

- مقارنة بين التعلم الإجرائي والتعلم الكلاسيكي :

وجه المقارنة	التعلم الكلاسيكي	التعلم الإجرائي
أوجه الشبه	كليهما يؤدي إلى اكتساب استجابة شرطية . كليهما يتضمن التدعيم	
أوجه الاختلاف	١ - يؤدي إلى تغيير المثير الذي يثير استجابة معينة . ٢ - التدعيم يحدث قبل الاستجابة الشرطية	١ - يؤدي إلى اختيار استجابة لحل مشكلة من بين الاستجابات الممكنة وغير المناسبة للحل . ٢ - التدعيم يحدث بعد الاستجابة الشرطية .

	٣ - الاستجابة الشرطية المكتسبة ليست إجرائية أي ليس لها دور في الوصول إلى الهدف ،وهي نفس الاستجابة الأصلية . ٤ - غالبا ما تكون الاستجابة الشرطية استجابة لا إرادية	٣ - الاستجابة الشرطية المكتسبة إجرائية تختلف عن الاستجابة الأصلية وتؤدي إلى الهدف . ٤ - الاستجابة الشرطية المكتسبة تكون إرادية .

يمكن القول أن التعلم عن طريق المحاولة والخطأ ما هو إلا تعلم شرطي إجرائي

ـ الفرق بين التعلم بالاستبصار والتعلم بالمحاولة والخطأ :

١- تجارب التعلم بالاستبصار تمت على الحيوانات من الرتبة العليا "مثل الشمبانزي" بينما تجارب التعلم بالمحاولة والخطاء تمت على الحيوانات بسيطة من رتبة أدنى مثل القطط.

٢- يسبق التعلم بالاستبصار أخطاء بسيطة وفترات من التأمل والتفكير "فترات راحة" ،بينما يسبق التعلم بالمحاولة والخطاء أخطاء كثيرة وحركات عشوائية غير هادفة.

٣- الحل ألاستبصاري يحدث فجاءه ويرتبط بعمليات عقلية أو تفكير أو إدراك ويأتي عن طريق الإدراك لأجزاء الموقف . أما الحل بالمحاولة والخطاء يحدث بالصدفة وتدريجيا.

٤- متى ما وصل الكائن الحي في موقف ما للحل بالاستبصار فإنه يستخدم هذا الحل في مواقف مشابهة بمعنى أنه يستفيد من هذه الخبرة المكتسبة أي انتقال أثر التعلم، أما إذا وصل إلى الحل عن طريق المحاولة والخطاء يكون هناك صعوبة

واحتماليـة أقـل للـتعلم، ربمـا يـصعب اسـتخدام الحـل بالمحاولـة والخطـاء في المواقـف المشابهة .

٥- الحل ألاستبصاري لا ينسى بسهولة،بينما الحل بالمحاولة والخطاء ينسى بـسهولة ارتباطه بالأثر الطيب.

٦- يتوقف الحل بالتعلم بالاستبصار على خبرات الفرد السابقة وعلى تنظيم عناصر الموقف المشكل حيث تصبح جميع جوانب الموصلة إلى الحل في مجـال ملاحظـة الكـائن الحي.

ـ موقف الجشطالت من النظريات السلوكية- الإرتباطية :

كما أسلفت في مقدمة البحث فإن نظريات التعلم المعرفية جاءت كرد فعـل للنظريـات السلوكية للتعلم ، وذلـك أن النظريـات الـسلوكية نـادت بكـون الـتعلم يحـدث نتيجـة ارتباط بين مثيرات واستجابات وقالت بأن الإدراك ما هو إلا نسخة طبق الأصـل للـشيء المدرك أي تجميع آلي للأشياء التي يدركها الشخص .

فنظرية الجشطالت (وهي من النظريات المعرفية) بدأت فكرتها عن طريق أحد علماء النفس الألمان وهو

مـاكس ويـرثمير max wretheimer - الـذي لم يكـن مقتنعـا بنظريـات علـماء الـنفس السلوكيين ، لأنه اعتبرها مجرد جمع ولصق لعناصر مختلفة ، فكان اعتراض علماء النفس على النظريات السلوكية يشمل عدة نقاط :

١ـ انتقدوا الاتجـاه نحـو تفتيـت الإدراك نحـو جزئيـات صـغيرة ، فـالفرد يـدرك الموقـف كوحدة واحدة وليس كجزئيات مترابطة ، مثل النظر إلى لوحة فنية حيـث يـدرك النـاظر إليها كلوحة واحدة لها خصائصها الجمالية وليس كجزئيات منفصلة

٢ـ خالفوا السلوكيين في قولهم بان التعلم ما هو إلا سلسلة مـن الأقـواس العـصبية الـتي

تربط بين المثير والاستجابة .

٣ـ يرو عدم فصل الكائن عن بيئته لأن السلوك إنما ينتج عن تفاعل الفرد مع بيئته المحيطة .

٤ـ تأتي الخبرة عادة في صورة مركبة فما الداعي إلى تحليلها والبحث عما يربط بعضها ببعض .

ـ الذاكرة و التعلم:

للذاكرة علاقة وثيقة بالتعلم ، فالإنسان يتذكر ما سبق تعلمه ، لذا لا يمكن أن يكون هناك تذكر أو استرجاع دون المرور بتعلم وخبرات سابقة .

والإنسان مزود بجهاز بشري لمعالجة المعلومات ذي طاقة كبيرة ، قادر على استلام المعلومة ثم ترميزها ثم تخزينها. هذا الجهاز تتوفر فيه كمية كبيرة من المعلومات باستمرار ، لكن يصعب على المرء التحكم بكل تلك المعلومات في أي وقت يشاء ، فقد لا تسعفه الذاكرة في استدعاء بعض المعلومات المهمة في ظرف معين مثل الامتحانات ، لأن قدرة الفرد على تحديد مكانها في مخزون الذاكرة محدودة .

ولعل الخطوة الأولى التي يقوم بها الفرد لاسترجاع ما سبق أن تعلمه هي محاولة ربط الاسترجاع بمعلومات لها علاقة في مخزون الذاكرة ، لأن الاسترجاع : هو العملية التي يتذكر فيها الفرد ما احتفظ به من معلومات . وفي عملية الاسترجاع قد يطرح الفرد عددا من التساؤلات (لو كان الاسترجاع حول موضوع التعلم - على سبيل المثال - تطرح أسئلة مثل : متى قرأت نماذج التعلم ؟ أين ؟ ما المناسبة التي قرأت فيها ؟ . ثم وبأكثر دقة : ما التعلم ؟ ما أنواعه ونماذجه ؟ ما الفروق بينها ؟) . وهنا يتضح أن عملية استرجاع المادة المتعلمة تتم عبر ثلاث مراحل :

١ـ مرحلة البحث عن المعلومات .

٢ـ مرحلة تجميعها وتنظيمها .

٣ـ مرحلة الأداء الذاكري .

ـ العوامل التي تؤثر في التعلم والتذكر :

هناك عدد من العوامل تؤثر في التعلم سلبا أو إيجابا ، ومعرفتها تساعدنا في استمرارية التعلم ؛ منها :

١ـ معدل التعلم الأصلي :

يعتقد الكثيرون أن ما نتعلمه ونحفظه بسرعة يُنسى بسرعة ، وهو اعتقاد غير صحيح ، فالدراسات الحديثة تؤكد على أن التعلم السريع يقابله نسيان بطيء ، والعكس بالعكس ، إذ كلما كانت دافعية المتعلم نحو التعلم والتحصيل عالية كان التذكر أفضل .

إن المتعلمين الذين يتعلمون بسرعة يحتفظون بمستوى أكبر مما يحتفظ به المتعلمون الأبطأ منهم . ولا شك أن هناك عدة عوامل حول علاقة التعلم بالاحتفاظ :إذ كلما كان المتعلم أكثر نضجا وذكاء وخبرة ، فإنه يتعلم بسرعة ، ويحتفظ بمستوى أكبر ، لأن التعلم والاحتفاظ مظهر من مظاهر الذكاء .

٢ـ مستوى التعلم الأصلي :

لنضمن الاحتفاظ الجيد بعد مرور زمن على التعلم الأصلي ، هناك حاجة إلى ما يسمى التعلم الزائد (Over Learning) ، وهو نوع من التعلم يرتبط بمبدأ التعلم المكثف والموزع . بمعنى أنه بعد الانتهاء من المادة للمرة الأولى ، نعيد تعلمها في فترات زمنية متباعدة ، بحيث يجري التعلم بشكل موزع وليس بشكل مكثف . وقياس التعلم الأصلي للمادة المتعلمة لا يكون ألا عندما يبلغ المتعلم معيارا : هو إعادة استرجاع

ما تعلمه بشكل صحيح وكامل لمرة واحدة ، وكل تعلم يلي هذا المعيار يعد تعلما زائدا. إن التعلم الزائد يزيد معدل التذكر .

٣ـ تأثير التعلم المدرسي في الاحتفاظ :

قد يستغرب الكثير من المعلمين وأساتذة الجامعة أن ما يعلمونه من المفاهيم والمحتوى الدراسي يحفظ من قبل طلابهم . ولعل الدراسات الحديثة قد بينت أن أعلى درجة من الاحتفاظ تكون في المفاهيم والمبادئ العامة والحقائق العلمية ، والتي تراوحت معدلات الاحتفاظ فيها بين % 25 إلى % 80 .

٤ـ درجة المعنى في المادة المتعلمة :

بقدر ما تكون المادة المتعلمة منظمة وذات معنى ، يزداد حفظها وتعلمها ، ومن هنا فحفظ الشعر أسهل من حفظ النثر ، والنثر أسهل تذكرا من كلمات لا معنى لها . معنى هذا أن المواد التي يحتفظ بها تتسم بروابط داخلية بينها ، وحسن التنظيم . وهما (الرابط والتنظيم) ضروريان للحفظ والتذكر .

٥ـ العلاقة بين المعنى والاحتفاظ :

بالنسبة لما يتعلمه المرء في وقت قصير نسبيا في أعقاب التعلم الأصلي ، ثبتت التجارب الحديثة أن مستوى تذكر بعض أجزاء المادة يقل إلى حد معين . ولعل العلاقة بين المعنى والاحتفاظ أمر يصعب التحقق منه ، لأن المادة ذات المعنى هي تلك المادة التي سبق وجودها في خبرة المرء ، وكان لها ارتباطات معينة، ناهيك عن أن مستوى التعلم الأولي عامل مهم في درجة الاحتفاظ . وفي إحدى الدراسات تبين أن 23% من المصطلحات المحددة التي سبق تعلمها في مادة البيولوجيا قد تم تذكرها بعد عام ، وأن

قابلية الطلاب على تفسير بيانات جديدة على ضوء محتويات هذا المقرر وتطبيق المبادئ العامة مما سبق تعلمها قد زادت . وأن جزءا من هذه الزيادة يمكن أن يمثل انتقال أثر التدريب من مقررات أخرى دُرست في الفصل نفسه .

٦ـ تأثير عزم التعلم على الاحتفاظ :

لا شك أن مستوى العزم أو القصد (intention) عند المتعلم يؤثر في درجة الاحتفاظ والاسترجاع . وقد بينت الدراسات أن الفرق في مستوى الاحتفاظ - بين طلاب من ذوي العزم على التعلم ، وطلاب آخرون ينقصهم ذلك العزم - كبير لمصلحة الطلاب الأولين من ذوي العزم ، من جهة . ومن جهة أخرى أن التعلم من أجل التذكر لا يكون مهما - بعد حصول التعلم الأصلي - ما لم تتم عملية مراجعة المادة المتعلمة .

٧ـ التدريب المجمع والمكثف و التدريب الموزع :

إن توزيع مرات التدريب يؤثر في مستوى الاحتفاظ أكثر من تأثيره في التعلم الأولي الأصلي. ولعل التدريب الموزع أفضل من التدريب المجمع في حالة الاسترجاع المباشر، بل حتى في الاحتفاظ طويل المدى . إن قراءة المادة مرة واحدة في اليوم على خمسة أيام مثلا، يعطي احتفاظا يعادل ثلاث أضعاف ماقدمته قراءتها خمس مرات متتالية . وهذا يعني أن للاحتفاظ والاستخداماالمباشر للمادة المتعلمة يمكن استخدام الحفظ ، لكن للاحتفاظ طويل المدى لابد من توزيع التدريب .

١ـ اختبار الفرد لنفسه :

يعد التسميع من العوامل المهمة جدا للاحتفاظ . لقد أثبتت التجارب أن بقاء

المادة العلمية في الذاكرة قصيرة الأجل يتطلب إعادة وتسميعا حتى لا تنسى ، وذلك لعدة أسباب :

١ـ وجود العزم والقصد لدى المتعلم .

٢ـ التدريب على الشيء الذي يراد القيام به عند الانتهاء من التعلم .

٣ـ لأن التسميع والتكرار يساعدان في إدخالها إلى الذاكرة طويلة الأمد .

من هنا كان الاختبار ضروريا ، لأن المتعلم يبقى أكثر نشاطا وتدريبا وعزما

حتى يتم اختباره ، وبعكسه في القراءة دون تسميع واختبار يفقد المتعلم تلك الخصائص .إضافة إلى أن الاختبار يساعد على الاحتفاظ طويل المدى ، لأن المتعلم سيبقى في حالة تأهب واستعداد ، نتيجة الإثارة والتنبه ، وهما مفيدان وضروريان للإنجاز والتعلم الجيدين .

ـ العلاقة بين النسيان ونظريات التعلم المختلفة :

١ـ نظرية التلاشي والضمور (Decay Theory)

تؤكد هذه النظرية على أن ذاكرتنا وخبراتنا تسجل في دوائر كهربائية وعصبية في المخ ، كما تسجل الأغاني على شريط الكاسيت ، وأن هذه الآثار المسجلة تزول أ و تتلاشى تدريجيا بمرور الوقت ، وخصوصا إذا لم تستعمل دائما ، مثلما تضمر العضلة إذا لم تستخدم لفترة طويلة ، كما يحدث في حالة الشلل . وعلى أساس هذه النظرية فإن النسيان يحدث بسبب ضعف وتلاشي الآثار الذاكرية مع الزمن ، معنى هذا أن دور الزمن – وفق هذه النظرية - دور مؤكد عليه في عملية النسيان . لكن

الحقيقة أن الزمن ليس هو العامل الوحيد لتفسير النسيان ، فمن الشواهد التي تناقض هذه النظرة أن الطفل ذو الأربع سنوات والذي ربما أصيب بمرض معين في عينه أدى إلى فقدان إبصار العينين ، يمكن له - بعد مرور سنوات - أن يتذكر لون البحر والسحاب والسماء والخضرة والألوان ، رغم عدم استعماله آثار الذاكرة طوال المدة التي فقد فيها بصره .

٢- نظرية التداخل (Interference Theory)

ثبت أن الفرد إذا نام مباشرة بعد تعلمه مادة ما ، فإنه يتذكرها بشكل أفضل وضوحا مما لو تعلمها أثناء النهار. و لقد فسر العلماء ذلك بتداخل أوجه النشاط والتعلم في النهار وكثرة الأعمال الحركية والذهنية ، وهذان يؤثران في عملية التدعيم ومن ثم يسهل نسيانها ، بينما الذين ينامون بعد التعلم ، يتركون فرصة التدعيم تأخذ مداها لعدم التداخل الذي يحصل للنشاط أثناء النهار ، ففي النهار وأثناء اليقظة يسهل تداخل المعلومات والمواد فيما بينها مما يزيد في نسيانها ، وهذا التداخل الذي تعيق فيه المعلومات الجديدة تذكر المعلومات القديمة يسمى التداخل أو الكف الرجعي (Interference or Retroactive Inhibition)

أما حينما تعيق المعلومات القديمة تذكر وحفظ المعلومات الجديدة ، فيسمى هذا بالتداخل أو الكف القبلي . (Interference or Proactive Inhibition)

٣- نظرية الكبت (Repression Theory)

تعتمد هذه النظرية على التحليل النفسي الذي يؤكد أن الحوادث المرتبطة بخبرات وذكريات مؤلمة يتم نسيانها ، وذلك لتجنب القلق والتهديد الناجم عنها . من

هنا فالنسيان عملية دفاعية لا شعورية ، هدفها الهروب من موقف يثير حالات وجدانية مؤلمة .

٤- النظرية الجشتالطية (Gestalt Theory)

تؤكد هذه النظرية على أهمية التظيم في المعلومات التي يتم تعلمها ، وذلك بأن تنظم المعلومات بأشكال معينة ، مما يسهل تذكرها واستدعائها . وقد سبق ذكر أثرالتنظيم في الحفظ والتذكر ، وبعكسه أي أن عدم توفر التنظيم للمعلومات أدعى إلى نسيانها وزوالها .

ـ العلاقة بين المجال المعرفي وكل من الدافعية والقيم والاتجاهات والمهارات الحركية :

أولاً : الدافعية:

إن تغير البناء المعرفي قد يغير في الدافعية والعكس صحيح. هناك حاجات عند الفرد إذا لم تشبع يشعر الفرد بالتوتر. ويرى ليفين أنه من الممكن تغيير دوافع الفرد بطريقتين:

١- تغيير حاجات الفرد وفقاً لإملاء مصادر خارجية. وتستخدم هذه الطريقة في تربية الأطفال مثلاً: تغير الحاجة للرضاعة بالحاجة إلى الطعام الخارجي، والقاعدة العامة هنا أن يكون التغير مناسباً يراعى فيه مستوى النضج وأن يكون تدريجي.

٢- تغير سبل أو طرق اشباع الدوافع وهنا أشار ليفين إلى مراعاة النضج، واستمرار النشاط، ودور التنظيم المعرفي وتغييره في ذلك.

أيضاً ناقش ليفين دور الثواب والعقاب في الدافعية، وذكر أنه من الضروري إيجاد مواقف تمنع الحصول على الثواب إلى عن طريق ممارسة النشاط الذي لا يميل إليه

الفرد مثال: المسائل الحسابية ↑ يرتفع الدافع. أما العقاب فذكر ليفين أنه يجعل من النشاط شيئاً منفراً وبغيضاً ↓ يقل الدافع.

ثانياً: القيم والاتجاهات (الانتماء للجماعة):

إن الفرد ينتمي لجماعة تتبلور ذاته من خلال تفاعله معها، وتتكون ميوله وقيمة واتجاهاته وتتغير بنيته المعرفية، و دافعيته من خلال تفاعله مع الجماعة، أيضاً تتغير دافعيته للجماعة من خلال هذا التفاعل معها .

إن أبناء المجتمع الواحد تختلف ميولهم وقيمهم واتجاهاتهم بما يتفق مع خبراتهم، حيث إن تكوين الميول والقيم والاتجاهات تعتمد على الإدراك الحسي الذي يعد عملية انتقائية.

ويذكر ليفين أنه من الممكن تغيير الاتجاهات من خلال ثلاث نقاط:

١- عمل - نشاط- يقوم به الفرد. (العل)

٢-دافع يحركه. (الدافع)

٣- حقائق ومعلومات. (بناء معرفي)

ثالثاً: الحركات العضلية الإرادية:

يرى أن تعلم المهارات الحركية لا يختلف في جوهرة عن تعلم الخبرات المعرفية. فهناك تنظيم للقوى المختلفة (جزئيات) حتى تعمل كل العضلات في كل واحد متوافق. ويرى ليفين أن المهارة الحركية يتم تعلمها في البداية بشكل تدريجي بطئ ثم يكون هناك سرعة في الأداء. أيضاً يرى أن للمهارات الحركية مكونات معرفية، ودوافع لأدائها.

قائمة المراجع

أولا:المراجع العربية :

١ـ عبد الرحمن عدس ؛ نايفة قطامي (٢٠٠٠) : مبادئ علم النفس، ، الطبعة الأولى، القاهرة ، دار الفكر للطباعة والنشر والتوزيع.

٢ـ كامل محمد عويضة(١٩٩٦) : سيكيولوجية التربية، دار الكتب العلمية. بيروت .

٣ـ محمد عبد الحميد(٢٠٠٣) : علم النفس التربوي , الرياض، دار النشر الدولي .

٤ـ محمد عودة الريماوي(٢٠٠٤) : علم النفس العام ، دار المسيرة للنشر والتوزيع .

ثانيا : المراجع الأجنبية :

5- Kazdin, Alan E. (1994). Behavior Modification in applied settings (5th ed). Brooks/Cole publishing company: Pacific Grove, California

6-Paul D.Eggen & Donald P.Kauchat,(1996): " Strategies for teachers, teaching content and tninking skills، third Eduction , Allyn Bacon , .

7-Ritasmilk estein,(2002): A Natural Teaching Method Based on learning theory " in Gamut " A Forum for teacher and learners، washington، seattle community college.

- Webograpgie:

- http://pmev.lagoon.nc/bandura.htm

- http://edutechwiki.unige.ch/fr

- http://wwwunige.ch/faps/sse/teachers/perenoud/php1999/1999html

محتويات الكتاب

****

وآخر دعوانا أن الحمد لله رب العالمين

****